Sammlung Luchterhand 945

*Über dieses Buch:* In dreizehn Kapiteln macht die Autorin Ursache und Verlauf des Nahostkonflikts verständlich. Sie berichtet von der Entstehung der »Judenfrage« und des politischen Zionismus, von der Vernichtungserfahrung des jüdischen Volkes, über die Gründung des Staates Israel und deren Folgen für die Palästinenser, den Sechs-Tage-Krieg, den Krieg im Libanon bis hin zur »Intifada« und den innen- wie außenpolitischen Veränderungen unserer Tage in Israel/Palästina, einer Region, auf die zwei Völker, das jüdisch-israelische und das palästinensische, gleichberechtigt Anspruch erheben.

»Nicht eine von vielen Darstellungen des Nahost-Konflikts, sondern ein verblüffendes Buch, weil es der Autorin tatsächlich gelungen zu sein scheint, ohne falschen Zungenschlag die Geschichte Palästinas wiederzugeben.« *Koordinierungsrat der Gesellschaft für christlich-jüdische Zusammenarbeit.*

»Politischer Nachhilfeunterricht, wie er gerade hierzulande dringend nötig ist.« *Esther Shapira, NDR.*

*Über die Autorin:* Susann Heenen-Wolff studierte in Jerusalem und Frankfurt am Main. Danach Ausbildung als Gruppenanalytikerin und Psychoanalytikerin in Heidelberg und Paris. Sie arbeitet in ihrem Beruf und als freie Autorin und lebt in der französischen Hauptstadt.

**Susann Heenen-Wolff**
**Erez Palästina**
Juden und Palästinenser
im Konflikt um ein Land

Luchterhand
Literaturverlag

Erweiterte Neuausgabe
Sammlung Luchterhand, Dezember 1990
Luchterhand Literaturverlag GmbH, Frankfurt am Main. Lizenzausgabe mit freundlicher Genehmigung des Vervuert Verlags, Frankfurt am Main. © 1989 by Vervuert Verlag, Frankfurt am Main. Alle Rechte vorbehalten. Umschlagentwurf: Max Bartholl. Satz: Caro Druck GmbH, Frankfurt am Main. Druck: Wagner, Nördlingen. Printed in Germany.
ISBN 3-630-61945-2

2   3   4   5   6       95   94   93   92   91

# Inhalt

Vorwort   7

Die Entstehung der Judenfrage   9
Zionismus – Die Juden sollen eine Nation werden   17
Siedeln in Palästina   33
Zionismus und nationalsozialistische Massenvernichtung   47
Palästina wird geteilt   73
Der Staat Israel und die Palästinenser   85
Krise und Stabilität in Israel/Palästina 1956 – 1967   101
Der Sechs-Tage-Krieg   119
Sieger und Besiegte 1967 – 1973   137
Grundlegende Veränderungen im Nahen Osten 1973 – 1982   167
Der Krieg gegen die Palästinenser   201
Israel und Palästina nach dem Libanonkrieg   219
Intifada – Zwei Gesichter einer Revolution   227

Zeittafel   245
Literaturverzeichnis   252

# Vorwort

1948, drei Jahre nach Beendigung der nationalsozialistischen Schreckensherrschaft wurde der Staat Israel gegründet. Im Vorjahr hatten die Vereinten Nationen unter dem Eindruck der Judenvernichtung einer Teilung Palästinas, dem schmalen Küstenstreifen am östlichen Mittelmeer, zugestimmt. Für die Juden schien dies, nach fast sechzig Jahren intensiver Bemühungen, statt im Exil in *Erez Israel* (dem »verheißenen« Land) zu leben, ein gewaltiger Erfolg zu sein.

Doch die ersten dreieinhalb Jahrzehnte der Existenz des Staates Israel mit bisher insgesamt fünf Kriegen zeigen, daß der eigene Staat den durch zwei Jahrtausende verfolgten Juden nicht den Frieden bescherte, den sie sich erhofft hatten.

Von den Hintergründen der Konflikte um den jüdischen Staat ist in der Bundesrepublik oft nur Fragmentarisches bekannt. Die schwere, offenbar nicht zu verarbeitende Schuld der Deutschen am jüdischen Volk verstellt den Blick auf die historische und politische Wirklichkeit in ihrem Gesamtzusammenhang. Bis nach dem als legendär erlebten Sechs-Tage-Krieg im Juni 1967 herrschte in der Bundesrepublik ein schwärmerischer Philosemitismus gegenüber den jüdischen Pionieren in Israel vor. Im Rahmen der Wiedergutmachungsvereinbarungen unterstützten die bundesrepublikanischen Regierungen den jungen Staat mit beträchtlichem Aufwand. Keine Unterstützungen oder Solidarität, ja keine Aufmerksamkeit wurde den Palästinensern zuteil, jener arabischen Bevölkerungsgruppe, die durch die Errichtung des exklusiv-jüdischen Staates zu Bürgern zweiter Klasse im eigenen Land wurde. Hunderttausende Palästinenser waren zudem im Rahmen der kriegerischen Auseinandersetzungen im Jahre 1948 geflohen oder vertrieben worden.

Erst als die arabischen Staaten in den frühen siebziger Jahren die Welt ihre Macht als Öllieferanten spüren ließen — unter anderem auch, um den Forderungen der Palästinenser Nachdruck zu verleihen — wich die nur vordergründig geschichtsträchtige Solidarität mit Israel einer nun offensichtlich geschichtslosen Kritik am jüdischen Staat. Zu jener Zeit wurden hierzulande die Palästinenser »entdeckt«.

Über die historischen Ursachen des Konflikts um Palästina wurde allerdings auch da nicht wirklich nachgedacht: wie der Zionismus entstanden war und wie er sich durch die Erfahrung der Massenvernichtung während des Nationalsozialismus entwickelt hatte.

Ursprünglich war der Zionismus eine Haltung gewesen, die die Juden während ihres Exils in einem metaphysischen, religiösen Sinne eingenommen hatten. Die angestrebte Rückkehr in die ehemalige Heimat *Zion* (ein anderes Wort für Jerusalem) wurde im Gebet ausgedrückt: »Jerusalem, wollte ich Deiner vergessen, soll verdorren meine Rechte. Es klebe mir die Zunge am Gaumen, sollte ich Deiner nimmer gedenken.«

Der politische Zionismus, der konsequent auf die Etablierung einer nationalen Heimstätte in Palästina hinwirkte, entstand erst im 19. Jahrhundert, als die Judenpogrome im zaristischen Rußland den Juden das Leben zur Hölle machten. Russische Juden wanderten nach Palästina aus, um Verfolgung und Tod zu entgehen. In *Erez Israel* wollten sie ein jüdisches Leben in Würde beginnen.

Die Geschichte der jüdischen Besiedlung Palästinas, die im vorliegenden Band mit ihren Auswirkungen auf die heutige Politik im Vorderen Orient dargestellt wird, ist bestimmt von der engen Verflechtung von Antisemitismus und Zionismus. Damit ist die alles überragende Bedeutung der nationalsozialistischen Judenvernichtung für den Konflikt in Palästina bereits angedeutet, die letztendlich bis auf den heutigen Tag Staatsräson und Identität in Israel bestimmt. Wer sich in der Bundesrepublik der Entstehungsgeschichte des Palästinakonflikts stellt, wird eigener Trauerarbeit über deutsche Zeitgeschichte nicht aus dem Wege gehen können.

*Susann Heenen-Wolff*

*Die unterschiedliche Schreibweise der aus dem Hebräischen und Arabischen übertragenen Begriffe und Namen ergibt sich aus der Verwendung unterschiedlicher Quellen und Texte. Die zitierte Literatur ist am Schluß des Bandes aufgeführt. Zugunsten der besseren Lesbarkeit wurde auf die Angabe von Seitenzahlen verzichtet.*

# Die Entstehung der Judenfrage

Die Anfänge der jüdischen Diaspora liegen mehr als zweitausend Jahre zurück. Ihre Ursachen waren zum Teil friedlicher, zum Teil gewaltsamer Natur. Der rege Handelsverkehr mit den Nachbarländern brachte Juden vom Heiligen Land nach Ägypten, Syrien und Mesopotamien. Im Rahmen kriegerischer Auseinandersetzungen im 6. Jahrhundert v.u.Z. siedelten Juden auch in Babylonien.

Im 2. Jahrhundert v.u.Z. verstärkte sich der Machteinfluß des römischen Imperiums auf den vorderasiatischen Raum bis nach Jerusalem, das nach wie vor das religiöse und politische Zentrum des jüdischen Volkes darstellte. Die Juden widerstanden dem Einfluß der Römer; schließlich — nach zweihundertjähriger Kolonisation — kam es zum Krieg, der nach vier Jahren, im Jahre 70, mit einer verheerenden Niederlage für die Juden endete: Der zweite Tempel, der nach der Zerstörung des Originals durch den babylonischen König Nebukadnezar II errichtet worden war, wurde dem Erdboden gleich gemacht; das Zentrum der Juden war damit ausgelöscht.

Die Überlebenden wurden schikaniert, vertrieben und verfolgt, und ihr Bevölkerungsanteil im Heiligen Land verringerte sich beträchtlich. Sie wanderten in die Nachbarländer aus, in der Hoffnung, dort bessere Lebens- und Arbeitsbedingungen zu finden.

Ein naheliegender Vorgang nach den Gesetzen der Völkergeschichte wäre gewesen, wenn die Juden die Niederlage im Kampf gegen die Römer als nationales Todesurteil angenommen und in den fremden Ländern ihre national-religiöse Sonderexistenz aufgegeben hätten. Hier aber ereignete sich etwas, was im eigentlichen die Voraussetzung für das Problem geschaffen hat, das man später die »Judenfrage« nannte. Das jüdische Volk bewahrte trotz des offensichtlichen völligen Zusammenbruchs der jüdischen Nation in den folgenden zweitausend Jahren sein Gemeinschaftsgefühl als Volk, seine Religion und verweigerte somit lange Zeit die Assimilation in den Gastländern. Damit stellten sich die Juden außerhalb der geltenden Weltordnung. Die späteren Legenden um den »Ewigen Juden«, in denen der Jude als eine aus dem Normalen, Gewöhnlichen herausfallende Gestalt erscheint, haben in diesem Verhalten eine ihrer Wurzeln.

Im Bewußtsein der Juden blieben drei Faktoren ihrer Identität lebendig: der Einzige Gott, das Volk Israel und das versprochene Land Israel — gleichgültig, ob sie sich in den arabischen Ländern, in Asien oder später in Europa niederließen. Palästina blieb im Denken und Fühlen der Juden als das »Land Israel« — *Erez Israel* — ein zentrales Moment. Dort waren in den wenigen verbliebenen Lehrhäusern Zentren entstanden, die den Juden in der Diaspora noch über Jahrhunderte hinweg oberste Instanz in allen Fragen der Religion waren.

Dies änderte sich allerdings, als nach dem frühen Mittelalter, im 10. Jahrhundert, ein großer Teil der jüdischen Bevölkerung nach Westen wanderte, von Asien nach Europa, das zunehmend in den Mittelpunkt der politischen, kulturellen und wirtschaftlichen Welt rückte und zur bedeutendsten geschichtlichen Macht wurde.

Der Juden Lebensweise, ihre Religion, ihre Herkunft wiesen sie als Fremde aus. Zwar kamen sie als Einzelne, doch siedelten sie sich in Gruppen an, wohnten in *einer* Straße, in *einem* Stadtviertel. Ihre Siedlungen waren meist Anhängsel an Städte und Dörfer anderer. Diese Siedlungsweise schuf eine der Voraussetzungen für ihre spätere Einschließung in Ghettos.

Die Juden ergriffen alle möglichen Berufe, wurden als Bauern, Handwerker oder Kaufleute tätig. Vom Staatsdienst blieben sie allerdings fast immer ausgeschlossen, denn Angehörige des verfluchten Volkes, das den Messias getötet hatte, sollten nicht über Christen herrschen.

Ebensowenig durften Juden christliche Sklaven halten, wie es damals üblich war. Dies war aber notwendig, um größere Ländereien zu bearbeiten. Diese Benachteiligung führte dazu, daß sich Juden mehr und mehr von der Landarbeit abwandten. Dazu kam, daß der damals religiös begründete Antisemitismus, der von Zeit zu Zeit in unterdrückenden Maßnahmen seinen Niederschlag fand, die Juden zu einem besonders hohen Grad an Mobilität zwang. Man konnte kein Interesse an nur schwer zu veräußerndem Besitz haben, wenn man plötzlich fliehen mußte.

Vor allem in den Städten bot sich neben der Handwerkstätigkeit der Handel an. Schließlich verfügten die Juden durch ihre Sprachkenntnisse und die weitverzweigten Kontakte zu Juden in anderen Städten und Ländern über Beziehungen, die dem Warenaustausch sehr zuträglich waren. Durch das hohe Maß an Beweglichkeit konnten sie im Stadium der mittelalterlichen Haus- und Naturalwirtschaft einen Platz ausfüllen, den andere noch nicht einnehmen konnten. Ihre einflußreichen Handelsbeziehungen kamen vor allem den Herrschenden zugute. Diese begehrten Luxusgüter, die die Juden aus fernen Ländern beschaffen konnten. Die breite Bevölkerung hatte im fortschreitenden Mittelalter zunächst nur wenig Vorteile durch den erweiterten Handel. Ihr fiel vor allem die Besonderheit der Juden auf: ihr Herausfallen aus der Ordnung und der hohe Gewinn, der manchen von ihnen aus ihrer Handelstätigkeit zufloß, während der Nutzen für die gesamte Volkswirtschaft verborgen blieb.

Doch nur solange nicht auch Christen diese Funktionen erfüllen konnten, waren die fremden Juden in Europa geduldet. Die allgemeine Ausweitung des Welthandels im Zuge der ökonomischen und technischen Entwicklung im ersten Viertel dieses Jahrtausends verdrängte sie allmählich aus ihren Stellungen und sie wurden nun zunehmend als »Parasiten« angesehen. Ihre beruflichen Möglichkeiten wurden drastisch eingeschränkt. Das sich im 11. Jahrhundert entwickelnde Zunftwesen, zu dem nur einheimische Christen Zugang hatten, verdrängte die Juden aus dem Handwerk — soweit sie nicht nur für die eigene Gemeinschaft arbeiteten. Vom Warenhandel wendeten sie sich gezwungenermaßen verstärkt dem Geldhandel zu. Mit ihrem mobilen Kapital erfüllten sie als Geldverleiher, Investoren und Financiers wichtige Funktionen zur Entwicklung der Geldwirtschaft.

Der materielle und soziale Abstieg setzte im 12. Jahrhundert mit dem Beginn der Kreuzzüge ein. Der »Heilige Krieg«, in dem die Kreuzritter im 13. Jahrhundert Palästina von den islamischen Herrschern eroberten, brachte das Aufflammen von Antisemitismus in Europa mit sich, der sich periodisch in schweren Pogromen gegen die Juden entlud. Im Lauf der Zeit vermischte sich der religiöse Wahn der Christen gegenüber allen »Ungläubigen« — den Juden im besonderen als angeblichen Kinderschlächtern und Pestbringern — mit Beutelust, Steuererpressung, Löschung von Schulden und dem Zurückdrängen der Juden aus ihren bisherigen wirtschaftlichen Funktionen.

Neu war auch die völlige Vertreibung aus kleineren oder größeren Herrschaftsgebieten. Den Auftakt dazu bildete die Vertreibung der Juden aus England 1290. Aus dem größten Teil Frankreichs verbannte Philipp IV., der Schöne die inzwischen lästig gewordenen Juden im 14. Jahrhundert. Zur selben Zeit wurden die über dreihundert jüdischen Gemeinden in Deutschland vernichtet. Die Inquisition führte zur Tragödie des spanischen Judentums, das 1492 brutal ausgerottet wurde. Dazwischen liegen die Judenvertreibungen aus Prag (1400), Wien (1421), Köln (1424), Mainz (1438), Nürnberg (1499) und aus der Provence (1498/1506).

Eine umfangreiche Wanderbewegung, die immer nur vorübergehend geruht hatte, wurde in dieser Epoche des ausgehenden Mittelalters zu einer Massenbewegung von Juden aus West- und Mitteleuropa nach dem polnischen und russischen Osten. Dort konnten sie in der vergleichsweise weniger weit entwickelten Wirtschaft noch einige Jahrhunderte jene Sonderfunktionen erfüllen, die weiter westlich schon in die Gesamtwirtschaft integriert waren.

Deutsche Juden brachten das Mittelhochdeutsche, das sie, mit hebräischen Ausdrücken angereichert, untereinander gesprochen hatten, mit in den Osten. Unter dem Einfluß der slawischen Sprachen formierte sich das Jiddische, das bis ins 20. Jahrhundert hinein die Sprache der Juden in Osteuropa blieb.

Doch die Frist, die den Juden dort blieb, durch Sonderfunktionen ihre Sonderstellung als Fremde halten zu können, währte nicht allzu lange. Schon in den Jahren 1848/49 erlebten sie den verheerenden Ansturm des Ukrainers Chmelnicki. Viele osteuropäische Juden wurden zu *paupers* und sogenannten Luftmenschen — Menschen, die von der Luft leben müssen — und schlossen sich umso enger zusammen. Nur die Gemeinschaft mit ihresgleichen konnte Schutz gegen das Elend durch Armut und Verfolgung bieten. Gegen Ende des 19. Jahrhunderts sahen sich die osteuropäischen Juden antisemitischen Ausschreitungen in einer bis dahin nicht gekannten Vehemenz ausgesetzt.

1881 setzten in Südrußland blutige Verfolgungen von Juden ein, die dort in für sie bestimmten Gebieten — den sogenannten Ansiedlungsrayons — eingesperrt waren. Sie setzten sich zwanzig Jahre später verstärkt fort in den Pogromen von Kischinew und Homel (1903), den Oktoberpogromen nach dem Scheitern der russischen Revolution von 1905 und gipfelten schließlich in der Ukraine in den Jahren 1917 bis 1920. Hunderttausende wurden dabei brutal niedergemetzelt, geschändet, um Haus und Besitz gebracht. Unter dem Eindruck dieser Verfolgungen wanderten viele osteuropäische und russische Juden aus; meist nach Westeuropa oder nach Amerika, aber vereinzelt auch erstmalig nach Palästina, wo allerdings zunächst nur wenige längerfristig Fuß faßten.

In Westeuropa stellte sich die Situation der Juden in der Neuzeit, im Zuge der Aufklärung und der damit einhergehenden französischen Revolution im Jahr 1789 inzwischen deutlich anders dar. Das Aufblühen der modernen Wissenschaft und Philosophie traf auf eine geistige Erstarrung des europäischen Judentums. Zum ersten Mal erschien es den Juden verlockend, sich der Umwelt zu assimilieren — entsprechend dem ideologischen Programm jener Zeit: der tendenziellen Vereinheitlichung im modernen Staat.

Das Ghetto war nicht mehr Stätte der Geborgenheit und Quelle der Kraft zum Überleben, sondern bedeutete jetzt Enge, Abgeschlossenheit und Ferne von Kultur. Nur einzelne Juden hatten hervorragende Stellungen als Finançiers an den Höfen der absolutistischen Herrscher einnehmen können und genossen deren besonderen Schutz.

Die sich formierende liberale Freiheitsbewegung und das Programm der Französischen Revolution, das in der Parole »Freiheit, Gleichheit, Brüderlichkeit« seinen Ausdruck fand, schien die ersehnte rechtliche und gesellschaftliche Gleichstellung zu versprechen. »Judenemanzipation« war nun das Stichwort. Darunter verstand man einerseits die Aufhebung aller rechtlichen Beschränkungen, andererseits ging damit auch die Forderung nach Auflösung der jüdischen Kollektivität einher. Der moderne Staat will keine Sondergruppen sozialer und religiöser Natur, »keine Nation in der Nation«, wie die Formulierung der französischen Aufklärung lautete. Dies bedeutete eine rechtliche Gleichstellung der Juden als Individuen, als Menschen und als Staatsbürger. Doch bedeutete dies auch die Absage an die Juden als eine Gesamtheit, an den Bestand des jüdischen Volkes als Kollektividentität.

Was die Gewalt nicht bewirkt hatte, sollte gewissermaßen durch die Verführung der Gleichstellung geschehen: Jude-Sein sollte — wenn überhaupt — nurmehr eine Konfession sein.

Die westeuropäischen Juden waren zu dieser Assimilation bereit; verlockend schien ihnen die bürgerliche Freiheit und die Teilhabe an Kultur und Wirtschaft. Der Preis dafür — die Aufgabe der Bindungen an das Kollektiv der Juden und sei es durch die Taufe — war vielen nicht zu hoch.

Die lang aufgestauten Kräfte ließen die Juden mit einer für die Umwelt oft erschreckenden Vehemenz in neue Berufe, in die Künste, in die Philosophie strömen. Der tief verwurzelte Antisemitismus war trotz des alles durchdringenden Aufklärungsgedankens nicht aufgehoben.

Weite Kreise wehrten sich dagegen, daß Juden Ämter bekleideten, mit denen wesentliche Rechte der Herrschaft und der Entscheidung verbunden waren. So ergriffen viele Juden die freien Berufe: Sie wurden Ärzte, Rechtsanwälte, Wissenschaftler, Publizisten, eroberten das Theater als Intendanten, Schauspieler und Kritiker. Nun fühlten sie sich nicht mehr als französische oder deutsche Juden, sondern als jüdische Franzosen oder Deutsche. Jude-Sein war in die Privatsphäre verbannt. Bis an die letzte Grenze wollten sie sich mit den Völkern vereinen, in deren Kulturleben sie eingetreten waren, in den Kriegen mitkämpfen, eine endgültige Heimat in den westeuropäischen Ländern finden.

Doppelte Beflissenheit und hartnäckige Selbstverleugnung wurde den Juden abverlangt und trotzdem blieben sie weiter auf das Bündnis mit der jeweiligen Zentralgewalt angewiesen. Die rechtlich-formale Gleichstellung hatte sich in Westeuropa erst gegen Ende der siebziger Jahre des vorigen Jahrhunderts durchgesetzt. Allerdings entsprach selbst da die gesetzliche Gleichstellung so gut wie nirgends der gesellschaftlichen Wirklichkeit.

Die Verleugnung des modernen Antisemitismus, der Wunsch vieler Juden, über ihn hinwegzusehen, war auf Dauer nicht möglich: Der gigantische Zustrom von Juden aus Osteuropa und Rußland, die in panischer Angst nach den Pogromen von 1881 in den Westen flüchteten, waren lebendiges Beispiel jüdischer Not. Die einheimische Assimilation wurde durch die völlig neue Verteilung der Weltjudenheit aufgehalten und gestört. Diese geflohenen Neuankömmlinge entsprachen noch dem Bild vom Juden als dem ganz Fremden, dem Andersartigen. Die westeuropäischen Länder erwogen gesetzliche Maßnahmen gegen den wachsenden Einwandererstrom. So stellte sich gegen Ende des 19. Jahrhunderts die »Judenfrage« in ihrer Komplexität von Assimilation und Antisemitismus. Auf diesem Hintergrund organisierte sich eine neue politische Richtung im Judentum: der Zionismus. Er entstand in Rußland, aber erst der Journalist Theodor Herzl verlieh der Bewegung entscheidende Dynamik.

Mit seiner Schrift *Der Judenstaat*, die er im Jahre 1896 in Wien veröffentlichte, leitet er ein neues Kapitel in der Geschichte der Judenfrage ein. Unter dem Eindruck des Antisemitismus in Osteuropa, aber auch in den westlichen europäischen Staaten sah er im ausgehenden Zeitalter der Nationalstaaten die Lösung der Judenfrage in der Schaffung eines eigenen Territoriums. Zweitausend Jahre des Exils sollten für die Juden nun beendet werden.

# Zionismus — die Juden sollen eine Nation werden

»Wenn ihr nur wollt, so ist es kein Traum.«
Theodor Herzl

Herzl war sich durchaus bewußt, wie weitreichend sich jüdisches Leben verändern würde, hätten die Juden einen eigenen Staat. In seinem Tagebuch vermerkte er 1895, während er an seiner programmatischen Schrift *Der Judenstaat* arbeitete:

Ich arbeite seit einiger Zeit an einem Werk, das von unendlicher Größe ist. Ich weiß heute nicht, ob ich es ausführen werde. Es sieht aus wie ein mächtiger Traum. Aber seit Tagen und Wochen füllt es mich aus bis in die Bewußtlosigkeit hinein, begleitet mich überall hin, schwebt über meinen gewöhnlichen Gesprächen, blickt mir über die Schulter in die komisch kleine Journalistenarbeit, stört mich und berauscht mich.
  Was daraus wird, ist jetzt noch nicht zu ahnen. Nur sagt mir meine Erfahrung, daß es merkwürdig ist, schon als Traum, und daß ich es aufschreiben soll — wenn nicht als ein Denkmal für die Menschen, so doch für mein eigenes späteres Ergötzen oder Sinnen. Und vielleicht zwischen diesen beiden Möglichkeiten: für die Literatur. Wird aus dem Roman keine Tat, so kann doch aus der Tat ein Roman werden.
  Titel: Das Gelobte Land!

Dieses »Gelobte Land« sollte für die Juden geschaffen werden. Doch von Beginn an kreisen die Diskussionen über den Zionismus um die Frage, ob die Juden denn nach wie vor die Merkmale *einer* Nation trügen, wie zweitausend Jahre zuvor in Palästina. Die Unterschiede beispielsweise zwischen den westeuropäischen und den vom Osten her verstärkt zuwandernden Juden waren groß. Kultur, Sprache und Religiosität wichen ganz erheblich voneinander ab. Theodor Herzl — und mit ihm viele andere Zionisten auch — waren der Meinung, daß die Tatsache, daß Juden fast überall als Fremde galten, sie zu einer nationalen Gemeinschaft mache. 1895 schrieb er:

*Wir sind ein Volk, ein Volk.*
   Wir haben überall ehrlich versucht, in der uns umgebenden Volksgemeinschaft unterzugehen und nur den Glauben unserer Väter zu bewahren. Man läßt es nicht zu. Vergebens sind wir treue und an manchen Orten sogar überschwengliche Patrioten, vergebens bringen wir dieselben Opfer an Gut und Blut wie unsere Mitbürger, vergebens bemühen wir uns, den Ruhm der Vaterländer in Künsten und Wissenschaften, ihren Reichtum durch Handel und Verkehr zu erhöhen. In unseren Vaterländern, in denen wir ja auch schon seit Jahrhunderten wohnen, werden wir als Fremdlinge ausgeschrien; oft von solchen, deren Geschlechter noch nicht im Lande waren, als unsere Väter da schon seufzten. Wer der Fremde im Lande ist, das kann die Mehrheit entscheiden; es ist eine Machtfrage, wie alles im Völkerverkehre. Ich gebe nichts von unserem ersessenen guten Recht preis, wenn ich das als ohnehin mandatloser einzelner sage. Im jetzigen Zustande der Welt und wohl noch in unabsehbarer Zeit geht Macht vor Recht. Wir sind also vergebens überall brave Patrioten, wie es die Hugenotten waren, die man zu wandern zwang. Wenn man uns in Ruhe ließe...
   Aber ich glaube, man wird uns nicht in Ruhe lassen.

Der Antisemitismus war also eine wichtige Begründung für den Anspruch auf ein eigenes Land. Dort sollte sich eine stolze Zukunft des jüdischen Volkes anbahnen, in der nicht mehr das Arrangement mit den Mächtigen das Überleben sicherte, sondern Juden selbst zu bestimmen hätten. Schon Leon Pinsker, ein jüdischer Arzt in Odessa, der in seiner Schrift *Autoemançipation* bereits im Jahre 1882 die gedanklichen Grundlagen für den späteren politischen Zionismus legte, hatte die Überlebensstrategien der Juden verdammt.

Wenn wir mißhandelt, beraubt, geplündert, geschändet werden, dann wagen wir es nicht, uns zu verteidigen und, was noch schlimmer ist, fast finden wir es so in der Ordnung. Schlägt man uns ins Gesicht, so kühlen wir die brennende Wange mit kaltem Wasser, und hat man uns eine blutige Wunde beigebracht, so legen wir einen Verband an. Werden wir hinausgeworfen aus dem Hause, das wir uns selbst gebaut, so flehen wir demütig um Gnade, und gelingt es uns nicht, das Herz unseres Drängers zu erweichen, so ziehen wir weiter und suchen — ein anderes Exil. Hören wir auf dem Wege einen müßigen Zuschauer uns zurufen: »Arme Teufel von Juden, ihr seid doch recht zu bedauern«, so sind wir aufs tiefste gerührt, und sagt man von einem Juden, er mache seinem Volke Ehre, so ist dieses Volk töricht genug, darauf stolz zu sein. So weit sind wir gesunken, daß wir fast übermütig werden vor Freude, wenn, wie im Okzident, ein geringer Bruchteil unseres Volkes mit den Nichtjuden *gleichgestellt* wurde. Wer *gestellt* werden muß, steht bekanntlich schwach auf den Füßen. Wird keine Notiz genommen von unserer Abstammung, und werden wir wie die anderen Landeskinder angesehen, so sind wir dankbar — bis zur absoluten Selbstverleugnung. Für die uns gegönnte behagliche Stellung, für den Fleischtopf, den wir ungestört benutzen dürfen, reden wir uns und den anderen ein, daß wir ja gar keine Juden mehr sind, sondern Vollblutsöhne des Vaterlandes. Eitler Wahn! Ihr möget euch als noch so treue Patrioten bewähren, ihr werdet dennoch bei jeder Gelegenheit an eure semitische Abstammung erinnert werden.

1897 fand in Basel der erste Zionistenkongreß statt, der übrigens von den meisten assimilierten Juden Westeuropas mißbilligt wurde, genauso wie von den ganz Orthodoxen, die allein den Messias als befugt ansahen, die Kinder Israels ins Gelobte Land zu führen. Die heftige Kritik der jüdischen Gemeinden in Deutschland hatte die Organisatoren des Zionistenkongresses gezwungen, den Kongreß von München nach Basel zu verlegen. Der Kritiker Karl Kraus empfahl den Teilnehmern, ihre Anstrengungen lieber für die Verbesserung der europäischen Kultur statt für die Schaffung einer national-jüdischen einzusetzen. Ironisch meinte Kraus, daß die »Herren in Basel« mit ihrem Kongreß allenfalls zur »Regenerierung des Operettengenres beigetragen haben«.

## Das zionistische Programm

Die bissigen Reaktionen auf den Ersten Zionistenkongreß ergaben sich aus den unterschiedlichen Interessen von Zionisten und Assimilationisten. Während die Zionisten nicht damit rechneten, daß die Juden als gleichberechtigte Bürger in den europäischen Staaten würden leben können und deshalb das Heil in einem eigenen Staat suchten, glaubten die Assimilationisten, daß es sich bei unauffälliger Lebensführung — was das Jude-Sein betraf — ganz gut im aufgeklärten Westeuropa leben ließe. Das politische Programm, auf das sich 1897 in Basel bedeutende Repräsentanten der Judenheit festlegten, sah die Dissimilation vor. Juden und Nichtjuden sollten geschieden werden: die einen in Europa, die anderen in Palästina. Wer sich zum Programm bekannte, konnte Zionist genannt werden.

»Der Zionismus erstrebt für das jüdische Volk die Schaffung einer öffentlich-rechtlich gesicherten Heimstätte in Palästina. Zur Erreichung dieses Zieles nimmt der Kongreß folgende Mittel in Aussicht:
1. Die zweckdienliche Förderung der Besiedlung Palästinas mit jüdischen Ackerbauern, Handwerkern und Gewerbetreibenden.
2. Die Gliederung und Zusammenfassung der gesamten Judenschaft durch geeignete örtliche und allgemeine Veranstaltungen nach den Landesgesetzen.
3. Die Stärkung des jüdischen Volksgefühls und Volksbewußtseins.
4. Vorbereitende Schritte zur Erlangung der Regierungszustimmungen, die nötig sind, um das Ziel des Zionismus zu erreichen.«

Eine jüdisch-nationale Bewegung bedeute eine neuerliche Ausgrenzung der Juden aus den verschiedenen Gesellschaften, so fürchteten die Assimilationisten. Die Rückbesinnung auf das jüdische Kollektiv gefährde die fortgeschrittene Assimilierung der Juden.

Die Judenheit spaltete sich in zwei Lager, Zionisten und Nichtzionisten. Es gab seit Erscheinen des Werkes *Der Judenstaat* auf lange Zeit hinaus in jüdischen Kreisen überhaupt kaum noch eine andere Debatte als über das neue, Aufsehen erregende Programm. Alle anderen Parteiprogramme erschienen mit einem Mal als lächerlich und antiquiert. Dennoch bildeten z.B. in Deutschland die Nicht- oder Antizionisten die überwältigende Mehrheit. Kaum einer der prominenten Führer des Deutschen Judentums bekannte sich offen zum Zionismus.

Daran änderte auch Herzl nichts, der bis zu seinem Tode im Jahre 1904 mit bedeutenden Politikern und Herrschern Europas zusammentraf, um sie für das zionistische Projekt zu gewinnen. Etwa wandte er sich an den türkischen Sultan, der um die Jahrhundertwende die politische Hoheit über Palästina besaß. Doch seine Verhandlungen mit europäischen Königen und Staatsmännern führten zu keinem befriedigenden Ergebnis. Zwar boten die Briten Herzl Uganda zur jüdischen Besiedlung an, doch die zionistische Organisation, die Herzl selbst geschaffen hatte, legte ihr Veto ein. Eine gewaltige Kraft trieb die Zionisten nach Palästina und nur nach Palästina.

## Der Zionismus in Osteuropa

Die Lebensumstände der Juden in Osteuropa und Rußland bildeten einen fruchtbaren Boden für den jüdischen Nationalismus. Die Juden stellten dort eine zusammenhängende ethnische Gruppe dar und besiedelten häufig Gebiete, in denen sie eine Mehrheit bildeten. Sie sprachen ihre eigene Sprache, das Jiddische, das ihre Ahnen einst aus dem Rheinland mitgebracht hatten. Nur wenige Juden waren des Polnischen, Russischen oder Litauischen mächtig. Schon in den achtziger Jahren des vergangenen Jahrhunderts waren osteuropäische Juden unter dem Eindruck der blutigen Pogrome im zaristischen Rußland nach Palästina ausgewandert. Diese Juden waren nicht mit einem theoretischen Streit um den Zionismus beschäftigt wie ihre Glaubensgenossen in Westeuropa, sondern wollten vor allem ein menschenwürdiges Dasein führen, frei von Angst und Verfolgung. In der Zeit der nationalrevolutionären Bewegungen in Osteuropa lag die Sehnsucht nach einem eigenen Land nahe, doch dachten jene Juden noch nicht an einen eigenen Staat.

Der Schriftsteller Isaac Bashevis Singer, der selbst in Polen aufgewachsen ist, hat die Atmosphäre des jüdischen Milieus in Osteuropa in vielen Romanen eingefangen. Im folgenden Text aus dem Roman *Das Erbe* geht der junge Josiek gegen den Willen seiner Eltern als Zionist nach Palästina:

Er öffnete die Tür und sah Josiek. Der Junge saß im Lehnstuhl, ohne Buch, die Jacke offen, die Hände auf den Knien, das Haar zerzaust. Josiek, der sonst immer so gelassen wirkte und auf ordentliche Kleidung achtete, sah schlampig aus. »Was ist los mit ihm?« fragte sich Esriel. »Warum schläfst du nicht? Warum verdirbst du dir die Augen mit diesem Zeug? Zieh dich doch aus und geh schlafen!«

Josiek rührte sich nicht von der Stelle. »Papa, ich muß mit dir sprechen.«

Esriel war erbost. »Worüber? Es ist spät. In ein paar Stunden muß ich wieder arbeiten.«

»Papa, setz dich.«

»Was ist los? Heraus mit der Sprache!«

»Ich kann an der Universität nicht weitermachen.«
»Was dann? Willst du Zwiebeln verkaufen?«
»Ich gehe fort.«
»Wohin? Was zum Teufel ist los mit dir?«
»Ich gehe nach Palästina.«
Esriel lachte.
»Zieh hin in Glück und Frieden! Grüß Mutter Rahel von mir!«
»Papa, ich scherze nicht.«
»Was ist passiert? Hast du eine Rede von einem dieser Zionisten gehört? Hast du Pinskers Broschüre gelesen?«
»Papa, es ist mir ernster als du glaubst.«
»Was ist ernster? Wovon redest du überhaupt? Entweder erzählst du mir alles oder gar nichts. Ich habe keine Lust, dir die Worte aus der Nase zu ziehen.«
»Warum bist du so ärgerlich?«
»Mein Ärger geht dich nichts an. Also los, ich möchte noch ein paar Stunden schlafen. Selbst ein Pferd muß sich manchmal ausruhen.«
»Ach, Papa, ich sag's dir morgen.«
»Nicht morgen, heute. Aber mach's kurz! Also, ich höre! Was ist passiert? Warum willst du weglaufen und wohin? Was für eine verrückte Idee ist das?«
»Papa, ich halt's nicht mehr aus.«
»Was hältst du nicht mehr aus?«
»Diesen Antisemitismus. Du hast ja keine Ahnung, Papa, was ich in der Schule durchgemacht habe. Ich habe nichts davon erzählt, weil es ja doch nichts geholfen hätte. Jetzt muß ich dir einmal die Wahrheit sagen. Alle haben mich gequält: die Lehrer, die Schüler. Hundertmal, vielleicht sogar tausendmal am Tag haben sie mir vorgeworfen, daß ich Jude bin. Du hast allein gelernt, zu Hause, aber ich mußte jeden Tag in die Schule gehen. Man hat mich auch geschlagen, unzählige Male. Aber jetzt ist etwas passiert, das...«
»Was ist passiert?«
»Ich ging mit zwei anderen Studenten zu Lurse. Wir saßen ganz ruhig an einem Tisch, da fingen zwei Rüpel an, uns zu piesacken. Sie wollten uns beleidigen. Schließlich riß mir der eine die Kappe herunter und warf sie auf den Boden. Ich forderte ihn zum Duell, aber er sagte, mit einem Juden würde er sich nicht duellieren. Er hat mich auch geschlagen!«
»Warum hast du nicht zurückgeschlagen? Du hattest doch noch zwei andere dabei.«
»Aber der Kerl war einen Kopf größer als ich. Die anderen hatten

Angst. Alle haben gelacht. Jemand goß Wasser in meine Kappe. Ich bin ohne sie nach Hause gekommen, und ohne meine Ehre. Papa, ich kann es nicht mehr ertragen! Lieber sterbe ich.«

»So geht es uns schon seit zweitausend Jahren.«

»Das ist lange genug. Ein Mann, der sich nicht wehren kann, wenn Wasser in seine Kappe gegossen wird, ist kein Mann.«

Esriel spürte sein Herz hämmern. »Ja, das stimmt. Aber Palästina ändert daran auch nichts.«

»Was dann? Ich habe mir alles genau überlegt. Wenn ich nicht fortgehe, muß ich mich umbringen. Erst ihn, dann mich. Aber ich würde ihn nicht einmal wiedererkennen. Niemals werde ich das vergessen!«

»Wann ist es passiert?«

»Gestern.«

»Gestern? Wo waren deine Freunde?«

»Sie saßen lammfromm dabei. Juden sind keine Männer. Du weißt das, Papa. Wir sind unmännlich geworden.«

Esriel schwieg. Eine ganze Weile blieb er an der Tür stehen. Dann ging er in Josieks Zimmer. Er nahm ein Buch aus dem Regal, schlug es auf, las eine Zeile und stellte es wieder an seinen Platz.

»Was erwartest du eigentlich von mir?« fragte er. »Die Türken sind nicht besser als die Polen oder die Russen. Mach dir da bloß nichts vor.«

»Ich weiß, Papa. Aber es ist unser Land, unsere Erde.«

»Wieso ist es unser Land? Weil dort vor zweitausend Jahren Juden gelebt haben? Weißt du, wieviele Völker seit damals untergegangen sind oder sich assimiliert haben? Wenn wir die Landkarte so verändern wollten, daß sie wieder wie vor zweitausend Jahren aussieht, dann müßten drei Viertel der Menschheit umgesiedelt werden. Und woraus schließen wir eigentlich, daß wir von diesen Israeliten abstammen? Wo habe ich mein blondes Haar und meine blauen Augen her? Die alten Israeliten hatten durchweg dunkle Haare und Augen.«

»Woher willst du das wissen? Außerdem bin ich ein dunkler Typ. Ich kann doch nicht meine ganze Ahnenreihe durchforschen.«

»Was willst du dort tun? Sümpfe trockenlegen und Malaria bekommen? Hast du deswegen das Gymnasium absolviert?«

»Papa, hier kann ich nicht bleiben. Ich hasse diese Stadt. Ich will nicht, daß man mit Fingern auf mich zeigt, weil ich mir ins Gesicht schlagen ließ.«

»Auch ein Türke könnte dich schlagen, oder ein Araber.«

»Dann werde ich zurückschlagen.«

»Wenn du kannst. Wir haben auch in unserem eigenen Land Schläge einstecken müssen. Die Babylonier, die Griechen, die Römer. Auch Polen ist auseinandergerissen worden.«

»Aber die Polen sind hier zu Hause. Sie führen ein normales Leben.«

»Du könntest Pole werden, sogar Russe —.« Esriel bereute sofort, daß er das gesagt hatte.

»Ist das eine Lösung?«

»Nein, aber — um frei zu sein, muß man doch nicht wieder von ganz vorn beginnen. Du kannst in Westeuropa studieren. Dort schlägt man die Juden nicht.«

»O doch! Ich habe den *Israelit* gelesen. ‚Der Jude ist unser Unglück' — das ist jetzt überall die Parole, in Preußen, in Österreich, in Ungarn. Ich kann mich doch nicht der Anschauung derer anschließen, die mich schlagen.«

»Und wovon bist du überzeugt? Woran glauben wir modernen Juden? Aber ich muß jetzt ins Bett. Ich habe einen anstrengenden Tag hinter mir. Das alles ist eine Frage der Bezeichnungen. Ich bin kein Radikaler, aber dieser ganze Nationalismus ist falsch. Was ist der Unterschied zwischen einem Preußen und einem Österreicher, einem Dänen und einem Norweger? Warum haben die deutschen Staaten jahrhundertelang Krieg geführt? Das ist doch alles Wahnsinn.«

»Dieser Wahnsinn ist das Gesetz des Lebens.«

»Es wird nicht immer so sein. Was trennt sie voneinander? Nicht irgendwelche Ideen. Sie alle wollen Macht. Nimm zum Beispiel Amerika, tausend Nationalitäten. Du kannst ja auch Amerikaner werden. Du brauchst nur eine Schiffskarte.«

»Nicht alle Juden können Amerikaner werden.«

»Warum soll man sich um alle Juden Sorgen machen? Naja, du bist noch ein Junge und plapperst alles nach, was du hörst. Die Juden können ebensowenig nach Palästina zurückkehren, wie die Ungarn Tataren werden können. Wir sprechen morgen weiter. Gute Nacht.«

»Mit deinen Ansichten, Papa, würde ich Sozialist werden.«

»Um wem eins auszuwischen? Man würde dich einsperren wie Tante Mirale. Das Gefängnis ist groß genug.«

»Was kann man denn tun?«

»Zumindest die Dinge nicht noch schlimmer machen. Wie soll man Wahnsinn bekämpfen? Dagegen gibt es kein Mittel. Das ist die Wahrheit.«

»Papa, ich will fort von hier.«

»Dann werde ich dich nicht aufhalten.«

Verbunden mit der national-jüdischen Bewegung in Osteuropa war auch die Renaissance der hebräischen Sprache. Der Nationalismus des 19. Jahrhunderts war fast immer mit der Sprache verknüpft, die angeblich die Seele eines Volkes verkörpere. Unter dem Einfluß der Romantik wurde das Hebräische, das während des zweitausendjährigen Exils die Sakralsprache der Juden gewesen war, wie andere alte Sprachen auch, als Umgangssprache wiederentdeckt. Das Hebräische atmete den Zauber vergangener nationaler Glorie, uralter religiöser Weisheit und des sonnigen Orients.

Als konsequenter Erneuerer des Hebräischen gilt der aus Litauen stammende Gelehrte Elieser Perlman, der im Jahre 1882 nach Palästina übersiedelte. Dort nahm er den hebräischen Namen Ben Jehuda an. Als er seinen Freunden mitteilte, er wolle in Zukunft nur noch hebräisch sprechen, wurde ihm geraten, den Arzt aufzusuchen; für so unwahrscheinich wurde damals noch die Wiederbelebung der hebräischen Sprache gehalten, die heute Amtssprache in Israel ist. Der israelische Publizist Amos Elon schrieb über Ben Jehuda:

Ben Jehudas Frau verstand kein Wort Hebräisch; noch während der Überfahrt sagte er ihr, daß sie in Palästina ausschließlich hebräisch sprechen würden. Er hielt sein Gelübde rücksichtslos. Sein erster Sohn, Itamar, war das erste jüdische Kind seit Jahrhunderten, das von seinen Eltern nur Hebräisch hörte; man hielt es von allen anderen menschlichen Kontakten fern, damit die Reinheit seines Hebräisch nicht durch fremde Laute verdorben werden konnte. Obwohl Ben Jehudas Frau schwach und kränklich war, nahm sie keine Dienerin auf, damit das Kind zu Hause nichts anderes als die heilige Sprache höre.

Es war ein riskantes Unternehmen. Die Sprache war noch archaisch, viele moderne Ausdrücke fehlten. Das Kind hatte keine Spielgefährten, bis zu seinem dritten Lebensjahr blieb es fast stumm und weigerte sich oft, auch nur ein Wort zu sprechen.

Ben Jehudas Frau starb 1891 an Tuberkulose, mit der ihr Mann sie angesteckt hatte. Ben Jehuda ließ sich von der gewaltigen Opposition, auf die er bei fast allen seinen Bekannten stieß, nicht abschrecken; durch seinen Eifer bewies er, daß das Hebräische eine für den Alltag brauchbare Sprache werden konnte. Sympathisierende Lehrer in Jaffa, Jerusalem und in den neuen Kolonien schlossen sich ihm an. Bald sprachen Kinder in allen neuen Kolonien fließend hebräisch; obwohl das Hebräische für sie häufig nach der jiddischen, russischen oder französichen Sprache eine Zweitsprache war, war es doch »lebendig«.

# Sozialistische Kritik am Zionismus

Bis zur Jahrhundertwende emigrierten nur vereinzelt Juden aus Osteuropa nach Palästina. Der Zionismus stieß vor allem bei den jüdischen sozialistischen Arbeitern auf großen Widerstand. Der größte Teil der jüdischen Arbeitermassen hatte sich im *Bund* zusammengeschlossen, der bis zum Nationalsozialismus die bedeutendste jüdische Arbeiterorganisation in Osteuropa blieb. Der *Bund* trat für eine sozialistische Revolution in Polen und Rußland ein. Anders verhielt es sich mit der sich ebenfalls als sozialistisch verstehenden *Poale Zion*-Partei (Arbeiter Zions). Diese zionistische Partei suchte die Lösung der Judenfrage und den Aufbau einer sozialistischen Gesellschaft in Palästina zu verwirklichen. In einem typischen Flugblatt, das 1904 in Lemberg herausgegeben wurde, schrieben die *Poale Zion*:

»Jüdische Arbeiter aller Länder, vereinigt Euch unter dem Banner von *Poale Zion!* Brüder und Schwestern der Arbeiterklasse! Wir sehen zwei große und mächtige Bewegungen vor uns: auf der einen Seite den Sozialismus, der uns von wirtschaftlicher und politischer Sklaverei befreien will, auf der anderen den Zionismus, der uns von dem Joch der Diaspora befreien will. Beide berühren uns zutiefst. Beide versprechen uns eine glorreiche Zukunft. Beide sind für uns so wichtig wie das Leben selbst...«

Die *Poale Zion*-Partei argumentierte, daß der Sozialismus verstärkt auch die nationalen Rechte anerkenne und sich deshalb Sozialismus und Zionismus ergänzten. So wurden die verschiedenen politischen Ziele einfach addiert, wie es zum Beispiel in einem Flugblatt jener Zeit zum Ausdruck kam:

»Jüdische Arbeiter und jüdische Arbeiterinnen! All ihr Ausgebeuteten und Bedrückten und Ihr, die Ihr vom Schweiß der Stirn lebt — vereinigen wir uns und erklären wir:
Nieder mit der Assimilierung!
Nieder mit dem Kapitalismus!
Nieder mit dem Antisemitismus!
Lang lebe das internationale Proletariat!
Lang lebe die jüdische Freiheit!
Lang lebe der Sozialismus!
Lang lebe der Zionismus!«

Die meisten Sozialisten jedoch lehnten den Zionismus ab. Die Lösung des Judenproblems konnten sie sich nicht durch eine territoriale Trennung von Juden und Nichtjuden vorstellen, denn dies widerspricht sozialistischem Denken. Die Umwälzung der gesamten Gesellschaft sollte die Emanzipation der Juden mit sich bringen, nicht aber die Entfernung dieser Gruppe aus der Gesellschaft. Solche Argumente begleiteten die Debatten über den Zionismus von Anfang an, in Ost- wie in Westeuropa. Der Frankfurter Anwalt Isaac Breuer schrieb im Jahr 1920 über das Verhältnis von Sozialismus und Zionismus:

Mit vollem Recht hat bis jetzt der *Sozialismus* dem Zionismus gegenüber eine ablehnende Haltung eingenommen. Der Sozialismus ist nicht für die Trennung der Menschen, sondern für ihre Einigung. Der Zionismus, der die Gründung des Judenstaates als höchstes Ziel hinstellt, erscheint ihm fast in einem chauvinistischen Lichte. Er hat genug an den bestehenden Staaten. Er befindet sich hinsichtlich der Arbeiter im Grunde in ganz ähnlicher Lage, wie der Zionismus gegenüber den Juden. Auch die Arbeiter aller Länder sind, gleich den Juden, bedrückt, auch ihnen ist, gleich den Juden, die Bahn nicht geöffnet, auch wenn sie tüchtig sind. Hat denn aber der Sozialismus deshalb je daran gedacht, einen eigenen Arbeiterstaat zu gründen? Ist er nicht statt dessen überall daran gegangen, die Innenverhältnisse der bestehenden Staaten so zu ändern, daß keine Gesellschaftklasse die andere beherrscht und allen die gleiche Möglichkeit, sich auszuwirken, gegönnt werde? Warum soll es mit den Juden anders gehen? Der Zionismus ist neben dem Sozialismus überflüssig, denn im sozialistischen Zukunftsstaat ist auch die Judenfrage, wie der Zionismus sie begreift, restlos gelöst.

Doch viele Juden, auch wenn sie Sozialisten waren, mochten nicht auf einen fernen Zukunftsstaat warten. Sie wollten ihre konkreten Lebensbedingungen verbessern und gingen deshalb nach Palästina. Von einem eigenen Mutterland, das ihnen gehören würde, versprachen sie sich ein besseres Leben. »Land ohne Volk für ein Volk ohne Land« – so hieß die Parole der Zionisten. Daß das ersehnte Palästina nicht wüst und leer war, sondern von Arabern bewohnt, wurde aus dem Bewußtsein weggedrängt. Dies unterschied die jüdischen Einwanderer übrigens von anderen Kolonisten. Zwar stellte die Landnahme in Palästina faktisch eine Kolonisation dar, doch unterschieden sich die jüdischen Einwanderer in ihren Zielen, ihren Motiven, ihrem Temperament ganz erheblich von anderen Auswanderern jener Zeit, die nach Australien, Afrika, Kanada oder den Vereinigten Staaten aufbrachen. Die Juden waren nicht auf der Suche nach fruchtbarem Land, nach Bodenschätzen oder unbegrenzten Möglichkeiten. Nicht die Bereicherung und die Ausbeutung der ansässigen Bevölkerung war Ziel und Zweck der Kolonisation Palästinas. Die Neuankömmlinge wandten sich zu Beginn des Jahrhunderts dem einfachen Ackerbau zu, nicht vornehmlich aus praktischen Erwägungen, sondern vor allem aus ideologischen Gründen. Die jüdischen Pioniere glaubten, daß Nationen wie Bäume organisch im Boden verwurzelt sein, daß Juden anders als in der Diaspora der Scholle eng verbunden werden müßten. Den Antisemitismus sahen sie als ein Ergebnis der angeblich »unnatürlichen« Beschäftigungsstruktur der Juden vor allem in Osteuropa an. Hannah Arendt beschrieb das Bewußtsein dieser frühen Siedler:

Die sozialistischen Zionisten hatten ihr nationales Ziel erreicht, als sie in Palästina siedelten; darüber hinaus hatten sie keine nationalen Bestrebungen. Sie hatten — so absurd das heute auch klingen mag — nicht die leiseste Befürchtung, daß es mit den bereits vorhandenen Einwohnern des verheißenen Landes zu einem nationalen Konflikt kommen könnte; sie verschwendeten nicht einmal einen Gedanken an die Existenz der Araber. Nichts konnte besser den völlig unpolitischen Charakter der neuen Bewegung beweisen als diese unschuldige Gedankenlosigkeit. Diese Juden waren sicherlich Rebellen, doch rebellierten sie nicht so sehr gegen die Unterdrückung ihres Volkes als vielmehr gegen die lähmende, erstickende Atmosphäre des jüdischen Ghettolebens auf der einen und die allgemeinen Ungerechtigkeiten des gesellschaftlichen Lebens auf der anderen Seite. Sie hofften, beides würde für sie zu Ende sein, wenn sie sich erst in Palästina niedergelassen hätten, dessen bloßer Name ihnen, die doch so emanzipiert waren von der jüdischen Orthodoxie, noch immer heilig und vertraut war. Sie flüchteten sich nach Palästina, so wie jemand wünschen mag, sich auf den Mond zu flüchten, wo ihm die böse Welt nichts mehr anhaben kann. Ihren Idealen treu bleibend, richteten sie sich auf dem Mond ein, und dank der ungewöhnlichen Stärke ihres Glaubens gelang es ihnen, kleine Inseln der Vollkommenheit zu schaffen.

Aus diesen gesellschaftlichen Idealvorstellungen erwuchs die Chalutz- und Kibbuz-Bewegung. Deren Angehörige, die in ihren jeweiligen Heimatländern eine winzige Minderheit waren, stellen heute unter den palästinensischen Juden eine kaum größere Minderheit dar.

»Kibbuz« ist die Bezeichnung für kollektiv organisierte Siedlungen mit eigener vorwiegend agrarischer Produktion. Die jüdischen Siedler suchten ihre Vorstellungen einer sozialistischen Lebens- und Arbeitsweise in den Kibbuzim zu verwirklichen. Privatbesitz wurde abgeschafft, der private Lebensraum auf ein Minimum beschränkt. Das Kollektiv bestimmte über Produktion, Verteilung, aber auch die Kindererziehung und Freizeitgestaltung. Die Lebens- und Arbeitsformen im Kibbuz entsprachen aber nicht nur sozialistischen, sondern auch zionistischen Idealen. Mit der angestrebten Gründung einer »Nationalen Heimstätte« — wie es im ersten Viertel dieses Jahrhunderts hieß — sollten die Juden auch von ihren traditionellen Berufen hin zu einer bäuerlichen Existenz geführt werden.

Wie sehr die Vorstellung von einem bäuerlichen Judentum in *Erez* Israel auch von kolonisatorischen Gesichtspunkten mitbestimmt wurde, wird zum Beispiel deutlich in den Überlegungen von Arthur Ruppin, eines Soziologen und zionistischen Führers, die er zur Umschichtung der Berufsfelder bei nach Palästina emigrierenden Juden anstellte:

Diese Umwandlung muß schon in Europa vor sich gehen, denn Palästina darf, wenn es den Juden einmal zur Großkolonisation eröffnet ist, nicht zu einer agrikulturellen Versuchs- und Lehrstation gemacht werden. Vielmehr muß dann bereits ein landwirtschaftlich geschultes Menschenmaterial vorhanden sein. Die Folgerung ist also: *Schaffung von jüdischen Bauern schon in der Gegenwart und schon in Europa* (oder in einem sonst geeigneten außereuropäischem Lande, am besten natürlich in Palästina selbst oder dessen Nachbarländern). Und da dem Judentum leider die beste Schule für eine zu Bauern heranzubildende neue Generation, nämlich ein eigener kräftiger Bauernstand, nur in verschwindendem Umfange zur Verfügung steht, so bleibt als Mittel nur die Schaffung von Ackerbauschulen übrig, wie sie von der Alliance Isralite Universelle, der Jewish Colonisation Assoziation und anderen Gesellschaften bereits angelegt sind.

Schlecht waren die Aussichten auf Arbeitsplätze im Gelobten Land, wollte man nicht in der Landwirtschaft arbeiten. Verglichen mit Europa war Palästina um die Jahrhundertwende ein Land, das in seiner ökonomischen Entwicklung weit zurücklag. Ein Schriftsteller und Buchdrucker wie Joseph Chaim Brenner hatte erhebliche Schwierigkeiten, sich zur Emigration nach Palästina zu entschließen. Seinem Tagebuch vertraute er an:

1. September 1906. »... Ich bin Buchdrucker, jederzeit bereit (nach Palästina) zu gehen. Aber wer weiß, was dort geschehen wird? ... Was liegt mir an Jerusalem?«

4. September 1906. »...Was Erez Israel betrifft, scheint mir meine Position klar zu sein. Ich würde gehen, wenn ich wüßte, daß ich dort etwas Anständiges tun könnte...«

10. Oktober 1906. »Was meine Reise nach Erez Israel anbelangt, habe ich mich entschieden, auf jeden Fall zu kommen ... Aber erkläre mir bitte 1) Gibt es in Jaffa eine anständige hebräische Druckerei? 2) Ist die Zensur streng? 3) Hat man unter den türkischen Behörden und den arabischen Nachbarn arg zu leiden? (Was das Leiden durch unsere hebräischen Brüder betrifft, so weiß ich Bescheid.)«

6. November 1906. »Wenn ich die Sache bedenke, so sind meine Möglichkeiten in Erez Israel ziemlich gering: Zensur, kein Geld, ein neuer Ort, die gegenwärtige Atmosphäre in Erez Israel, seine Juden usw. usw.«

15. November 1906. »Ich habe mich entschlossen, meine Entscheidung, nach Erez Israel zu gehen, um mindestens ein volles Jahr zu verschieben.«

25. März 1907. »Ich bin ein Mann, der keinen Schimmer Hoffnung sieht. Ich werde nach Palästina gehen, aber nicht als gläubiger und hoffnungsvoller Zionist, sondern als ein Mann, der die Sonne vermißt. Ich will als Feldarbeiter arbeiten.«

20. Juli 1907. »...Nach Palästina werde ich nicht gehen. Ich hasse das auserwählte Volk, ich hasse das tote Land, das sogenannte Land Israel. Pfui...!«

26. Dezember 1907. »Ich will mich verändern. In der Vergangenheit dachte ich an Palästina. Jetzt habe ich mich entschlossen, nach Galizien (Polen) zu gehen.«

16. März 1908. »... ich werde nach Palästina gehen... Aber ich werde nicht lange bleiben.«

18. September 1908. »Du gehst nach Palästina? Aber was wirst du dort machen. Ich würde nach New York gehen.«

27. Januar 1909. »Heute verlasse ich Galizien (nach Palästina).«

Die meisten Juden Westeuropas waren — bezogen auf Palästina — weniger ambivalent als Brenner. Für sie war trotz der intensiven Bildungs- und Werbearbeit der Zionisten klar, daß Palästina ein heißes unwirtliches Land fern vom aufgeklärten Europa war. Dort hinzugehen, um unter sengender Sonne Landwirtschaft zu betreiben — das erschien den meisten Juden ziemlich absurd. Für die Juden des

Ostens — so dachte man damals — konnte eine Umsiedlung ja angehen; sie waren schließlich arm und schlimmen Verfolgungen ausgesetzt. Zudem war man froh, wenn nicht allzu viele dieser als rückständig empfundenen Brüder und Schwestern nach Westeuropa gelangten. In Westeuropa war die Abneigung gegenüber den zionistischen Eiferern groß; ein Gemeinderabbiner konnte sich zu Beginn des Jahrhunderts kaum leisten, offen für den Zionismus einzutreten, sein Einfluß galt als schädlich für die Jugend.

Und doch — langsam und unendlich mühsam ging die Arbeit der zionistischen Vereine und Organisationen weiter. Die Zahl der Einwanderer in Palästina nahm allerdings kaum zu.

# Siedeln in Palästina

> »Palästina — ein Land ohne Volk für ein Volk ohne Land.«
> Israel Zangwill, Wortführer des Zionismus

Als die ersten jüdischen Siedler gegen Ende des vergangenen Jahrhunderts nach Palästina kamen, war dieses Gebiet als politische Einheit nicht definiert. Als der erste Zionistenkongress 1897 in Basel beschloß, in Palästina eine »Heimstätte für das jüdische Volk« zu schaffen, war das Land im Besitz palästinensischer Araber, die dort lebten und arbeiteten. Politische Herrschaft übten die Osmanen aus. Schon 1517 hatten sie das Land erobert. Im Jahre 1895 lebten in Palästina etwa 453 000 Araber, aber nur 47 000 Juden.

Die zionistischen Siedler hatten ursprünglich nicht zur Kenntnis nehmen wollen, daß Palästina ein von Arabern relativ dicht besiedeltes Gebiet war. Dies paßte so gar nicht in das Wunschdenken der frühen Zionisten, die von einem »Land ohne Volk« geträumt hatten, wie Israel Zangwill es so populär formuliert hatte. Als sich die Siedlungsprojekte der eingewanderten Juden jedoch ausweiteten und die Präsenz der ansässigen arabischen Bevölkerung nicht mehr länger ignoriert werden konnte, setzte bald auch die ideologische Vorbereitung einer Verdrängung jener nicht ins eigene Konzept passenden Gruppe ein. Der deutsche Journalist und zionistische Führer Richard Lichtheim drückte die Haltung vieler seiner Mitstreiter aus:

»Für uns ist Palästina die historische Heimat, für die Araber nicht. Wir brauchen Palästina für unser heimatloses Volk, die Araber verfügen rings um die Zentren ihrer ehemaligen Kultur über riesige ganz unentwickelte Gebiete. Wir sind im Stande, die Umwandlung Palästinas zu beiden Seiten des Jordan in ein von mehreren Millionen Juden und vielleicht einer Million Arabern bewohntes modernes Kulturland zu vollziehen. Die Araber vermögen das nicht. Wenn die Gerechtigkeit darin besteht, diese Umwandlung Palästinas in ein jüdisches Gemeinwesen zu verhindern, weil hunderttausend arabische Fellachenfamilien damit nicht einverstanden sind, oder weil der Mufti und die Effendis das Ende ihrer Vormacht im Lande fürchten, so können wir uns mit solcher Auffassung von Gerechtigkeit nicht abfinden. Wir kämpfen für unseren Anspruch.«

Viele europäische Schriftsteller und Publizisten fanden allerdings nur harsche Worte für ein Siedlungsprojekt in Palästina. Den Wunsch, eine »Nation zu werden«, hielt beispielsweise der Schriftsteller Joseph Roth für einen historischen Rückschritt. In seiner Schrift *Juden auf Wanderschaft* schrieb er:

Welch ein Glück, eine »Nation« zu sein, wie Deutsche, Franzosen, Italiener, nachdem man schon vor dreitausend Jahren eine »Nation« gewesen ist und »heilige Kriege« geführt und »große Zeiten« erlebt hat! Nachdem man fremde Generäle enthauptet und eigene überwunden hat? Die Epoche der »National-Geschichte« und »Vaterlandskunde« haben die Juden schon hinter sich. Sie besetzten und besaßen Grenzen, eroberten Städte, krönten Könige, zahlten Steuern, waren Untertanen, hatten »Feinde«, wurden gefangengenommen, trieben Weltpolitik, stürzten Minister, hatten eine Art Universität, Professoren und Schüler, eine hochmütige Priesterkaste und Reichtum, Armut, Prostitution, Besitzende und Hungrige, Herren und Sklaven. Wollen sie es noch einmal? Beneiden sie die europäischen Staaten?

Sie wollen gewiß nicht nur ihre »nationale Eigenart« bewahren. Sie wollen ihre Rechte auf Leben, Gesundheit, persönliche Freiheit, Rechte, die man ihnen in fast allen europäischen Ländern entzieht oder schmälert. In Palästina vollzieht sich tatsächlich eine nationale Wiedergeburt. Die jungen Chaluzim sind tapfere Bauern und Arbeiter und sie beweisen die Fähigkeit des Juden zu arbeiten und Ackerbau zu treiben und ein Sohn der Erde zu werden, obwohl er jahrhundertelang ein Buchmensch war. Leider sind die Chaluzim auch gezwungen, zu kämpfen, Soldaten zu sein und das Land gegen die Araber zu verteidigen. Und damit ist das europäische Beispiel nach Palästina übertragen. Leider ist der junge Chaluz nicht nur ein Heimkehrer in das Land seiner Väter und ein Proletarier mit dem gerechten Sinn eines arbeitenden Menschen; sondern er ist auch ein »Kulturträger«. Er ist ebenso Jude, wie Europäer. Er bringt den Arabern

Elektrizität, Füllfedern, Ingenieure, Maschinengewehre, flache Philosophien und den ganzen Kram, den England liefert. Gewiß müßten sich die Araber über neue, schöne Straßen freuen. Aber der Instinkt des Naturmenschen empört sich mit Recht gegen den Einbruch einer angelsächsisch-amerikanischen Zivilisation, die den ehrlichen Namen der nationalen Wiedergeburt trägt. Der Jude hat ein Recht auf Palästina, nicht, weil er aus diesem Lande kommt, sondern, weil ihn kein anderes Land will. Daß der Araber um seine Freiheit fürchtet, ist aber ebenso verständlich, wie der Wille der Juden ehrlich ist, dem Araber ein treuer Nachbar zu sein. Und dennoch wird die Einwanderung der jungen Juden nach Palästina immer an eine Art jüdischen Kreuzzugs erinnern, weil sie leider auch schießen.

Wenn also auch die Juden durchaus die üblen Sitten und Gebräuche der Europäer ablehnten, sie können sie nicht ganz ablegen. Sie sind selbst Europäer. Der jüdische Statthalter von Palästina ist ohne Zweifel ein Engländer. Und wahrscheinlich mehr Engländer als Jude. Die Juden sind Objekt oder ahnungslose Vollstrecker europäischer Politik. Sie werden benutzt oder mißbraucht. Jedenfalls wird es ihnen schwer gelingen, eine Nation mit einer ganz neuen, uneuropäischen Physiognomie zu werden. Das europäische Kainszeichen bleibt. Es ist gewiß besser, selbst eine Nation zu sein, als von einer anderen mißhandelt zu werden. Aber es ist nur eine schmerzliche Notwendigkeit. Welch ein Stolz für den Juden, der längst abgerüstet hat, noch einmal zu beweisen, daß er *auch* exerzieren kann!

## Politischer Erfolg

Kritische Stimmen wie die von Joseph Roth vermochten die Zionisten nicht zu beeindrucken. Sie setzten ihre Bemühungen auch auf diplomatischer Ebene fort, Sympathisanten für ihr Projekt zu gewinnen. Der erste Weltkrieg veränderte die Lage in Palästina. Großbritannien machte sich nach dem Sieg über die Türken im Nahen Osten selbst zur Kolonialmacht in diesem Gebiet. Einer der ersten Schritte der Briten zur formalen Absicherung dieses neuen Besitzes war die Zusicherung an die Zionisten, Palästina dürfe in Zukunft legal als Heimat der Juden betrachtet werden. So konnten die Zionisten im Jahre 1917 ihren ersten großen Sieg feiern.

Die *Balfour*-Erklärung, benannt nach dem damaligen britischen Außenminister Arthur James Balfour, erfolgte in Form eines Briefes an den jüdischen Lord Rothschild:

»Lieber Lord Rothschild,

Ich habe die große Freude, Ihnen im Auftrag der Regierung Seiner Majestät die folgende Sympathieerklärung für die jüdisch-zionistischen Bestrebungen zu übermitteln, die dem Kabinett vorgelegt und von ihm gebilligt wurde.

,Die Regierung Seiner Majestät betrachtet die Errichtung einer nationalen Heimstätte des jüdischen Volkes in Palästina mit Wohlwollen und wird keine Mühe scheuen, die Erreichung dieses Ziels zu fördern, wobei allerdings von der Voraussetzung ausgegangen wird, daß nichts geschieht, was den bürgerlichen und religiösen Rechten der in Palästina bestehenden nichtjüdischen Gemeinschaften oder den Rechten und dem politischen Status der Juden in anderern Ländern Abbruch tun könnte.'

Ich wäre ihnen dankbar, wenn Sie diese Erklärung der zionistischen Föderation zur Kenntnis bringen wollten.

Der Ihrige (gez.)

A.W. James Balfour«

Die Wirkung der Deklaration auf die Weltöffentlichkeit war außerordentlich. Die Regierungen von Frankreich, Italien, den USA, Griechenland, Serbien, der Schweiz, Armenien, Japan, Siam und andere gaben zustimmende Erklärungen ab. Die arabischen Regierungen reagierten zunächst nur mit schwachem Protest, denn durch die vage Formulierung »nationale Heimstätte des jüdischen Volkes in Palästina« war alles und nichts gesagt. Von arabischer Seite wird sie rückblickend in ihrer Bedeutung erkannt. Der palästinensische Publizist Edouard Atiyah analysierte nicht ohne Bitterkeit:

Es ist notwendig, die Balfour-Deklaration im einzelnen zu betrachten.

Was dem Historiker oder auch jedem aufmerksamen Leser des Textes zuerst auffällt, ist die Undeutlichkeit der Terminologie. Was soll der Ausdruck »national home« (Heimstätte) eigentlich bedeuten? Die Zionisten behaupten, »Heimstätte« bedeutete in Wirklichkeit »Nationalstaat«. Es ist jedoch offensichtlich, daß die britische Regierung — wenn sie einen »Nationalstaat« wirklich im Sinne gehabt hätte — diesen klaren und deutlichen Ausdruck auch verwandt haben würde und nicht die in Wirklichkeit angeführte zweideutige Formulierung. Außerdem müssen wir hervorheben, daß die britische Regierung sich nicht dazu verpflichtete, Palästina zu einer »Heimstätte« zu machen, sondern nur dazu, eine solche »Heimstätte« *in* Palästina zu errichten.

Palästinensische Araber um 1900

Daraus ergibt sich eine durchaus logische Deduktion: Die britische Regierung hat den Ausdruck »Heimstätte« absichtlich und aus Vorsicht gebraucht, weil er vage war und sie eigentlich zu nichts verpflichtete. Es handelte sich da um eines jener Gummiwörter, das man auf die verschiedenste Art auslegen kann und das für die britische Regierung keineswegs die Verpflichtung enthielt, einen Weg zu verfolgen, der sich als gefährlich und sogar unmöglich erweisen könnte. Außerdem konnten Zionisten und Araber den Ausdruck jeweils auf beliebige Weise auslegen; die ersteren fanden ihn ganz annehmbar und die letzteren so einigermaßen erträglich. Die Zionisten wünschten einen »Nationalstaat«. Die »Heimstätte« konnte man ihnen als Etappe auf dem Wege zur Erschaffung dieses »Nationalstaates« darstellen. Die Araber würden offensichtlich einen »Jüdischen Staat« oder irgendeine andere Form politischen Eindringens, das ihre wirtschaftliche und politische Freiheit gefährdete, niemals dulden; also konnte man ihnen die »Heimstätte« als ungefährlichen und sogar nützlichen Hort der geflüchteten Juden in Palästina darstellen; diese jüdischen Flüchtlinge würden zur Entwicklung des Landes beitragen, aber keineswegs für den Status der Araber als rechtmäßige Eigentümer des Landes eine Gefahr bilden.

Aber bald zeigte sich, daß sich die Zionisten mit der vagen Institution einer »Heimstätte« nicht zufrieden gaben. Der Wunsch nach einem jüdischen Staat wurde zunehmend laut. Dabei wurde nicht an ein gemeinsames politisches Leben mit den Arabern gedacht. Extreme Forderungen erhoben in diesem Zusammenhang die sogenannten *Revisionisten*, so benannt nach ihrer Tendenz, die eher gemäßigte Politik der Nachkriegszeit zu »revidieren«. 1925 schlossen sie sich unter der Führung von dem aus Rußland stammenden Journalisten Vladimir Jabotinsky zusammen, um gegen die herrschende zionistische Richtung von Chaim Weizmann, des späteren ersten Ministerpräsidenten des Staates Israel, zu opponieren.

Als Ziel des Zionismus sahen sie einen exklusiv jüdischen Staat an, und zwar mit Grenzen bis tief in die Nachbarländer Palästinas hinein.

Die Revisionisten strebten einen Staat mit einer jüdischen Majorität an. Zionistenführer Lichheim meinte:

»Wenn die zionistische Bewegung nur dazu führt, daß eine jüdische Minorität Teil eines Staatswesens mit arabischer Majorität wird, so hat der Zionismus seinen Sinn eingebüßt.« In ihrer Argumentation bezogen sie sich dabei auf die *Balfour*-Erklärung, die kollektive — geschweige denn nationale — Rechte der Araber in Palästina ausdrücklich nicht vorsah. Richard Lichtheim schrieb:

»Nicht aus Intoleranz gegenüber den Arabern, sondern weil nur so die jüdische Kolonisation durchführbar ist, weisen wir den arabischen Anspruch auf eine »arabisch-nationale« Heimstätte in Palästina zurück. Die Araber sollen weder bedrückt noch verdrängt werden. Sie werden weiter in dem Lande wohnen, das durch jüdische Arbeit sich zur nationalen Heimstätte für das jüdische Volk umgestalten soll. England und der Völkerbund haben in der Balfour-Deklaration und im Mandat klar anerkannt, daß die Juden ein »nationales Heim« in Palästina erhalten sollen, während den Arabern nur der Schutz ihrer bürgerlichen und religiösen Rechte zugestanden wurde.«

## »Wo es Juden gibt, gibt es eine Judenfrage«

Allerdings wurde dem Projekt jüdischer Staatlichkeit auch in zionistischen Kreisen widersprochen. Nicht zum Schutz der palästinensischen Araber, sondern aus eigenen Interessen. Vor allem jene Juden, die sich durch die Siedlung in Palästina eine religiöse und sittliche Erneuerung der jüdischen Gemeinschaft versprachen, hatten an einem eigenen Staat kein Interesse. Juda Leon Magnes, liberaler Rabbiner und ab 1923 Kanzler der Hebräischen Universität in Jerusalem, versuchte in einem Aufsatz die Frage zu beantworten, ob die Juden ein Volk wie die anderen seien.

»Das Primäre ist das lebendige jüdische Volk. Es ist der lebendige Träger und das Gefäß des Judentums, des jüdischen Geistes. Es benützt sogar sein Exil zur Verbreitung von Licht und Lehre. Palästina kann diesem Volk helfen, sich selbst verstehen zu lernen, sich Rechenschaft über sich selbst abzulegen, seine Kultur zu intensivieren, seine Philosophie zu vertiefen, seine Religion zu erneuern. Palästina kann diesem Volke helfen, seine große ethische Aufgabe als national-internationales Gebilde zu erfüllen. Aber dieses ewige, umgetriebene Volk braucht keinen jüdischen Staat, um seine Existenz aufrecht zu erhalten. Die jüdische Gemeinschaft in der ganzen Welt ist ein wundersamer und paradoxer Organismus. Er nimmt an dem Leben vieler Nationen teil, wird aber, trotzdem ihm dies so oft prophezeit wurde und noch wird, nicht von ihnen absorbiert. Er ist in jedem Lande patriotisch und doch ist er international und kosmopolitisch. Palästina kann nicht ‚die Judenfrage des jüdischen Volkes lösen'. Wo es Juden gibt, gibt es eine Judenfrage.«

Auch die Linken und die Liberalen kritisierten den neuen jüdischen Nationalismus. Sie betrachteten den Zionismus als eine anachronistische Bewegung: Die Assimilation sei ein unvermeidlicher geschichtlicher Prozeß und nicht wieder rückgängig zu machen. Der Versuch, den Prozeß der Entnationalisierung der Juden umzukehren, müsse notwendigerweise reaktionär sein, da die sozialen und ökonomischen Entwicklungen ohnehin zum allmählichen Verschwinden nationaler Besonderheiten führen würden.

Anstatt auf den Nationalstaat zurückzugreifen, sollten die Juden eine andere Funktion erfüllen: die Vorkämpfer einer neuen Weltordnung ohne nationale Grenzen sein. Die Liberalen erhofften sich von der Ausbreitung der Aufklärung das Verschwinden des Antisemitismus, die Linken setzten auf den Sturz des Kapitalismus.

## Den Chauvinismus überwinden...«

Unter dem Eindruck des allmählich wachsenden Widerstands der Araber gegen die jüdischen Kolonisten in Palästina setzten sich einige der gemäßigten zionistischen Politiker zeitweilig für eine binationale Lösung des sich anbahnenden Völkerkonflikts in Palästina ein: Juden und Araber sollten einen gemeinsamen Staat gründen, in dem sie gleichberechtigt miteinander leben würden. Vor allem der bedeutende Zionistenführer Arthur Ruppin setzte sich für eine solche Lösung ein, aber auch die späteren Politiker Israels, David Ben Gurion und Chaim Weizmann, sympathisierten zeitweilig mit dieser Vorstellung. Amos Elon, Schriftsteller und Journalist in Israel, hat in seinem Buch: *Die Israelis. Gründer und Söhne* die damaligen Auseinandersetzungen dargestellt. Über Arthur Ruppin, der sich mit seinen Ansichten gegen die offizielle zionistische Linie stellte, schrieb er:

Er müsse sich von der Politik zurückziehen, falls die zionistische Bewegung nicht ihre veralteten Ziele neu definiere. »Herzls Begriff vom jüdischen Staat war nur möglich, weil er die Anwesenheit der Araber ignorierte. Er glaubte, er könne mit den diplomatischen Methoden des Quai d'Orsay Weltgeschichte machen. Der Zionismus hat die diplomatischen und imperialistischen Methoden noch immer nicht aufgegeben.«

Die Zionisten waren nicht gewillt, Ruppins Standpunkt zu unterstützen. Auch die arabische Reaktion — sie wurde täglich heftiger und feindseliger — war nicht dazu angetan, Ruppins Hoffnung auf eine neue supranationale »arabisch-jüdische kulturelle Gemeinde« zu ermutigen, die sich auf gemeinsame rassische und linguistische Bande stützen sollte. Ruppin gab seinen Posten als Chef der Kolonisationsabteilung auf. Er trat in das Kollegium der neugegründeten Hebräischen Universität in Jerusalem ein und widmete den größten Teil seiner Zeit dem Studium des zeitgenössischen Judentums.

Schon nach einem Jahr sehen wir ihn als Anwalt eines binationalen Staates in Palästina; Juden und Araber sollten ihre getrennten Nationalitäten beibehalten, eine binationale Verfassung sollte garantieren, daß keine der beiden Nationen die andere beherrsche, ganz gleich, wie das Zahlenverhältnis auch aussehen mochte. Um seinen Plan zu propagieren, gründete Ruppin 1926 die Gesellschaft *Brit Schalom*

(Friedensbund). Führende jüdische Intellektuelle und Lehrer der Hebräischen Universität traten ihm bei. Zeitweise befürwortete auch Ben Gurion den binationalen Staat. Weizmann schrieb, daß seine eigenen Ansichten denen von *Brit Schalom* nahestünden, daß aber eine lange »Erziehungsperiode nötig sein würde, ehe sich die Zionisten mit der Realität abfinden würden«.

Im Juli 1929 erklärte Ruppin am Sechzehnten Zionistischen Kongreß in Zürich: »Wir möchten uns von dem Irrtum befreien, der ein Jahrhundert lang in Europa geherrscht und der den Weltkrieg verursacht hat, daß in einem Staat nur *eine* Nation herrschen kann. Wir wollen in uns den Chauvinismus überwinden, den wir bei anderen verachten.«

Ruppins Idealismus verhallte, und in Palästina spitzten sich die Konflikte zwischen Juden und Arabern zu. Zwar waren von 1882 bis zum ersten Weltkrieg fast 100 000 Juden nach Palästina eingewandert, doch nur etwa die Hälfte blieb im Land. Nicht die Zahl der eingewanderten Juden bewirkte Konflikte, sondern die Politik, die sie betrieben. Schon im Jahre 1907 wurde vom 8. Zionistenkongreß in Den Haag die Gründung des *Palästinaamtes* in Jaffa beschlossen. Es war zur Organisation und Durchführung der Kolonisation Palästinas durch die Zionisten geschaffen worden. Alle bedeutenden Repräsentanten zionistischer Organisationen gehörten ihm an. Im Jahre 1921 gab es von ähnlichen Organisationen schon eine beträchtliche Anzahl. Zu den bedeutendsten gehörte der *Jüdische Nationalfond*, der sich vor allem um die benötigten Geldmittel kümmerte, und der *Keren Hayesod*, der die Erschließung palästinensischer Ländereien vorantrieb.

Mit vollendeten Tatsachen wollten diese Organisationen in Palästina politisch, ökonomisch, demographisch, militärisch und kulturell einen Machtfaktor schaffen, der später durch seine unübersehbare Existenz völkerrechtlich legalisiert würde.

Zentrales Moment bei diesem Vorgehen war der Landerwerb nach strategischen Gesichtspunkten und die Bearbeitung dieses Landes mit ausschließlich jüdischer Arbeitskraft. *Awoda iwrith* — hebräische Arbeit — wurde dieses politische Prinzip genannt. Indem die Zionisten darauf bestanden, daß Juden mit ihren eigenen Händen das Land bearbeiten sollten, wurden die Araber von der allmählich prosperierenden Wirtschaftsentwicklung im Land ausgeschlossen. Zudem wurden immer neue Teile des Landes nur noch von Juden bewohnt und bearbeitet. Auf diese Weise wurde Territorium geschaffen, daß später für einen jüdischen Staat zur Verfügung stehen würde.

## Boden und Nation

Die arabisch-palästinensische Bevölkerung wurde auf diese Weise nicht nur von ihrem angestammten Territorium verdrängt, sondern geriet durch die technische Überlegenheit der Juden zunehmend in eine unterlegene Position, was die wirtschaftliche Macht anbetraf. Sie profitierten nur wenig von dem nach Palästina importierten Kapital und dem Wissen der europäischen Einwanderer. Dan Diner schreibt über das Verhältnis von Boden und Nation in Palästina:

Das zionistische Vorhaben, in Palästina jüdische Souveränität zu etablieren, veränderte auch das Verhältnis der dort bereits ansässigen Juden zu den majoritären Arabern. Die Absicht, in diesem Land einen jüdischen Nationalstaat zu errichten, mußte zu dem Ergebnis führen, die dort lebende arabische Bevölkerung zumindest in die Lage einer Minderheit zu versetzen. Keine bereits am Ort lebende Bevölkerungsgruppe und erst recht nicht eine seit vielen Jahrhunderten im Lande verwurzelte Mehrheit — wie die arabische in Palästina — kann sich einem solchen Vorhaben freiwillig unterwerfen; dies schon gar nicht, wenn, wie in Palästina, die einwandernde Bevölkerung als Bedingung einer Mehrheitsbildung sich überhaupt erst die materiellen Voraussetzungen für die Herstellung des jüdischen Nationalstaates aneignen mußte. Dabei handelte es sich vor allem um den Boden, um jenen Stoff, auf dem sich einmal die nationale Staatlichkeit als Territorium erheben wird. Um diesen Boden als späteres israelisches Territorium zu gewinnen, galt es, ihn unmittelbar mit Juden zu besetzen. Denn nur die Bestellung mit Menschen der einen nationalen Gruppe garantiert, daß sich der Boden Palästinas in Verbindung mit Menschen jüdischer Nationalität in israelisches Territorium verwandeln kann. Gelingt dies nicht, dann hielte zwar die jüdische Nationalität die staatliche Macht in Händen — diese Macht wäre jedoch immer wieder aufs neue in Frage gestellt, weil Menschen arabischer Nationalität weiterhin am Boden haften und durch ihre bloße Existenz den beanspruchten jüdischen Charakter des Staates negierten.

## Die Situation der palästinensischen Araber

Die arabische Bevölkerung in Palästina war zu Beginn dieses Jahrhunderts noch nach feudalen Merkmalen strukturiert, zumindest was die innere Organisation in Produktion und Dorfherrschaft betraf. Nach starren Hierarchien wurde entschieden, organisiert und geherrscht.

Großgrundbesitzer ließen ihr Land von Ackerbauern — Fellachen — bearbeiten. Fast alle arabischen Länder standen unter europäischer Kolonialherrschaft und dies bedingte eine von außen aufgezwungene Deformierung der Wirtschaft. Nachdem britischen Prinzip des »Teile und herrsche« wurde das unter osmanischer Herrschaft ehemals einheitliche »Großsyrien« in vier separate Gebiete aufgeteilt, nämlich Palästina, Transjordanien, Libanon und das innere Syrien. Für die palästinensische Bevölkerung war diese aufgezwungene Isolierung besonders fühlbar und das Problem des regionalen Zusammenschlusses und der arabischen Einheit spielte im Kampf gegen die Ursurpierung des eigenen Landes eine bedeutende Rolle. Dies vor allem auch deshalb, weil in Palästina zusätzlich zur Unterjochung durch die Kolonialmacht noch die Besiedlung der Juden hinzukam. Die Ziele des Zionismus erforderten die ökonomische und gegebenenfalls auch die physische Verdrängung der Araber und ihren Ausschluß aus der politischen Repräsentation — solange sie eine Bevölkerungsmehrheit im Lande bildeten. Diese Politik führte unvermeidlich zu einer Konfrontation zwischen Juden und Arabern. Die arabische Nationalbewegung in Palästina war zu Beginn der Mandatsmacht der Briten mit dem Anspruch angetreten, gegen alle Formen des Imperialismus den Kampf aufzunehmen, aber die Struktur der Führung der Bewegung bewirkte eine Abschwächung und spezifischere politische Stoßrichtung, als ursprünglich vorgesehen war. Die Nationalführung setzte sich vor allem aus grundbesitzenden und handeltreibenden Notablen zusammen, denen an einem Kampf gegen die englische Herrschaft nicht gelegen war; dies hätte eine Gefährdung ihrer eigenen sozialen Position mit sich gebracht. Dagegen sahen sie im Aufbau einer jüdischen Gemeinschaft eine ernste Gefahr. Eine Konkurrenz drohte ihnen, die die eigene Macht in der palästinensischen Gesellschaft gefährden würde. So trat die arabische Nationalbewegung einen einseitigen Kampf gegen die zionistischen Siedler an, der freilich wenig Aussichten auf Erfolg bieten konnte. Schließlich erfüllten die Briten ihre in der *Balfour*-Erklärung niedergelegten Verpflichtungen gegenüber den Juden; ihr »Teile und herrsche« hatte wieder einmal funktioniert.

Dabei sahen sich die palästinensischen Araber insofern in einer schwierigen Lage, als die jüdischen Siedler strikte Solidarität auf wirtschaftlichem Gebiet übten. Etwa erwarben sie Boden in Palästina nicht als Privatleute, sondern über einen zentralen Fonds, mit strengem Verbot der Wiederveräußerung oder der Verpachtung an Araber.

Dieses Land stammte oft von arabischen Großgrundbesitzern, die über den Verkauf beträchtliche Gewinne erzielten.

Der Zick-Zackkurs der britischen Mandatspolitik hielt weiter an. Nach beiden Seiten wurden großzügig wirkende Versprechen gegeben, die sich allerdings gegenseitig ausschlossen.

Anfang der zwanziger Jahre proklamierte die Mandatsmacht den Grundsatz gleichrangiger Verpflichtung gegenüber beiden Bevölkerungsgruppen. Aber zwischen den Ansprüchen der Juden, die Briten müßten gemäß der *Balfour*-Erklärung die Errichtung einer jüdischen Heimstätte in Palästina in jedem Sinne fördern, und denen der Araber, die Einwanderung zu stoppen und Palästina möglichst bald als mehrheitlich arabischen Staat in die Unabhängigkeit zu entlassen, konnte es keinen Kompromiß geben.

Als die jüdische Einwanderung — nach starkem Abflauen — in der zweiten Hälfte der zwanziger Jahre wieder zunahm, kam es 1929 nach Streitigkeiten um die heiligen Stätten zu Judenmassakern und schweren Zusammenstößen. Im selben Jahr differenzierten die Juden in Palästina ihr Organisationssystem weiter aus. Sie gründeten die *Jewish Agency* (Jüdisches Büro) als öffentliche Körperschaft mit dem ausschließlichen Zweck, ein »jüdisches Nationalheim« zu errichten, das nichts anderes als ein jüdischer Staat sein sollte. Ein entscheidender Erfolg war die Anerkennung dieser Organisation mit ihrer so unmißverständlich formulierten Zielsetzung durch die britische Mandatsmacht. Die empörten Araber erhoben sich zum Aufstand, in dessen Verlauf die seit Jahrhunderten einwohnende jüdische Gemeinde der Stadt Hebron vernichtet wurde. Als Reaktion verfügte die britische Mandatsmacht auf Empfehlung einer Untersuchungskommission einen Einwandererstopp mit der Begründung, die wirtschaftliche Aufnahmekapazität des Landes sei erschöpft. Doch internationaler Protest von jüdischen Organisationen und scharfer Widerspruch der britischen Opposition zwangen Premierminister MacDonald zu einem Erläuterungsbrief, der die proarabischen Elemente wieder zunichte machte. Solche widersprüchlichen Reaktionen verstärkten unter Juden und Palästinensern die Ansicht, die Mandatsmacht sei ein Verräter an den eigenen Rechten.

Zu Beginn der dreißiger Jahre veränderte sich die Weltsituation in einer Richtung, die für das zionistische Projekt in Palästina entscheidende Bedeutung bekommen sollte. Der in Deutschland aufflammende Antisemitismus, der zum Staatsprogramm der Nationalsozialisten erhoben wurde, bewirkte erstmalig die Einwanderung auch solcher Juden nach Palästina, die eigentlich nie zionistisch gewesen waren. Während in den Jahren 1929 bis 1931 ca. 4 500 Neuankömmlinge pro Jahr in Palästina eintrafen, stieg die Zahl der immigrierenden Juden im Jahre 1933 — der Machtübernahme der Nationalsozialisten — auf über 30 000 an. Was die zionistische Ideologie nicht bewirkt hatte, nämlich die massenhafte Einwanderung europäischer Juden nach Palästina — vermochten die Nationalsozialisten innerhalb weniger Monate zu realisieren. Das Naziprogramm, das sich für die »Reinerhaltung der deutschen Rasse« und für die Ausgrenzung der Juden stark machte, verhalf der zionistischen Bewegung zu einer unverhofften Legitimierung und Bestätigung. Die Thesen von der Unmöglichkeit erfolgreicher Assimilation und der Ewigkeit und Unvermeidbarkeit des Antisemitismus, von denen der Zionismus ausging, schienen hier eine grausige Bestätigung zu finden.

# Zionismus und die nationalsozialistische Massenvernichtung

Wie sehr die Zionisten den Antisemitismus in Deutschland als Bestätigung ihrer eigenen Annahmen empfanden, zeigte sich mit der Errichtung des »Dritten Reichs« in einer heute zunächst nicht leicht nachvollziehbaren Weise. Über fünfzig Jahre nach dem Machtantritt der Nationalsozialisten und mit dem Wissen um den Kosmos der Massenvernichtung der europäischen Juden, wirken die ersten Reaktionen auf Hitlers Programm wie eine Übereinstimmung mit der nationalsozialistischen Ideologie. Die Anhänger Hitlers befürworteten die Diskriminierung der Juden, die Zionisten sahen in einem jüdischen Staat die Lösung der Judenfrage — hier schien sich eine Interessengemeinschaft aufzutun, die freilich nur so lange bestehen konnte, als an die angestrebte Vernichtung der Juden noch nicht im Entferntesten zu denken war. Wer heute die folgende Äußerung der Zionistischen Vereinigung für Deutschland liest, mag zunächst erschrecken. Hier scheinen sich Ideologien zu ergänzen, die doch nicht zusammen passen können. Aber es darf nicht vergessen werden, daß niemand etwas von Dachau, Auschwitz oder Treblinka ahnen konnte, auch noch nichts von den Nürnberger Rassegesetzen oder vom gelben Stern. Für die Zionisten war das antisemitische Programm in Deutschland zunächst vor allem eine Hilfe, die eigenen Thesen bestätigt zu sehen und mit mehr Nachdruck die massenhafte Einwanderung nach Palästina zu fördern.

*Äußerung der Zionistischen Vereinigung für Deutschland zur Stellung der Juden im neuen deutschen Staat*
    Berlin W 15, den 21. Juni 1933, Meinekestraße 10
    I. Die Verhältnisse der Juden in Deutschland haben durch die Vorgänge

und durch die Gesetzgebung der jüngsten Zeit eine Entwicklung genommen, die eine *grundsätzliche* Klärung des Problems wünschenswert und notwendig macht. Wir betrachten es als Verpflichtung der Juden, bei der Entwirrung des Problems zu helfen. Darum sei es uns gestattet, unsere Anschauungen vorzutragen, die nach unserer Meinung eine den Grundsätzen des neuen deutschen Staates der nationalen Erhebung entsprechende Lösung ermöglichen und zugleich für die Juden eine Regelung ihrer Lebensverhältnisse bedeuten könnten.

Diese Anschauungen sind auf einer Auffassung der historischen Entwicklung der Stellung der Juden in Deutschland begründet, die hier — einleitend — angedeutet sein mag.

II. *Geschichtlicher Rückblick*

Die Ende des 18., Anfang des 19. Jahrhunderts beginnende Emanzipation der Juden war auf dem Gedanken aufgebaut, die Judenfrage sei dadurch zu lösen, daß die Staatsnation die in ihrer Mitte lebenden Juden aufsaugt. Diese auf den Ideen der französischen Revolution beruhende Auffassung sah nur das Individuum, den einzelnen, frei im Raum schwebenden Menschen, ohne die Bindungen von Blut und Geschichte und die seelische Sonderart zu beachten. Demgemäß verlangte der liberale Staat von den Juden die Assimilation an die nichtjüdische Umwelt. Taufe und Mischehe wurden im politischen und im Wirtschaftsleben begünstigt. So kam es, daß zahlreiche Menschen jüdischer Abstammung die Möglichkeit fanden, wichtige Positionen einzunehmen und als Repräsentanten deutscher Kultur und deutschen Lebens aufzutreten, ohne daß ihre Zugehörigkeit zum Judentum in Erscheinung trat.

Es entstand so ein Zustand, der heute im politischen Gespräch als »Verfälschung des Deutschtums« und als »Verjudung« bezeichnet wird.

Die Juden erkannten anfangs diese Problematik gar nicht, da sie an eine individualistische und formalrechtliche Lösung der Judenfrage glaubten. Erst der Zionismus (seit 1897) war es, der den Juden das *Wesen der Judenfrage* erschloß. Die zionistische Erkenntnis hat es den Juden auch ermöglicht, den *Antisemitismus*, der bis dahin von ihnen nur apologetisch bekämpft wurde, zu verstehen: Als tiefe Ursache des Antisemitismus wurde die ungelöste Judenfrage erkannt; daher müsse eine konstruktive Lösung der Judenfrage in Angriff genommen werden. Hierfür wird eine *wohlwollende Unterstützung* der nichtjüdischen Welt angestrebt.

*Der Zionismus*

Der Zionismus täuscht sich nicht über die Problematik der jüdischen Situation, die vor allem in der anormalen Berufsschichtung und in dem

Mangel einer nicht in der eigenen Tradition verwurzelten geistigen und sittlichen Haltung besteht. Der Zionismus erkannte schon vor Jahrzehnten, daß als Folge der assimilatorischen Entwicklung Verfallserscheinungen eintreten mußten, die er durch die Verwirklichung seiner, das jüdische Leben von Grund aus ändernden Forderung zu überwinden sucht.

Wir sind der Ansicht, daß eine den nationalen Staat wirklich befriedigende Antwort auf die Judenfrage nur herbeigeführt werden kann, wenn die auf gesellschaftliche, kulturelle und sittliche Erneuerung der Juden hinzielende jüdische Bewegung dabei mitwirkt, ja, daß eine solche nationale Erneuerung erst die entscheidenden sozialen und seelischen Voraussetzungen für alle Regelungen schaffen muß.

Der Zionismus glaubt, daß eine Wiedergeburt des Volkslebens, wie sie im deutschen Leben durch Bindung an die christlichen und nationalen Werte erfolgt, auch in der jüdischen Volksgruppe vor sich gehen müsse. Auch für den Juden müssen Abstammung, Religion, Schicksalsgemeinschaft und Artbewußtsein von entscheidender Bedeutung für seine Lebensgestaltung sein. Dies erfordert Überwindung des im liberalen Zeitalter entstandenen egoistischen Individualismus durch Gemeinsinn und Verantwortungsfreudigkeit.

### III. *Vorschläge*

Unsere Auffassung vom Wesen des Judentums und von unserer wahren Stellung unter den europäischen Völkern gestattet uns, Vorschläge über die Regelung der Verhältnisse der Juden im neuen deutschen Staat zu machen, die nicht Erwägungen zufälliger Interessenkonstellationen sind, sondern die eine wirkliche, den deutschen Staat befriedigende Lösung der Judenfrage anbahnen. Dabei haben wir nicht die Interessen einzelner Juden im Auge, die durch die tiefgreifende Umgestaltung Deutschlands ihre wirtschaftlichen und sozialen Positionen verloren haben. Worum es geht, ist die Schaffung einer Lebensmöglichkeit für die Gesamtheit unter Wahrung unserer Ehre, die uns das höchste Gut ist. Wir wollen auf dem Boden des neuen Staates, der das Rassenprinzip aufgestellt hat, unsere Gemeinschaft in das Gesamtgefüge so einordnen, daß auch uns, in der uns zugewiesenen Sphäre, eine fruchtbare Betätigung für das Vaterland möglich ist. Wir glauben, daß gerade das neue Deutschland durch einen kühnen Entschluß in der Behandlung der Judenfrage einen entscheidenden Schritt zur Überwindung eines Problems tun kann, das in Wahrheit von den meisten europäischen Völkern behandelt werden muß, auch von solchen, die in ihrer außenpolitischen Stellungnahme heute die Existenz eines solchen Problems in ihrer eigenen Mitte leugnen.

*Verhältnis zum deutschen Volk*
Unser Bekenntnis zum jüdischen Volkstum stellt ein reines und aufrichtiges Verhältnis zum deutschen Volk und seinen nationalen und blutmäßigen Gegebenheiten her. Gerade weil wir diese Grundlage nicht zu verfälschen wünschen, weil auch wir gegen Mischehe und für Reinerhaltung der jüdischen Art sind und Grenzüberschreitungen auf kulturellem Gebiet ablehnen, können wir, in deutscher Sprache und Kultur erzogen, mit Bewunderung und innerer Anteilnahme an den Werken und Werten deutscher Kultur teilnehmen. Nur die Treue zur eigenen Art und Kultur gibt Juden die innere Festigkeit, die eine Verletzung des Respekts vor den nationalen Gefühlen und Imponderabilien des deutschen Volkstums verhindert, und die Einwurzelung im eigenen Seelentum bewahrt den Juden davor, zum wurzellosen Kritiker der nationalen Grundlagen des deutschen Wesens zu werden. Die vom Staat gewünschte völkische Distanzierung würde auf diese Weise zwanglos als Ergebnis einer organischen Entwicklung herbeigeführt.

So kann das hier gekennzeichnete bewußte Judentum, in dessen Namen wir sprechen, sich dem deutschen Staatswesen einfügen, weil es innerlich unbefangen und frei ist von dem Ressentiment, das assimilierte Juden bei der Feststellung ihrer Zugehörigkeit zum Judentum, zur jüdischen Rasse und Vergangenheit empfinden müssen. Wir glauben an die Möglichkeit eines ehrlichen Treueverhältnisses zwischen einem artbewußten Judentum und dem deutschen Staat.

IV. *Auswanderung*
Diese Darstellung wäre unvollständig, würden wir nicht noch einige Bemerkungen über das wichtige Problem der jüdischen Auswanderung hinzufügen. Die Lage der Juden zwischen den Völkern und die zeitweise vor sich gehende Ausschaltung aus Berufskategorien und wirtschaftlichen Erwerbsmöglichkeiten sowie die Sehnsucht nach Normalisierung der Lebensbedingungen zwingt viele Juden zur Auswanderung.

Der Zionismus will die Auswanderung der Juden nach Palästina so gestalten, daß dadurch eine *Entlastung der jüdischen Position in Deutschland* erfolgt. Der Zionismus hat sich nicht damit begnügt, lediglich eine theoretische Auffassung von der Judenfrage zu erzeugen, sondern er hat praktisch eine Normalisierung des jüdischen Lebens durch Gründung einer neuen nationalen Siedlung der Juden in Palästina, in ihrem alten Stammland, eingeleitet. Dort sind heute schon etwa 230 000 Juden in einem normal geschichteten Gemeinwesen zur Ansiedlung gebracht worden. Die Grundlage der jüdischen Siedlung bildet die Landwirtschaft. Alle Arbeiten, landwirtschaftliche, handwerkliche und industrielle, werden durch jüdische Arbeiter, die von einem neuen idealistischen Arbeitsethos beseelt sind, ausgeführt. Die Palästinabewegung ist von der deutschen Regierung stets gefördert worden; es ist sicher, daß die Bedeutung Palästinas für das deutsche Judentum ständig wächst.

Für seine praktischen Ziele glaubt der Zionismus auch die Mitwirkung einer grundsätzlich judengegnerischen Regierung gewinnen zu können, weil es sich in der Behandlung der jüdischen Frage nicht um Sentimentalitäten, sondern um ein reales Problem handelt, an dessen Lösung alle Völker, und im gegenwärtigen Augenblick besonders das deutsche Volk, interessiert sind.

Die Verwirklichung des Zionismus könnte durch ein Ressentiment von Juden im Ausland gegenüber der deutschen Entwicklung nur geschädigt werden. Boykottpropaganda — wie sie jetzt vielfach gegen Deutschland geführt wird — ist ihrer Natur nach unzionistisch, da der Zionismus nicht bekämpfen, sondern überzeugen und aufbauen will.

### V. *Außenpolitische Folgen*

Wir glauben, daß die hier vorgeschlagene Regelung der jüdischen Frage für das deutsche Volk wichtige Vorteile mit sich brächte, die auch außerhalb der deutschen Grenzen fühlbar wären. Der *Volkstumsgedanke*, der für das über die ganze Welt verbreitete deutsche Volk (Auslandsdeutschtum) so wichtig ist, würde hier durch einen staatsmännischen Akt des neuen Deutschland eine entscheidende Vertiefung und Festigung erfahren.

Millionen Juden leben als *nationale Minderheiten* in verschiedenen Ländern. Bei den Verhandlungen über Minderheitenschutz bei Beendigung des Krieges sind die von jüdisch-nationaler Seite vorbereiteten Formulierungen und Gedankengänge weitgehend von allen Staaten angenommen worden; sie haben zu Bestimmungen geführt, auf Grund deren heute auch deutsche Minderheiten ihre Rechte geltend zu machen pflegen. Unter Berücksichtigung der starken Interessengemeinschaften der nationalen Minderheiten, die wiederholt zum Ausdruck gekommen sind, und die gewiß in ganz anderer Weise in die Erscheinung treten würden, wenn die Stellung der Juden in Deutschland durch Anerkennung ihrer Sonderart geregelt wird, kann die Politik der deutschen Volksteile in der ganzen Welt eine nachdrückliche Förderung erfahren. Diese Förderung liegt nicht nur in der ideellen Verstärkung der Geltung der vom Herrn Reichskanzler (Hitler) in seiner Rede vom 17. Mai proklamierten Grundsätze des Volkstums, sondern kann sich auch in unmittelbarer Kooperation zwischen den Minderheiten verschiedener Länder zeigen.

Wir sind der Tatsache gegenüber, daß eine Judenfrage existiert und weiter existieren wird, nicht blind. Aus der anormalen Situation der Juden ergeben sich für sie schwere Nachteile, aber auch für die übrigen Völker schwer tragbare Verhältnisse. Unsere hier vorgetragenen Äußerungen beruhen auf der Überzeugung, daß die deutsche Regierung bei der Lösung des Judenproblems in ihrem Sinne volles Verständnis für eine mit den Staatsinteressen im Einklang stehende, offene und klare jüdische Haltung haben wird.

Der Zionismus schien umso mehr die einzig richtige Antwort auf antisemitische Bedrohung, als deutsche Juden die Erfahrung machen mußten, nur unter großen Schwierigkeiten in anderen Ländern Zuflucht finden zu können, während der jüdische *Jischuw* (Siedlung) in Palästina die Einwanderer mit offenen Armen empfing.

Im Jahr 1935 trafen 61 854 Neuankömmlinge in Palästina ein. Der Zionismus, den die westeuropäischen Juden in ihrer breiten Mehrheit so lange verworfen hatten, fand jetzt viele neue Anhänger. Der Romanschriftsteller Jakov Lind erlebte den »Anschluß« Österreichs 1938 in Wien mit. In seinem Buch *Selbstportrait* schilderte er, wie der Antisemitismus die Juden zum Zionismus trieb:

Als die Deutschen eines Freitagmorgens in Österreich einmarschierten (Freitag, der Dreizehnte!), hatte Gott auf immer bei mir verspielt. Der Krieg gegen die Juden begann praktisch tags darauf. Am Samstag war ganz Wien ein riesiges Hakenkreuz. Falls Gott das gewollt hatte, und angeblich geschah ja alles nach seinem Willen, mußte er ein schändliches Ungeheuer sein, halb Krampus, halb feuerspeiender Drache. Und doch tat dieser gleiche Gott (die Deutschen, der Teufel) hier und dort etwas Gutes. Mir verschaffte er den lange herbeigewünschten Vorwand, nicht mehr regelmäßig die Schule zu besuchen. Hausaufgaben waren, Gott sei Dank, reine Zeitverschwendung geworden. Die Stadt hatte jetzt an Phrasen mehr zu bieten als hypothetische Dreiecke und lateinische Sätze. Im Sprechchor gebrüllte Naziparolen und marschierende SS- und SA-Formationen waren ein schöner und aufregender Unterricht in Philosophie, Politik und Soziologie. Ein Tscheche namens Navratil war Österreicher, ein Pole mit unaussprechlichem Namen war ebenfalls Österreicher. Italiener, Ungarn, Rumänen — allesamt Österreicher. Nicht aber ein Jude mit dem gut deutschen Namen Landwirth — nein. Ein Jude konnte nicht Österreicher sein. Ein Jude war eine Hyäne, ein Schwein, ein Schweinehund, ein Hund, ein Untermensch, ein Verbrecher, Lügner,

Nach der sogenannten Reichskristallnacht nahm die Flucht deutscher Juden vor dem NS-Regime deutlich zu. Hier Juden vor dem Reisebüro der »Palestine and Orient Lloyd« in Berlin.

Ungeheuer; nach dem 13. März war alles dies und Schlimmeres, amtlich. Ein neues Bewußtsein erwachte.

Warum sollen sie uns gerne haben? lautete eine der Lieblingsfragen meines Vaters, und eine andere: was wäre das für eine Welt, in der ein Goy sich gehemmt fühlt, einen Juden einen Juden zu nennen? Nennen nicht auch wir die Goyim *Goyim*? Die Ungarn *Nentudoms*? Die Rumänen *Diebe*? Die Italiener *Katzelmacher* (worunter etwas wie ein unzuverlässiger, doppelgesichtiger Arschlecker zu verstehen ist)? Er nahm es hin, daß er ein bißchen anders war, daß man ihn ein wenig mehr diskriminierte als andere, und machte sich nichts daraus. Mein Vater sagte: »Wien ist Wien, Juden sind Juden. Schwarz ist schwarz und Jude ist Jude, denn wir können uns nicht leisten, was anderes zu sein.« Doch was sind eigentlich Juden? Mutter aß weder Speck noch Schweineschmalz, also war sie wohl wirklich Jüdin, doch mein Vater und wir Kinder aßen beides gern. Kaninchen nicht, auch Schweinebraten nicht und keine Schalentiere. Aber Speck und Schinken schmeckten uns gut. Wir konnten also keine richtigen Juden sein. Mein Vater sah nicht jüdisch aus, meine Mutter sah nicht jüdisch aus, wir hatten keine Judennasen, dafür aber gute deutsche Namen. Woher wußten eigentlich die anderen Kinder, daß bei uns was nicht stimmte? Was bei uns nicht stimmte, war, daß alle Juden Aristokraten sind, auch Schwindler und Luftmenschen. Wir hatten der Welt Christus, Marx und Freud »geschenkt«. Wir sind exklusiv. Anders sein und gehaßt werden, heißt auserwählt sein. Auserwählt zu leiden und große Taten zu vollbringen. Österreich ist nur ein Warteraum, für Zionisten der Abgangsbahnhof. Endstation ist Jerusalem.

*Juden raus?* Genau das verlangten die Zionisten lautstark, seit Theodor Herzl für die Juden einen eigenen Staat gefordert hatte, geradeso wie die Serben, die Tschechen, die Magyaren einen hatten. Wir gehören nach Palästina, wo das nun auch liegen mag. Wenn Ungarn, Polen, Slowenen und Tschechen, Slowaken und Serben einen eigenen Staat brauchen, um darin ihre eigenen Angelegenheiten zu betreiben, dann brauchen die Juden ebenfalls einen. Längst vor den Nazis gab es die Zionistische Bewegung. Ein Jude hatte die Wahl, entweder Opfer zu sein oder »Herr seines Geschickes«. Entweder hatte er unablässig Erniedrigungen zu erdulden, oder er mußte Selbstachtung lernen, so jedenfalls drückten die Erwachsenen es aus. Viktor Rosenfeld, mein Religionslehrer, bewog mich, im Alter von acht Jahren »Selbstachtung« zu wählen. Er überredete mich, in einem Channikkaspiel den Matthatias zu übernehmen, den Vater des Judas Maccabaeus. Ich übernahm die Rolle, weil ein weißer Bart dazugehörte, und war plötzlich Mitglied der zionistischen Jugendorganisation »Barak« (»Blitz«) der Judenstaatspartei. Als sich herausstellte, daß die Judenstaatspartei keine sozialistische Partei war, sondern die Partei der Liberalen, war es zu spät. Ich trug bereits die blaue Uniform. Es sah ganz so aus, als hätte ich meine sozialistischen Grundsätze für eine Uniform verkauft. Ein blaues Hemd, blaue Hosen und eine blaue Soldatenmütze mit silberner Menorah-Kokarde. Man dekorierte mich mit einem schmalen Streifen auf dem Kragen, weil ich die Daten sämtlicher Zionistenkongresse auswendig wußte. Ich besaß einen ledernen Schulterriemen, einen ledernen Gürtel und eine Silberschnur mit Trillerpfeife daran. Wir lernten marschieren und Musik machen, wir konnten militärisch grüßen, konnten im Chor singen und sprechen und kannten alle Lieder auswendig. Ich lernte sie geradeso mühelos wie die anderen. Ich wäre gerne Soldat gewesen, aber nur ein jüdischer Soldat.

Der verstärkte Zustrom nach Palästina verlief nicht reibungslos. Der arabische Widerstand gegen die jüdische Einwanderung hatte die englische Mandatsmacht unter Druck gebracht. Deshalb versuchten die Briten mit einer Verzögerungstaktik, dem Problem der divergierenden Interessen von Arabern und Juden in Palästina beizukommen. Zwischen 1933 und 1939 mußte man eintausend englische Pfund für ein Einreisevisum bezahlen. Das war eine stattliche Summe, und diejenigen Juden, die das Geld aufbringen konnten, wurden deshalb »Kapitalisten« genannt. Die britische Mandatsmacht versprach sich eine Einschränkung der Einwanderung durch diese Maßnahme, doch der jüdische *Jischuw* vergrößerte sich weiterhin.

Martin Hauser floh 1933 vor den Nationalsozialisten von Deutschland nach Palästina. In seinem Tagebuch vermerkte er:

18. Aug. 1936; Ich fühle mich wohl in meinem Beruf, er ist körperlich nicht leicht, gibt einem aber das Gefühl, als Bauschlosser im wahrsten Sinne des Wortes am Aufbau des Landes mitzuhelfen. Und die Kollegen sind hilfsbereit, jeder von den 24 ein Typ für sich. Mein Lehrmeister z. B. ist ein älterer magerer Jecke, hat das Handwerk noch in Deutschland gelernt, ruhig und pedantisch bei der Arbeit; der zweite Schlossermeister ein Pole, gedrungen, explosiv im Charakter; der Schmied ein typischer Russe, jovial, oft singt er während der Arbeit mit tiefer Stimme russische und jüdische Volkslieder, die einem das Herz wärmen; der zweite Lehrling neben mir aus Saloniki, jünger als ich, eine »Streichholzfigur«, aber zäh und fleißig; der dritte Lehrling aus Hamburg, dick, faul und gefräßig. Die Leitung ist ein Triumvirat — ein Fachmann und ein Administrator, beide schon Anfang der zwanziger Jahre ins Land gekomen mit der Blau-Weiß-Bewegung, und der Dritte, der »Kapitalist«, vor einem Jahr aus Deutschland eingewandert mit dem berühmten 1 000 Pfund-Zertifikat. So ist jeder ein Steinchen in diesem Mosaik der Belegschaft.

12. September 1936: 3 000 jüdische Hilfspolizisten werden jetzt eingestellt, ausgebildet und ausgerüstet; in Städten und jüdischen Siedlungspunkten stationiert und besonders an letzteren gegen die unzuverlässigen arabischen Polizisten ausgewechselt. Wir haben bisher ca. 80 Tote, mehrere Hundert Schwer- und Leichtverwundete, Zehntausende von Dunam zerstörter Wälder, verbrannter Felder, ausgerissener Pardessim, zertretener Weingärten. Ein großer Teil der jüdischen Jugend ist bei Tag mit der Arbeit und nachts mit der Wache beschäftigt. Wir schlucken seit Monaten Verlust auf Verlust, Mord auf Mord, Zerstörung auf Zerstörung. Wir kochen alle und dürfen doch nichts machen, weil es die politische Klugheit so gebietet.

Trotzdem ist die Lage nicht hoffnungslos, da sich gerade jetzt in dieser Zeit Kräfte im Jishuv gezeigt haben, die man früher nicht gesehen hat, und wir in dieses Land verbissen sind, bis wir es haben — oder untergehen. Das ist keine Phrase, denn vom Gelingen des Aufbaus Palästinas hängt der Bestand des jüdischen Volkes ab, und wenn dieser Aufbau auch zu Anfang noch so viel Mängel aufweist, Blut ist ein guter Kitt und wird hoffentlich manchen Spalt schließen und manche Unebene glätten.

## Palästina wird dichtgemacht

Die schweren Unruhen in Palästina zwischen Juden und Palästinensern gipfelten in bewaffneten Aufständen der Araber in den Jahren 1936 bis 1939, die allerdings von den Briten blutig niedergeschlagen wurden. 1937 schlugen die Engländer im *Peel-Plan* die Teilung Palästinas in einen jüdischen und einen arabischen Teil vor. Doch die anschließend nach Palästina entsandte *Woodhead*-Kommission kam zu dem Schluß, daß eine Teilung unmöglich sei, nicht nur weil sie von den Arabern abgelehnt wurde, sondern weil bei der gemischten Siedlungsweise die technischen und wirtschaftlichen Schwierigkeiten ohne Zwangsumsiedlungen unüberwindbar seien. Alle britischen Versuche, die beiden Bevölkerungsgruppen von ihren Forderungen abzubringen und auf einen binationalen Staat mit eingeschränkter Einwanderung und Landnahme der Juden hinzuarbeiten, scheiterten.

Um der Lage in Palästina dennoch Herr zu werden, veröffentlichte die britische Regierung 1939 ein Weißbuch. Darin wurde vermerkt, daß die *Balfour*-Erklärung von 1919 erfüllt sei — eine jüdische »Heimstätte« in Palästina sei geschaffen worden. Es sei nicht vorgesehen gewesen, Palästina gegen den Willen der ansässigen arabischen Bevölkerung zu einem jüdischen Staat zu machen. Im Zuge dieser Argumentation erließ die britische Regierung eine drastische Beschränkung der Einwandererzahlen. Ausgerechnet zu der Zeit, in der Deutschland nicht mehr bloß »judenrein« gemacht werden sollte, sondern ein Krieg gegen die Juden Europas entfesselt wurde, der ihre Vernichtung anstrebte, wurde den Juden somit die Auswanderung radikal erschwert. Engländer wie Araber ignorierten somit die Auswirkung der Judenverfolgung auf das Palästinaproblem.

Im Weißbuch von 1939 hieß es u.a.:

»II. Einwanderung
1. Jüdische Einwanderung in den nächsten 5 Jahren wird in einem Maße reguliert werden, daß, wenn die wirtschaftliche Aufnahme-Kapazität es erlaubt, die Zahl der jüdischen Einwohner auf ungefähr ein Drittel der Gesamtbevölkerung des Landes gebracht werden wird.

Unter Berücksichtigung der erwarteten natürlichen Zunahme der arabischen und jüdischen Bevölkerung und der Zahl der jetzt im Land befindlichen illegalen jüdischen Einwanderer bedeutet das...die Zulassung von etwa 75 000 Einwanderern im Lauf der nächsten 5 Jahre...

3. Nach Ablauf von 5 Jahren wird keine weitere jüdische Einwanderung mehr erlaubt sein, es sei denn, die Araber Palästinas erklärten ihr Einverständnis damit.

4. S.M. Regierung ist entschlossen, illegale Einwanderung zu unterbinden, und wendet neue Verhütungsmaßnahmen dagegen an. Die Zahl jüdischer illegaler Einwanderer, denen es trotz dieser Maßnahmen gelingt, ins Land zu kommen, und die nicht deportiert werden können, werden von der jährlichen Quote abgezogen...«

Das Weißbuch stellte den Versuch Großbritanniens dar, den palästinensischen Konflikt weiterhin zu kontrollieren. Wegen ihrer machtpolitischen Interessen war der britischen Regierung zwar an einer englandfreundlichen Haltung der Juden gelegen, noch mehr aber an der der Araber. Strategische Erwägungen am Vorabend des Zweiten Weltkrieges hatten den Ausschlag gegeben. Es erschien ratsamer, die politisch einflußreichen Araber freundlich zu stimmen, um eine arabische Allianz mit den Achsenmächten Deutschland und Italien zu verhindern. Das Weißbuch von 1939 bedeutete einen Bruch mit den vorausgegangenen Versprechen gegenüber den Juden Palästinas.

## Illegale Einwanderung

Die Beschränkung der jüdischen Einwanderung nach Palästina wirkte sich verheerend auf die Verfolgten Europas aus. Viele Länder wie die Vereinigten Staaten, die Schweiz oder England nahmen kaum noch Juden auf. Jüdische Organisationen versuchten deshalb verzweifelt, die illegale Einwanderung nach Palästina zu organisieren. Diese Einwanderung wurde *Aliyah* Beth genannt. *Aliyah* ist das hebräische Wort für Einwanderung ins Gelobte Land und heißt wörtlich übersetzt: Aufstieg. In seinem autobiographischen Roman *David* schildert der Autor Joel König seine illegale Flucht mit Hilfe jüdischer Organisationen nach Palästina.

Das Gerücht ging um, für jüdische Jugendliche gäbe es vielleicht noch eine Möglichkeit, nach Palästina zu gelangen. Mein Vater nahm mich mit zum Büro des Misrachi im Berliner Palästina-Amt, um Erkundigungen einzuziehen. Gegen den Misrachi, die Organisation der religiösen Zionisten, hatte mein Vater seit jeher einige ideologische Einwände gehabt; seine subtilen Bedenken verloren nun an Gewicht. Es ging darum, dem NS-Reich zu entkommen.

Im Palästina-Amt in der Meinekestraße herrschte fieberhafter Betrieb. Wir saßen auf einer Wartebank im Korridor. Aus den Zimmern klapperten unablässig Schreibmaschinen. Dann und wann ging eine Tür auf. Jemand huschte mit einem Bündel Papieren vorbei und verschwand wieder hinter einer anderen Tür.

Endlich wurden wir vorgelassen. Eine ernste, mütterlich aussehende Dame empfing uns. Sie stellte eine Reihe von Fragen und sah mich prüfend an. Dann sagte sie zu meinem Vater: Zertifikate zur Einwanderung nach Palästina habe sie nicht mehr. Aber ich sei ja jung und kräftig; vielleicht käme ich für die »Alijah Beth« in Betracht. »Alijah Beth«, das bedeutet so viel wie geheime Einwanderung. Geheim sei sie nur den Engländern gegenüber. Von deutscher Seite mache man keine Schwierigkeiten. Die zionistische Organisation habe allerdings nur sehr wenige Schiffe zur Verfügung, und die Engländer täten alles, um die Flüchtlinge am Landen zu verhindern.

»Ich muß Sie darauf aufmerksam machen, Herr Doktor: Es handelt sich um alte Flußdampfer. Mit denen machen wir die Reise durchs Mittelmeer bis an die Küste Palästinas. Manche Schiffe gehen von jugoslawischen oder griechischen Häfen ab. Die wichtigste Route führt aber die Donau hinunter, durch das stürmische Schwarze Meer! — Wir können für nichts garantieren. Sie müssen alle Risiken selbst tragen!«

Bei diesen Worten sah mich mein Vater fragend an. Als die Dame sah, daß wir nicht zurückschreckten, fuhr sie fort: Trotz aller Gefahren werde es als ein großes Vorrecht geschätzt, auf so einem Flüchtlingsschiff Platz zu bekommen. Selbstverständlich hätten die jungen Leute Vorrang, die schon seit Jahren der Misrachibewegung angehörten. Aber sie wolle uns nicht abweisen. Ich müsse erst in einem Palästina-Vorbereitungslager landwirtschaftlich ausgebildet werden. Wenn ich mich dort bewährte, hätte ich gute Chancen, auf ein Flüchtlingsschiff zu kommen.

Mein Vater ging sogleich auf die Bedingungen ein und bat darum, mich in ein Ausbildungslager aufzunehmen. Auf dem Heimweg sagte er mir: »Jetzt ist es aber aus mit deiner Chemie!«

»Das werden wir noch sehen, Papa«, erwiderte ich.

Die zionistische Organisation setzte alles daran, fliehende Juden nach Palästina zu bringen. Trotz der Schwierigkeiten durch die britische Verfügung zur Einwandererbeschränkung bemühte sich die Organisation nicht, auch andere Fluchtorte für die europäischen Juden auszumachen. Zu sehr waren die Zionisten auf Palästina fixiert, zu sehr betrachteten sie den Antisemitismus in Deutschland als Beweis für die Notwendigkeit eines jüdischen Staates, und dieser hatte nur auf eine Entstehung Aussicht, wenn sich der jüdische Bevölkerungsteil in Palästina wesentlich vergrößern würde. Die Zionisten sahen es als eine Gefahr an, wenn Juden in Massen in andere Staaten auswandern würden. Das geht unter anderem aus einem Brief hervor, den der spätere Ministerpräsident des Staates Israel, David Ben Gurion, im Dezember 1938 an die zionistische Exekutive schrieb:

»Großbritannien versucht, das Problem der Flüchtlinge vom Problem Palästina zu trennen. Die Dimension des Flüchtlingsproblems erfordert eine sofortige, territoriale Lösung. Wenn Palästina sie nicht aufnimmt, dann ein anderes Land. Der Zionismus ist in Gefahr. Alle anderen territorialen Lösungen, die sicherlich scheitern werden, erfordern riesige Geldsummen. Wenn die Juden zwischen den Flüchtlingen, der Rettung von Juden vor den Konzentrationslagern, und der Unterstützung eines nationalen Museums in Palästina zu wählen haben, wird das Mitleid die Oberhand gewinnen und die gesamte Energie des Volkes darauf verwendet werden, Juden aus verschiedenen Ländern zu retten. Der Zionismus wird nicht nur von der Tagesordnung in der Weltöffentlichkeit in Großbritannien und den USA verschwinden, sondern auch in der jüdischen Öffentlichkeit. Wenn wir eine Trennung zwischen dem Flüchtlingsproblem und dem Palästinaproblem zulassen, riskieren wir die Existenz des Zionismus.«

Den Zionismus sah Gurion als einzig sinnvolle Antwort auf den Antisemitismus. Mit der Errichtung eines jüdischen Staates sollten die Probleme der Juden ein für allemal gelöst werden. Dies implizierte gleichzeitig die Haltung, den Antisemitismus nicht überall da zu bekämpfen, wo er sich zeigte, sondern durch eine territoriale Lösung diesem Problem aus dem Wege zu gehen. So schrieb Ben Gurion etwa:
»Der Zionismus akzeptiert den Antisemitismus als die natürliche, normale Haltung der nicht-jüdischen Welt gegenüber den Juden. Er sieht ihn nicht als pervertiertes Phänomen an, er ist eine Antwort, nicht eine Konfrontation oder Anprangerung bzw. Kampf gegen den Antisemitismus.«

So setzten die Zionisten all ihre Kraft für den Aufbau des jüdischen *Jischuws* in Palästina ein, zumal sich die zionistischen Führer lange an die Hoffnung klammerten, mit den Nazischergen eine »gütliche« Regelung betreffs der Juden erreichen zu können, die gleichermaßen den Zielen der Nazis wie denen der Zionisten entsprächen. Doch unterdessen begann in Europa, mit dem Beginn des Zweiten Weltkrieges, den Deutschland gegen seine Nachbarn führte, die planmäßige Massenvernichtung der Juden.

## Die nationalsozialistische Massenvernichtung der Juden

Schon 1933 waren die ersten Konzentrationslager errichtet worden, vor allem in der näheren Umgebung Berlins, aber auch in Mitteldeutschland, in Sachsen und Thüringen. Mit Ausbreitung der nationalsozialistischen Herrschaft über weite Teile Europas wurden dann ab 1939 viele weitere Konzentrationslager — abgekürzt KL oder KZ genannt — gegründet, in denen bis zum Kriegsende etwa acht bis zehn Millionen Menschen brutal erschlagen, erschossen, vergast, vernichtet wurden.

Nach Ansicht der *Gestapo*, der Geheimen Staatspolizei im nationalsozialistischen Deutschland, gehörten in erster Linie vier Gruppen von Menschen in ein Konzentrationslager: politische Gegner, Kriminelle und »Asoziale«, »rassenbiologisch Minderwertige«, und Angehörige »minderwertiger Rassen«.

Zu den letzteren gehörten die Juden. Sie wurden für die Wirtschaftskrise der zwanziger Jahre verantwortlich gemacht; man identifizierte sie in gleicher Weise mit Kapitalismus und »Bolschewismus« und charakterisierte sie damit als Feind schlechthin. Die jüdische »Weltverschwörung« in Allianz mit wahlweise dem Großkapital oder dem Kommunismus bedrohe die Freiheit des deutschen Volkes. Ihre Anwesenheit in Deutschland und die angebliche »Verjudung« der deutschen Gesellschaft sollte nicht mehr länger geduldet werden. Nazideutschland brauchte die Ideologie der Überlegenheit der »arischen Rasse«, um seinen Herrschaftsanspruch über ganz Europa zu legitimieren.

Die Funktion der Konzentrationslager im Nationalsozialismus beschrieb der Soziologe und Politologe Eugen Kogon kurz nach der Befreiung für die Amerikaner. Kogon war selber mehrere Jahre im KZ Buchenwald interniert:

Im größten Vernichtungslager Auschwitz werden die mit Zügen ankommenden Juden schon auf der Rampe selektiert.

*Der Hauptzweck der KL war die Ausschaltung jedes wirklichen oder vermuteten Gegners der nationalsozialistischen Herrschaft.* Absondern, diffamieren, entwürdigen, zerbrechen und vernichten — das waren die Formen, in denen der Terror in Wirksamkeit trat. Je drastischer, umso besser, und je gründlicher, umso nachhaltiger. Dabei kam es nicht auf »Gerechtigkeit« an; lieber zehn Unschuldige hinter Stacheldraht setzen, als einen wirklichen Gegner aus dem Auge verlieren! Das hatte dann gleich die andere beabsichtigte Wirkung zur Folge: Abschreckung der neunzig Prozent. Auf solche Weise konnte man hoffen, jede Opposition von vornherein im Keim zu ersticken, sie garnicht erst zu irgendeiner organisatorischen Entwicklung gelangen zu lassen und ihr, wenn sie sich doch irgendwo regen sollte, jeglichen Ausbreitungsboden zu entziehen.

## Menschen werden gebrochen ...

Die Juden wurden ab 1941 unterschiedslos in Konzentrationslager deportiert. Die »Endlösung der Judenfrage« sollte durch ein totales Ausrotten der europäischen Juden verwirklicht werden. Insbesondere gegen sie entfalteten die Peiniger eine sadistische Grausamkeit, die kein Vorbild hat. Die Insassen der Lager wurden gedrillt und gequält, zu unsinnigen Arbeiten und stundenlangen Appellen gezwungen. Eugen Kogon berichtete im Jahre 1946:

Die Appellplätze aller KL haben viele und schreckliche Tragödien gesehen. Wie oft mußte das ganze Lager stehenbleiben, wenn ein Häftling geflohen war! Es konnte Stunden und Stunden dauern, bis die SS ihn wieder hatte. Für den Fall, daß er sich innerhalb des Kommandanturgeländes vorerst versteckt hielt, standen auch alle Wachen um den gesamten äußeren Lagerbereich. Die *Suchaktionen* innerhalb der Postenkette mußten von den Blockältesten, den Stubendiensten, den Kapos, den Vorarbeitern und dem Lagerschutz durchgeführt werden. Beim Abendappell des 14. Dezember 1938 fehlten in Buchenwald zwei BVer. Trotz der Kälte von minus 15 Grad und der ungenügenden Kleidung standen die Häftlinge 19 Stunden hindurch auf dem Appellplatz. Noch in der Nacht erfroren 25, bis zum folgenden Mittag erhöhte sich die Zahl auf über 70. Im Herbst 1939 stand das Lager ebenfalls einmal 18 Stunden hintereinander, weil sich zwei BVer im Schweinestall verborgen hielten. Nach der Arbeit den ganzen Abend stehen, die ganze Nacht hindurch und den nächsten Tag bis mittags, ohne Essen — das schreibt sich so leicht nieder, auch die Zahl der Toten, die das jedesmal kostete, von den Dauergebrechen zu schweigen, die Hunderte davon trugen und an denen sie oft genug später zugrundegegangen sind ...

Zum Appell mußte alles erscheinen, ob lebendig oder tot, ob hochfiebernd oder blutiggeschlagen. Ausgenommen waren nur die Kommandierten und jene Kameraden, die im Häftlingskrankenbau lagen. Wer tagsüber im Block oder bei seinem Arbeitskommando gestorben war, wurde auf den Appellplatz geschleift. In harten Zeiten lagen immer Dutzende von Erschlagenen, Erfrorenen, Zusammengebrochenen und Sterbenden schön säuberlich am Rand der Blockaufstellugnen »in Reih und Glied« zum letzten Appell; denn die SS hielt auf Ordnung bis zum letzten Atemzug. Erst nach dem Appell durften die Sterbenden zum Krankenbau, die Toten in die Leichenkeller gebracht werden.

… und vergast

Insgesamt kamen während der Herrschaft der Nationalsozialisten ungefähr sechs Millionen Juden um. Der weitaus größte Teil fand in den Konzentrationslagern einen grausamen Tod; zu Beginn des Krieges durch Erschießen, Erwürgen oder Hängen, doch bald vorwiegend durch Vergasung. Die vielen zu ermordenden Menschen waren »die Munition nicht wert«. Das Gas Zyklon B, ein Blausäuregemisch, konnte billig von deutschen Firmen geliefert werden. Die Leichname wurden anschließend in Krematorien verbrannt. Über das System der Massenmorde durch Vergasung schrieb Kogon:

Die große *Vergasungsanlage in Auschwitz* — genauer: Birkenau, das zu Auschwitz gehörte — haben nach Buchenwald eingelieferte Evakuierte von Auschwitz wie folgt geschildert: Vier Krematorien hatten in die Erde gebaute Gasbunker mit einem Fassungsraum von je durchschnittlich 1 200 bis 1 500 Menschen. Das fünfte Krematorium hatte keine Öfen, sondern nur eine riesige Glühgrube. Die Opfer wurden nackt davor aufgestellt und von der SS abgeknallt, so daß die Kadaver — oder die Verwundeten! — gleich in die Glut fielen. Der in Birkenau von Mai 1944 an verantwortliche Lagerkommandant SS-Hauptsturmführer *Kramer* ließ sich keine dieser Massenexekutionen entgehen. Das Bedienungskommando umfaßte etwa 1 000 Häftlinge, zumeist Juden.

Die Vergasungsanlage war einfach und doch raffiniert. Die Einrichtung sah wie ein Bad aus und wurde den Opfern auch als solches bezeichnet. In einem Auskleideraum stand in den europäischen Hauptsprachen angeschrieben, daß man die Kleider geordnet hinlegen und die Schuhe zusammenbinden solle, damit sie nicht verlorengingen; nach dem Bad werde es heißen Kaffee geben. Vom Ankleideraum führte der Weg direkt ins »Bad«, wo aus den Duschen und den Ventilatorenpfeilern das Blausäuregas einströmte, sobald die Türen geschlossen waren. Nicht selten wurden Kleinkinder, wenn die Kammern vollgepfercht waren, noch durch die Fenster hineingeworfen. Je nachdem, wieviel Gas vorhanden war, dauerte der Erstickungstod bis zu vier und fünf Minuten. Währenddessen hörte man von drinnen das entsetzliche Schreien der Kinder, Frauen und Männer, denen es langsam die Lungen zerriß. Gab nach Öffnung der Kammern noch irgendein Körper ein Lebenszeichen von sich, so wurde er mit Knüppeln bewegungslos geschlagen. Hierauf zogen die Häftlinge des Sonderkommandos (zu dem 1944 ein junger Jude aus Brünn, Janda *Weiß*, gehörte, von dem die nachfolgenden, durch andere bestätigten Einzelangaben stammen) die Leichen heraus, nahmen ihnen die Ringe ab und schnitten ihnen die Haare ab, die, in Säcken gesammelt, in Fabriken zur Verarbeitung geschickt wurden. Dann schichteten sie die Leichen zu je zehn auf einen Haufen. Nach einem Kontrollgang des SS-Oberscharführers *Moll*, der die Auschwitzer Krematorien leitete, wurden die Körper in die Öfen oder in die Verbrennungsgrube geworfen. Gern stellte *Moll* nackte Frauen an die Glühgrube, um sie nach Unterleibsschüssen in das Feuer stürzen zu sehen. Bei einem Häftling aus dem Sonderkommando fand er einmal einen Ring; er ließ den Gefangenen mit Benzin übergießen und anzünden. Einen Mann hängte er an den Händen auf und schoß so lange auf ihn, bis die Arme durchrissen; dann wiederholte er dasselbe an den Füßen. Eine italienische Tänzerin ließ der Rapportführer *Schillinger* nackt vor dem Krematorium tanzen. In einem günstigen Augenblick näherte sie sich ihm, entriß ihm die Pistole und schoß ihn nieder. Bei dem anschließenden Handgemenge wurde die Frau ebenfalls erschossen, so daß sie wenigstens dem Gastod entging. Von einer sechsköpfigen Familie tötete *Moll* einmal in Anwesenheit aller zuerst das Jüngste, dann die älteren Kinder, zuletzt den Vater und die Mutter.

Auschwitzer SS-Mordbestien, die nach der Evakuierung des dortigen KL und der von ihnen durchgeführten Sprengung der Gaskammern Anfang 1945 nach Buchenwald kamen, konnten sich im Rausch ihrer Schandtaten nicht genug rühmen. Sie waren reichlichst mit Wertgegenständen ausgestattet und sehnten sich nach dem »tollen Leben« mit seinen »starken Erlebnissen« und den Alkoholgenüssen, die ihnen dauernd geboten worden waren, lebhaft zurück.

Vergast wurden in Auschitz vor allem Juden aus allen europäischen Ländern, die unter *Hitlers* Herrschaft gekommen waren, Polen, Russen, alte und gebrechliche Häftlinge auch anderer Nationen und ein Teil der Kranken. Die Höchstleistung wurde mit 34 000 Menschen in einem ununterbrochenen Tag- und Nachtturnus erreicht. Allein während der Zeit des Lagerkommandanten *Höß* — von 1942 bis Herbst 1944 — wurden nach seinem eigenen Geständnis etwa 2,5 Millionen Menschen in Auschwitz vergast.

## Der Aufstand im Warschauer Ghetto

Eine besondere Bedeutung in der Geschichte der Juden unter der Naziherrschaft hat der Aufstand im Warschauer Ghetto, das die Nazis bald nach ihrem Einmarsch in der polnischen Hauptstadt eingerichtet hatten, um dort Juden für den Abtransport in die Konzentrationslager zusammenzufassen. Die im Ghetto inhaftierten Juden wollten sich 1943 nicht mehr freiwillig in die Todeslager im Osten abtransportieren lassen. Sie leisteten einen verzweifelten Widerstand gegen einen übermächtigen Feind. Waffen und Munition reichten nicht aus, um den Deutschen auf Dauer zu widerstehen. Sozialisten, Zionisten, Orthodoxe und Liberale kämpften Seite an Seite einen heroischen, aber aussichtslosen Kampf. Wladimir Blumenfeld war am Aufstand im Warschauer Ghetto beteiligt. Nach der Liquidierung des Ghettos wurde er ins KZ Lublin deportiert:

*Dr. Isaak Schipper*, Führer der Zionisten Polens, wurde die Seele des Widerstandsgedankens. In einer Geheimversammlung der Jugend sagte er: »Wenn durch das Geschick und die Geschichte unsere Ausrottung bestimmt ist, dann sterben wir wenigstens im Kampf, wir gehen nicht freiwillig nach dem Osten in den Tod!« Mit Hilfe der Polnischen Sozialistischen Partei wurden Gewehre angeschafft. Unter Führung des Laib *Rodal* aus Kielce wurde eine Widerstandsgruppe ins Leben gerufen. Der Metallfabrikant Abraham *Geppner* spendete als erster eine Million Zloty für den Ankauf von Waffen. Es kamen viele Millionen zusammen. 5000 Zloty zahlten wir für eine Pistole, 12000 für ein Maschinengewehr. Wir erhielten Handgranaten, wir bauten Bunker in den Kellern. Es gelang uns, alte Leute in das polnische Warschau zu schaffen, zurück blieb vorwiegend Jugend und der Teil der Frauen und Kinder, die entschlossen waren, Seite an Seite mit ihren Männern und Vätern zu sterben. Meine Mutter und eine Schwester blieben im Ghetto. Die jüngere Schwester Tolla ging in das nichtjüdische Warschau; sie war blond, blauäugig und konnte dort nicht auffallen. Ich habe sie nicht mehr gesehen. Wir bildeten kleine Kampfgruppen, Attentate wurden ausgeübt auf Jakob *Sczerinzky*, auf den Advokaten *Laikin*, den Chef des Gefängnisses, auf Jurek *Fürstenberg*, den Chef des Kommandos »Werterfassung«, und auf viele andere Mitarbeiter der Gestapo, die ihr eigenes Leben zu Lasten der Judenschaft retten wollten.

Der 18. Januar wurde zum Markstein in der leidensvollen Geschichte des Warschauer Ghettos. Die deutsche Polizei erhielt den Auftrag, die Attentate zu rächen. Wieder wird alles umstellt, die gesamte Bevölkerung des Ghettos hat sich zu melden. Niemand leistet der Aufforderung Folge. Der Judenrat verbirgt sich. Mündlich wird die Parole ausgegeben, vorläufig keinen Widerstand zu leisten. Die Durchsuchungen dauern vier Tage. Manche werden mit der Waffe in der Hand angetroffen und sofort erschossen, ebenso wie die aus den Häusern und Schlupfwinkeln Hervorgezogenen. 18 000 Männer, Frauen und Kinder sind niedergemacht worden. Die »Werterfassung« hat ein neues Arbeitsfeld, der Judenrat muß für die Beerdigung der »Banditen« sorgen. Wir waren nun noch etwa 40 000 Juden im Ghetto, meist Jugend, organisiert in kleinen Kampfgruppen der jüdischen Jugendorganisationen.

Es nahte Pessach, der 19. April 1943. Durch Freunde aus dem polnischen Lager erfuhren wir, daß in Praga, der östlichen Vorstadt Warschaus, einige Kompanien der SS eingetroffen waren. Am zweiten Tag des Pessach-Festes, um vier Uhr früh, umstellten sie das Ghetto. Unsere Jungen eilten von Haus zu Haus, es wurde Kampfbereitschaft angesagt. Alles begab sich in die Keller, nahm Waffen und Lebensmittel mit. Gruppen der SS rückten in das Ghetto ein. An der Ecke der Nalewskistraße, beim Haus Nr. 42, tritt ein junger Mann aus dem Tor und hält eine Gruppe von 25 SS-Leuten, die von einem Unterscharführer kommandiert wurde, an. Er zeigt auf den dritten Hof und sagt, dort seien zehn Juden versteckt. Die SS folgt ihm. Kaum ist sie im dritten Hofe angelangt, zieht der Junge seine Pistole und streckt den Unterscharführer nieder. Das Signal zum Kampf war gegeben. Aus den Fenstern krachten die Schüsse, Handgranaten barsten, ein Höllenlärm entstand.

Der junge Mann, der den ersten Schuß abgegeben hatte, war Mordechai *Nutkowicz* aus Ripin. Er selbst brach tot zusammen, aber nicht ein einziger der eingedrungenen SS verließ lebend den Hof. Die SS hatte einen solchen Empfang nicht erwartet. Sie verließ schleunigst das Ghetto. Bis zum nächsten Tag herrschte Ruhe. Dann rückten Panzer an und schossen die Häuser in Brand. Wir versuchten, die Brände zu löschen, mit Handgranaten die Panzer zu bekämpfen, waren aber weit unterlegen. Schließlich verkrochen wir uns in die Bunker. SS-Infanterie drang in das Ghetto ein. Sie wurde mit einem Hagel von Schüssen und Handgranaten empfangen. Da beschloß man, uns aus Flugzeugen zu beschießen. Das Ghetto fing an allen Ecken zu brennen an. Vier Tage dauerte der Brand. Die Bunker wurden durch Horchgeräte ausgeforscht, durch Minen und Granaten gesprengt und zerstört. In vierzehn Tagen war die Säuberungsaktion beendet.

Was am Leben blieb, wurde in das KL Lublin verbracht. Ich selbst, mit Mutter und Schwester, kam mit. Der Transport bot das übliche Bild: 100 bis 200 Menschen in Viehwaggons zusammengepfercht, kein Essen, kein Wasser. Im KL Lublin Auswaggonierung — Frauen und Kinder links, Männer rechts. Ich sehe, wie Mutter und Schwester samt anderen zwischen Feld I und II geführt weren. Ein kleines Haus nimmt sie auf, — es gibt kein Wiedersehen, sie sterben durch Gas.

SS-Brigadeführer Stroop meldete die Liquidierung des Ghettos im April 1943 mit den Worten: »Es gibt keinen jüdischen Wohnbezirk in Warschau mehr.«

## Nach der Befreiung

Erst zwei Jahre später beendeten die Alliierten das Morden in den Konzentrationslagern. Das wohl entsetzlichste aller, Auschwitz, befreite die Rote Armee. Zuvor hatten die Nazis fast alle Insassen aus dem Lager evakuiert und auf einen Todesmarsch in Richtung Deutschland in noch bestehende Konzentrationslager gezwungen. Nur wenige überlebten. Eine Handvoll Kranker und wenige andere waren im Lager verblieben. Diese Menschen konnten durch die Russen zwar von Stacheldraht und Folterknechten befreit werden, jedoch nicht von den entsetzlichen Erfahrungen, die sie in den Jahren zuvor im Lager machen mußten und die ihr Leben in der folgenden Zeit zutiefst bestimmten.

Der Italiener Primo Levi schilderte in seinem Buch: *Ist das ein Mensch?* seinen Zustand und den seiner Leidensgefährten:

Ja: zum erstenmal seit dem Tag meiner Gefangennahme war ich frei, ohne bewaffnete Wächter, ohne eine Absperrung zwischen mir und meinem Zuhause.

Die Kartoffeln lagen ungefähr vierhundert Meter vom Lager entfernt, ein Schatz: zwei riesig lange Gräben voller Kartoffeln, zum Schutz gegen den Frost abwechselnd mit Erde und Stroh bedeckt. Keiner würde mehr Hunger sterben.

Aber das Ausheben war keine geringe Mühe. Die Erdoberfläche war steinhart gefroren. In schwerer Arbeit mit der Spitzhacke gelang es einem, die Erdkruste aufzubrechen und die Miete freizulegen; doch die meisten zogen es vor, in die von den andern verlassenen Löcher hineinzukriechen; sie drangen sehr tief ein und reichten die Kartoffeln an die Kameraden weiter, die draußen standen.

Ein alter Ungar war dort vom Tod überrascht worden. Erstarrt lag er da in der Gebärde des Hungernden: den Kopf und die Schultern unter dem Erdhügel, den Leib im Schnee, die Hände nach den Kartoffeln ausgestreckt. Wer nach ihm kam, rückte den Leichnam einen Meter zur Seite und nahm durch die freigemachte Öffnung hindurch die Arbeit wieder auf.

Seitdem wurde unsere Verpflegung besser. Außer gekochten Kartoffeln und Kartoffelsuppe boten wir unsern Kranken Kartoffelpuffer nach Arthurs Rezept: Man reibt rohe Kartoffeln zusammen mit gekochten und zerfallenen und röstet die Mischung auf einem glühenden Stück Blech. Es schmeckte nach Ruß.

Aber Sertelet hatte nichts davon, denn sein Zustand verschlimmerte sich. Er sprach immer mehr durch die Nase, und an diesem Tag konnte er überhaupt nichts mehr richtig schlucken; irgend etwas war in seinem Hals entzweigegangen, jeder Bissen brachte ihn fast zum Ersticken.

Ich ging zu einem ungarischen Arzt, der als Kranker dageblieben war und sich in der gegenüberliegenden Baracke befand. Kaum hörte er Diphtherie, wich er drei Schritte zurück und wies mich hinaus.

Nur um des propagandistischen Effekts willen träufelte ich allen Kampferöl in die Nase. Ich versicherte Sertelet, daß ihm dies guttun würde; und ich gab mir Mühe, mich selbst davon zu überzeugen.

24. Januar. Freiheit. Die Bresche im Stacheldraht gab uns einen konkreten Begriff davon. Wenn man es sich richtig überlegte, so bedeutete das: keine Deutschen mehr, keine Selektionen, keine Arbeit, keine Schläge, keine Appelle und später vielleicht die Heimkehr.

Aber es kostete Anstrengung, sich davon zu überzeugen, und keiner hatte Zeit, es zu genießen. Alles ringsum war Zerstörung und Tod.

Der Leichenhaufen vor unserm Fenster wuchs jetzt über die Grabenränder hinaus. Trotz der Kartoffeln waren alle äußerst schwach: kein Kranker wurde im Lager gesund, statt dessen bekamen viele noch Lungenentzündung und Ruhr; wer nicht imstande gewesen war, sich zu regen oder die Energie dazu nicht aufgebracht hatte, lag stumpf auf seinem Bett, starr vor Kälte, und niemand merkte, wenn er starb.

Alle andern waren von erschreckender Mattigkeit: nach Monaten und Jahren des Lagerlebens können Kartoffeln einen Menschen nicht wieder zu Kräften bringen. Wenn Charles und ich nach dem Kochen die täglichen fünfundzwanzig Liter Suppe vom Waschraum bis zur Stube transportiert hatten, mußten wir uns keuchend aufs Bett werfen, während der rührige, häusliche Arthur die Verteilung vornahm und darauf bedacht war, daß die drei Schläge »rabiot pour les travailleurs« übrigblieben und auch etwas Bodensatz »pour les italiens d' coté«.

Im zweiten Infektionsraum, der ebenfalls an den unsern grenzte, und der größtenteils von Tuberkulosekranken belegt war, sah es ganz anders aus. Wer dazu imstande gewesen war, hatte sich in andere Baracken begeben. Die Kameraden, denen es am schlechtesten ging und die am schwächsten waren, verloschen nacheinander in Einsamkeit.

Ein Überlebender der Vernichtungslager

Die Überlebenden der Lager waren gebrochene Menschen, denen ihre Identität unter den entmenschlichten Bedingungen der Konzentrationslager genommen worden war. Als alle Lager befreit waren, kam das volle Ausmaß der Katastrophe des jüdischen Volkes zum Vorschein. Die Überlebenden brauchten nun eine Zuflucht, einen Ort, wohin sie gehen konnten. Nur wenige wollten in Deutschland oder Polen bleiben. Die Sehnsucht nach einem eigenen Land, das Schutz gegen neue Grausamkeiten bieten würde, war nach den Gaskammern von Auschwitz groß. Jakov Lind überlebte die Naziherrschaft unter falschem Namen im Untergrund. Wie ihm ging es den meisten Überlebenden, auch wenn sie nicht im KZ gewesen waren:

Ich sehe die Skelette aus Belsen (Bergen-Belsen ist ganz in der Nähe), die aus einer Welt auf mich starren, die ich nicht kenne; ich sehe offene Wunden an Menschen, die wunderbarerweise die Versuche überlebt haben, welche die Deutschen mit ihnen anstellten; ich spreche mit einem Mädchen, das Eltern, Geschwister und ihren halben Verstand auf dem dreiwöchigen Gewaltmarsch aus Buchenwald verloren hat, fast zweihundert Kilometer vor den Gewehrmündungen der ukrainischen SS-Bewacher, die jedem den Genickschuß gaben, der nicht weiter konnte; ich sehe die Tränen eines verrückt gewordenen, zahnlosen Greises von fünfundzwanzig Jahren; ich sehe muntere Kinder mit dem Finger in der Nase, es fehlt ihnen ein Auge, und ihr Spielzeug halten sie mit verkrüppelten Händen, deren Knochen vermutlich irgendein LKW-Fahrer von der SS zertrampelt hat, und ich habe plötzlich weder Diphtherie noch Typhus noch Tuberkulose. Mir ist nur ganz einfach zum Sterben übel, und ich möchte glauben, es kommt einfach davon, daß ich Corned beef und fetten Speck ohne Brot gegessen habe. Es geht mir nicht gut, ich habe Schwierigkeiten mit meiner Identität. Oh, ich weiß, wer ich bin, daran liegt es nicht. Ich möchte nur nicht sein, wer ich bin. Es ist sinnlos, Jan Overbeek zu sein. (Wer weiß, man hält mich vielleicht für einen Kollaborateur; schließlich habe ich die letzten Wochen nicht in Bergen-Belsen zugebracht, sondern im Hotel Vier Jahreszeiten.) Aber auch falls niemand das denken sollte (und dagegen wäre ich völlig hilflos), kann ich mit Jan Overbeek immer noch nichts anfangen. Und mit J.L. auch nicht.

J.L. ist österreichischer Staatsbürger durch Geburt, jetzt vermutlich aber staatenlos. Der gesamte menschliche Abfall, der nach dem Krieg übrigblieb, alle diese Gespenster, die aus dem Nichts auftauchten, werden nach Nationalitäten geordnet und heimgeschafft. Ich habe kein Heim und keine Nationalität. In Wien wartet niemand mehr auf mich, und in Amsterdam kann ich nicht wieder leben. Jan Granaat, auch wenn er noch am Leben wäre, würde von keinem Flüchtlingskomitee mehr dafür bezahlt, daß er mich bei sich aufnimmt. Höchstens in Palästina könnte ich willkommen sein, denn dorthin sind meine Eltern von Wien ausgewandert. Daß sie angekommen sind, weiß ich dank einer Rote-Kreuz-Postkarte, die ich 1941 über London bekam. Palästina ist also der einzige Ort, wohin es mich derzeit zieht, und ich möchte noch den kleinen Umweg über Amsterdam machen, um zu sehen, ob meine Schwester Ditta mitsamt ihren Pflegeeltern noch am Leben ist. So sehr eilig habe ich es übrigens nicht, denn die Einreisegenehmigung nach Palästina bekomme ich nicht so bald. Nur 1 500 Personen dürfen monatlich einwandern: Warum sollte ausgerechnet ich einer von diesen sein?

Die Einwanderung nach Palästina war auch nach 1945 beschränkt. Unter dem Druck der Konflikte zwischen Arabern und Juden galt nach wie vor die Einwandererquote der britischen Mandatsmacht. Viele Überlebende versuchten, illegal einzuwandern, wie schon zuvor jene Juden, die auf der Flucht vor den Nazis waren. Die *Jewish Agency* organisierte Schiffe und gefälschte Papiere. Manche Schiffe erreichten die Häfen in Palästina mit ihrer Fracht von Überlebenden aus den Konzentrationslagern, doch die Menschen durften nicht an Land gehen.

Häufig mußten sie nach Zypern zurückfahren, um dort — in Lagern untergebracht! — die weitere Entwicklung der politischen Situation abzuwarten.

Während die illegalen Einwanderer auf die Einreise nach Palästina warteten, ging dort die planmäßige zionistische Kolonisation weiter. Die palästinensischen Araber fürchteten, daß die große Zahl jüdischer Neueinwanderer, denen es trotz scharfer britischer Kontrollen gelungen war, nach Palästina zu kommen, vollendete Tatsachen schaffen würde. Das arabische Büro Palästina, ein Zusammenschluß arabischer Aktivisten, veröffentlichte 1947 eine Erklärung, in der es hieß: »Die Juden werden versuchen, in Zukunft ihren eigenen Staat zu errichten, indem sie die Bevölkerungsmehrheit erringen. Denn das würde ihnen erleichtern, die Errichtung des Judenstaates gegenüber der öffentlichen Meinung der demokratischen Länder zu rechtfertigen.«

Im Jahre 1947 stellten die Juden ein Drittel der palästinensischen Gesamtbevölkerung, doch nur 7 % des Bodens hatten sie bisher in ihren Besitz bringen können, und das, obwohl sie seit 1940 ihre Politik des strategischen Bodenkaufs intensiviert hatten. Käufe wurden ausdrücklich an den Ost- und Westgrenzen unternommen, um ein größeres Gebiet einzukreisen, das ihnen bei der erhofften Teilung Palästinas in einen arabischen und einen jüdischen Staat zufallen würde.

Mit Recht wehrten sich die Araber gegen die planmäßig vorbereitete Landenteignung durch die Zionisten. Damals hieß es vom arabischen Büro:

»Die Araber weisen daraufhin, daß sie niemals Antisemiten waren; in der Tat, sie sind selber Semiten: Arabische Sprecher betonen, daß sie die größte Sympathie für die Verfolgten empfinden, aber sie weisen darauf hin, daß sie für diese Verfolgung nicht verantwortlich waren und daß es ungerecht ist, sie zu zwingen, für die Sünden der abendländischen Völker zu büßen, indem sie in ihrem Land Hunderttausende von Opfern des europäischen Antisemitismus aufnehmen müssen.«

Dieses Argument traf nicht zu und doch traf es auch zu. Aus der Sicht der palästinensischen Araber schien es eine unerträgliche Zumutung zu sein, in ihrem Land Verfolgte aus einer anderen Welt aufnehmen zu müssen; aber in einem universelleren Sinne übersah diese Argumentation entscheidendes: aus denselben Gründen hätte nämlich jedes Land dieser Welt die Aufnahme der überlebenden Juden ablehnen können und sich doch in einem humanitären Sinne in eine fragwürdige Situation gebracht. Die Palästinenser haben damals ihren Widerstand gegen die Einwanderung von Juden an sich gerichtet, statt mit allen Kräften dagegen zu kämpfen, daß vor ihren Augen ein Staat vorbereitet wurde, der sie von entscheidenden Rechten ausschließen würde. Die Situation der Juden in Palästina war auf eine schwer faßbare Weise von zwei Aspekten gekennzeichnet: einerseits verfolgte die zionistische Politik eine klare Machtpolitik gegenüber den Palästinensern, auf der anderen Seite brauchten die Überlebenden der Konzentrationslager einen Ort, an dem sie einigermaßen sicher vor antisemitischer Verfolgung leben konnten. Dies war ein Widerspruch, den die Palästinenser nicht auflösen konnten, die Juden auch nicht. Hier liegt einer der Kernkonflikte des Mißverständnisses zwischen Palästinensern und Juden, der bis auf den heutigen Tag für Haß und pauschale Ablehnung des anderen gesorgt hat.

# Palästina wird geteilt

Nachdem das Ausmaß des nationalsozialistischen Völkermordes an den Juden der Weltöffentlichkeit bekannt geworden war, kamen dem zionistischen Bestreben, einen eigenen Staat zu gründen, alle Sympathien zu. Die Welt zeigte ein heuchlerisches Gesicht: Durch die Errichtung eines jüdischen Staates sah man sich von der Pflicht befreit, selber Juden aufzunehmen, die vielleicht gar nicht so gerne in den Vorderen Orient ziehen wollten.

Am 29. November 1947 entschieden die Vereinten Nationen mit 33 gegen 13 Stimmen bei 10 Enthaltungen, Palästina in einen jüdischen und einen arabischen Staat zu teilen. Die Großmächte — einschließlich der Sowjetunion — unterstützten den Teilungsplan. Die ehemalige Kolonialmacht Großbritannien enthielt sich der Stimme. Vor der Vollversammlung der Vereinten Nationen begründete der damalige sowjetische Außenminister Gromyko die Haltung seiner Regierung:

»Das jüdische Volk erlitt außerordentliches Elend und Beraubung während des letzten Krieges. Es kann ohne Übertreibung gesagt werden, daß die Leiden und das Elend des jüdischen Volkes über jede Beschreibung hinausgehen... Es ist Zeit, den Juden zu helfen, nicht in Worten, sondern in Taten... Die Tatsache, daß kein einziger westeuropäischer Staat in der Lage gewesen ist, die elementaren Rechte des jüdischen Volkes zu verteidigen..., erklärt die Aspirationen der Juden auf einen eigenen Staat. Es würde ungerecht sein, dies nicht in Rechnung zu ziehen und dem jüdischen Volk das Recht zu bestreiten, eine solche Aspiration zu verwirklichen...«

Im Teilungsbeschluß der Vereinten Nationen wurde der Abzug der Mandatsmacht geregelt. Zwei unabhängige Staaten mit demokratischen Verfassungen sollten gebildet werden. Die den Christen, Moslems und Juden gleichermaßen heilige Stadt Jerusalem sollte einen internationalen Status erhalten. Eine internationale Kommission wurde bestellt, um eine Wirtschaftskooperation zwischen den beiden zu gründenden Staaten zu organisieren. Die Juden in aller Welt — gleichgültig, ob sie Zionisten waren oder nicht — brachen in einen wahren Freudentaumel aus. Der aus Deutschland nach Palästina eingewanderte Chronist Martin Hauser schrieb in der Nacht der Abstimmung in sein Tagebuch:

30. November 1947: Es ist 0.50 Uhr und ich sitze am Radio: Übertragung der Abstimmung aus der UNO. Hier das Ergebnis: Afghanistan: nein: Argentinien: —; Australien: ja; Belgien: ja; Bolivien: ja; Brasilien: ja; Bialo/Rußland: ja; Britannien: —; Canada: ja; Chile: —; China: —; Costa Rica: ja; Cuba: nein; Tschechoslowakei: ja; Dänemark: ja; Columbien: —; Domin. Republik: ja; Ecuador: ja; Ägypten: nein; Salvador: —; Abessinien: —; Frankreich: ja; Griechenland: nein; Guatemala: ja; Honduras: —; Island: ja; Indien: nein; Irak: nein; Liberia: ja; Libanon: nein: Luxemburg: ja; Mexiko: —; Holland: ja; Neuseeland: ja; Nicaragua: ja; Norwegen: ja; Pakistan: nein; Panama: ja; Haiti: ja; Paraguay: ja; Peru: ja; Polen: ja; Saudi-Arabien: nein; Siam: —; Südafrika: ja; Syrien: nein; Türkei: nein; Ukraine: ja; Schweden: ja; Persien: nein; Rußland: ja; Philippinen: ja; USA: ja; Uruguay: ja; Venezuela: ja; Yemen: nein, Jugoslawien: —. *Also 33 dafür, 13 dagegen, 10 Stimmenthaltungen und einer abwesend. — Wir haben unseren Judenstaat! Wir haben tatsächlich unseren jüdischen Staat auf jüdischem Boden!* Die Tränen laufen mir die Backen herunter. Es ist das erste Mal in meinem Leben, daß ich geweint habe, während ich die »Hatikwa« sang. Das ist der Augenblick, für den ich fünfeinhalb Jahre im Krieg kämpfte. An jenem Abend des 7. Mai 1945 in einer kleinen britischen Kompanie, die in Monfalcone bei Triest lag — da saß ich stumm mit einem Glas Bier in der Hand ohne jede Freude, ohne jedes Gefühl von Enthusiasmus. Mein Sieg war noch nicht gekommen. Erst jetzt, in diesem Moment fühle ich, daß er da ist. Ich schäme mich meiner Tränen nicht. Ich weiß zwar nicht, was die Zukunft bringt. Ist mir auch egal. Was es auch sei, ich weiß jetzt wofür. Das bedeutet die Wiedergeburt des jüdischen Volkes, einer jüdischen Nation nach 2000 Jahren. Dafür lohnte es sich zu leben. Selbst wenn es nicht glatt geht, werde ich wissen, daß es sich lohnte.

Am 14. Mai 1948 verliest David Ben Gurion die »Erklärung über die Errichtung des Staates Israel«

Die Empfindungen Martin Hausers teilten die meisten Juden im Augenblick der Staatsgründung Israels, auch wenn sich oft Bitterkeit über die vorausgegangenen geschichtlichen Ereignisse in die Gefühle mischte. Der ehemalige Präsident des *Jüdischen Weltkongresses*, Nahum Goldmann, der mit dieser Organisation die Staatsgründung vorangetrieben hatte, schrieb im Rückblick:

»In der zionistischen Propaganda wurde das Elend der Mehrheit der Juden im zaristischen Rußland, in Rumänien und in anderen osteuropäischen Staaten als eines der wichtigsten Argumente benutzt. Die Hitler-Periode, die systematisch und methodisch organisierte Vernichtung von Millionen Juden, bewies selbst denen, die vorher wenig Verständnis für das anormale Schicksal und die Leiden des größten Teils des jüdischen Volkes hatten, wie berechtigt es sei, dieser tragischen Situation ein für allemal ein Ende zu machen. Ich zweifle, ob es ohne diese furchtbare Erfahrung der Vernichtung von 6 Millionen Juden je eine Mehrheit in den Vereinten Nationen zugunsten der Schaffung eines jüdischen Staates gegeben hätte.«

Aber die Entschließung zur Teilung Palästinas war gegen den Willen der arabischen Nachbarstaaten und der Palästinenser getroffen worden. Der erbitterte Widerstand, den die Araber dem Teilungsbeschluß und der vorgesehenen Internationalisierung Jerusalems entgegenbrachten, deutete schon in den Monaten vor der Proklamation des Staates Israel am 14. Mai 1948 auf einen Krieg zwischen Juden und Arabern hin. Viele der zionistischen Führer fürchteten den Krieg, aber hegten auch gleichzeitig die Hoffnung, das zugesprochene Staatsgebiet erweitern zu können. Vielleicht ließ sich mit Waffen mehr erreichen als durch die Vereinten Nationen.

Für den zukünftigen ersten Ministerpräsidenten des Staates Israel, Ben Gurion, wie für viele andere Juden auch, war der Teilungsbeschluß der Vereinten Nationen keine wirklich zufriedenstellende Lösung gewesen. Die langen, gefährdeten Grenzen, die die UNO dem jüdischen Staat zugeteilt hatte, waren unter militärischen Gesichtspunkten katastrophal. Die vorgesehene Internationalisierung Jerusalems, wo sich die heiligen Stätten des Islam, des Christentums und des Judentums befanden, schmerzte die Juden tief. Schließlich war für sie Jerusalem immer das Symbol des Heiligen Landes gewesen und sollte nach den Wünschen der Juden eigentlich die Hauptstadt des Staates Israel werden. Aber Jerusalem war nicht nur den Juden eine heilige Stadt. Ein hoher Anteil von Christen unter den Palästinensern verehren ihren Gott auf dem Ölberg, in der Via Dolorosa und in der Grabeskirche. Muslims aus aller Welt beten in der Al-Aqsa Moschee in Jerusalem, wo Mohammed zum Himmel aufgestiegen ist. Die Internationalisierung dieser für drei Religionen heiligen Stadt sollte den jeweiligen Ansprüchen gerecht werden.

Während die britischen Truppen aus Palästina abzogen, begannen sich Juden und Araber für einen Kampf gegeneinander zu rüsten. Erste Flüchtlingswellen verängstigter Palästinenser strömten aus dem Kriegsgebiet fort: Das Exil des palästinensischen Volkes nahm seinen Anfang.

Der Palästinenser und spätere Mitbegründer der Widerstandsorganisation *Fatah* Abu Ijad erinnerte sich in seinem Buch *Heimat oder Tod*:

Der 13. Mai 1948 wird unauslöschlich in meiner Erinnerung bleiben. An jenem Tag, weniger als 24 Stunden vor der Proklamation des Staates Israel, floh meine Familie aus Jaffa, um in Gaza Zuflucht zu suchen. Wir waren umzingelt. Die zionistischen Kampfverbände kontrollierten alle nach

Süden führenden Straßen, und uns blieb als Rettung nur noch der Seeweg. Unter einem Granatenhagel der israelischen Artillerie, die in den benachbarten Siedlungen, vor allem in Tel Aviv, in Stellung gegangen war, gingen wir an Bord eines Schiffes — meine Eltern, meine vier Geschwister und ich sowie weitere Mitglieder meiner Familie.

Hunderttausende von Palästinensern machten sich unter oft tragischen Umständen auf den Weg ins Exil. Für mich, der ich noch nicht einmal fünfzehn war, kam die Flucht einer Apokalypse gleich. Tief erschütterte mich der Anblick der Männer, Frauen, Greise und Kinder, die sich, gebeugt unter der Last ihrer Koffer und Bündel, mühsam zu den Kais von Jaffa drängten. Ihre Klageschreie und ihr Schluchzen wurden von ohrenbetäubenden Explosionen begleitet.

## Die Proklamation des jüdischen Staates

Unter dem Vorsitz von David Ben Gurion proklamierte der Jüdische Nationalrat am 14. Mai den Staat Israel. Das Sehnen nach *Zion* hatte nun ein Ende gefunden. Nach zweitausendjährigem Exil hatte das jüdische Volk einen eigenen Staat. In den Straßen der Städte tanzten die Juden Palästinas die *Horah*, den traditionellen Tanz des osteuropäischen Judentums. Die Proklamationsurkunde wurde zur Grundlage des jüdischen Staatswesens.

Die Legitimierung und die zukünftigen Absichten wurden in der »Proklamationsurkunde des Staates Israel« niedergelegt:

In Erez Israel stand die Wiege des jüdischen Volkes; hier wurde sein geistiges, religiöses und politisches Antlitz geformt; hier lebte es ein Leben staatlicher Selbständigkeit; hier schuf es seine nationalen und universellen Kulturgüter und schenkte der Welt das unsterbliche »Buch der Bücher«.

Mit Gewalt aus seinem Lande vertrieben, bewahrte es ihm in allen Ländern der Diaspora die Treue und hörte niemals auf, um Rückkehr in sein Land und Erneuerung seiner politischen Freiheit in ihm zu beten und auf sie zu hoffen.

Auf Grund dieser historischen und traditionellen Verbundenheit strebten die Juden in allen Geschlechtern danach, ihre alte Heimat wiederzugewinnen; in den letzten Generationen kehrten viele von ihnen in ihr Land zurück; Pioniere, Helden und Kämpfer brachten die Wüste zu neuer Blüte, erweckten die hebräische Sprache zu neuem Leben, errichteten

Städte und Dörfer und schufen so eine ständig zunehmende Bevölkerung eigener Wirtschaft und Kultur, friedliebend, aber imstande, sich selbst zu schützen, eine Bevölkerung, die allen Bewohnern des Landes Segen und Fortschritt bringt und nach staatlicher Selbständigkeit strebt.

Im Jahre 1897 trat auf den Ruf Theodor Herzls, des Schöpfers des jüdischen Staatsgedankens, der Zionistische Kongreß zusammen und proklamierte das Recht des jüdischen Volkes auf nationale Wiedergeburt in seinem Heimatlande.

Dieses Recht wurde in der Balfour-Deklaration vom 2. November 1917 anerkannt und im Völkerbund-Mandat bestätigt, das insbesondere der historischen Verbundenheit des jüdischen Volkes mit Erez Israel und dem Rechte des Volkes, sein Nationalheim wieder zu errichten, internationale Geltung verlieh.

Die über das jüdische Volk in der letzten Zeit hereingebrochene Vernichtung, in der in Europa Millionen Juden zur Schlachtbank geschleppt wurden, bewies erneut und eindeutig die Notwendigkeit, die Frage des heimat- und staatenlosen jüdischen Volkes durch Wiedererrichtung des jüdischen Staates in Erez Israel zu lösen. Dieser Staat wird seine Tore für jeden Juden weithin öffnen und dem jüdischen Volke die Stellung einer gleichberechtigten Nation unter den Völkern verleihen.

Die jüdischen Flüchtlinge, die sich aus dem furchtbaren Blutbade des Nationalsozialismus in Europa retten konnten, und Juden anderer Länder strömten ohne Unterlaß nach Erez Israel, trotz aller Schwierigkeiten, Hindernisse und Gefahren; sie forderten unablässig insbesondere ihr Recht auf ein Leben der Ehre, Freiheit und redlichen Arbeit in der Heimat ihres Volkes. Im Zweiten Weltkrieg hat die jüdische Bevölkerung Palästinas an dem Ringen der freiheits- und friedliebenden Völker mit den Kräften der nationalsozialistischen Verbrecher ihren vollen Anteil genommen und sich mit dem Blute ihrer Kämpfer und durch ihren Kriegseinsatz das Recht erworben, den Völkern, die den Bund der Vereinten Nationen gegründet haben, zugerechnet zu werden.

Am 29. November 1947 hat die Vollversammlung der Vereinten Nationen einen Beschluß gefaßt, der die Errichtung eines jüdischen Staates in Erez Israel fordert; die Vollversammlung verlangte von der Bevölkerung Erez Israels, selbst alle notwendigen Schritte zu ergreifen, um diesen Beschluß durchzuführen. Diese Anerkennung des Rechtes des jüdischen Volkes auf die Errichtung seines Staates durch die Vereinten Nationen kann nicht rückgängig gemacht werden. Es ist das natürliche Recht des jüdischen Volkes, ein Leben wie jedes andere staatlich selbständige, souveräne Volk zu führen.

Wir, die Mitglieder des Volksrates, die Vertreter der jüdischen Bevölkerung Palästinas und der Zionistischen Bewegung, sind daher heute, am Tage der Beendigung des britischen Mandats über Erez Israel, zusammengetreten und proklamieren hiermit kraft unseres natürlichen historischen Rechtes und auf Grund des Beschlusses der Vollversammlung der Vereinten Nationen die Errichtung eines jüdischen Staates in Erez Israel, des Staates Israel.

Wir bestimmen, daß vom Augenblick der Beendigung des Mandates in dieser Nacht zum 15. Mai 1948 an bis zur Errichtung der ordentlichen Staatsbehörden, die auf Grund eines durch die verfassungsgebende Versammlung bis spätestens zum 1. Oktober 1948 zu erlassenden Gesetzes gewählt werden sollen, der Volksrat als Provisorischer Staatsrat fungieren und seine Leitung die Provisorische Regierung des jüdischen Staates, dessen Name Israel sein wird, bilden soll.

Der Staat Israel wird für die jüdische Einwanderung und die Sammlung der zerstreuten Volksglieder geöffnet sein; er wird für die Entwicklung des Landes zum Wohle aller seiner Bewohner sagen; er wird auf den Grundlagen der Freiheit, Gleichheit und des Friedens, im Lichte der Weissagungen der Propheten Israels gegründet sein; er wird volle soziale und politische Gleichberechtigung aller Bürger ohne Unterschied der Religion, der Rasse und des Geschlechts gewähren; er wird die Freiheit des Glaubens, des Gewissens, der Sprache, der Erziehung und Kultur garantieren; er wird die Heiligen Stätten aller Religionen sicherstellen und den Grundsätzen der Verfassung der Vereinten Nationen treu sein.

Der Staat Israel wird bereit sein, mit den Institutionen und Vertretern der Vereinten Nationen bei der Verwirklichung des Beschlusses der Vollversammlung vom 29. November 1949 zusammenzuwirken und auf die Durchführung der wirtschaftlichen Einheit ganz Palästinas hinzuwirken.

Wir appellieren an die Vereinten Nationen, dem jüdischen Volke bei dem Aufbau seines Staates beizustehen und den Staat Israel in die Familie der Völker aufzunehmen.

Wir appellieren — sogar während der Dauer des blutigen Angriffs, der auf uns seit Monaten unternommen wird — an die Angehörigen des arabischen Volkes, die im Staate Israel leben, den Frieden zu bewahren und sich am Aufbau des Staates auf der Grundlage voller bürgerlicher Gleichheit und entsprechender Vertretung in allen Institutionen des Staates, den provisorischen und den endgültigen, zu beteiligen.

Wir strecken allen Nachbarstaaten und ihren Völkern die Hand zum Frieden und auf gute Nachbarschaft entgegen und appellieren an sie, mit dem in seinem Lande selbständig gewordenen jüdischen Volke in gegenseitiger Hilfe zusammenzuarbeiten. Der Staat Israel ist bereit, seinen Anteil an der gemeinsamen Anstrengung, den ganzen Vorderen Orient zu entwickeln, beizutragen.

Wir appellieren an das jüdische Volk in der Diaspora, sich um Israel beim Werke der Einwanderung und des Aufbaus zu scharen und ihm in seinem schweren Kampfe um die Verwirklichung des Generationen alten Strebens nach Erlösung Israels zur Seite zu stehen.

Im sicheren Vertrauen auf den Hort Israels unterzeichnen wir zur Bekundung dessen eigenhändig diese Proklamation in der Sitzung des Provisorischen Staatsrat auf dem Boden des Heimatlandes, in der Stadt Tel Aviv, heute, vor Eingang des Sabbat, am 5. Tage des Monats Ijar 5708, dem 14. Mai 1948.

Die Freude über den neuen, eigenen Staat blieb nicht lange ungetrübt. Es galt, sich für die Gegenwehr von Palästinensern und arabischen Nachbarstaaten zu rüsten. Die jüdische Verteidigungsarmee *Haganah*, die nun die reguläre israelische Armee bildete, verkündete im Mai 1948 lakonisch: »Der Kampf für die Errichtung eines jüdischen Staates ist vorbei. Der Kampf um die Erhaltung des jüdischen Staates hat begonnen.« Die angreifenden Araber waren der gut ausgebildeten israelischen Armee unterlegen. Sie erlitten eine verhängnisvolle, unerwartete Niederlage.

## Der erste Nahostkrieg

Am erbittertsten wurde um den Besitz Jerusalems und die Verbindungsstraße mit Tel Aviv gekämpft. Jerusalem hatte im Frühjahr 1948 eine Bevölkerung von 99 300 Juden und etwa 65 000 Arabern. Seine jüdischen Bewohner machten fast ein Sechstel aller Juden in Palästina aus. Die Stadt war von arabischen Siedlungsgebieten umgeben und schon vor dem Einmarsch regulärer arabischer Armeen belagert und von der Zufuhr abgesperrt. Das jüdische Viertel der Altstadt im Osten der Stadt kapitulierte am 28. Mai vor der Arabischen Legion und seine Bewohner verließen es. Die Neustadt konnte durch verzweifelte Anstrengungen der israelischen Armee und der gesamten jüdischen Bevölkerung gehalten werden, nachdem der Belagerungsring durchbrochen und die Verbindungsstraße freigekämpft war. Zeitweilig hatte sich der Krieg auf die Juden und Arabern gleichermaßen heilige Stadt konzentriert.

Arabische Soldaten in den Kämpfen von 1948; sie werden von einer alten Frau im Rang eines Feldwebels angeführt.

Das Ergebnis war die geteilte Stadt. Die jordanischen Truppen behielten die Altstadt und waren im Besitz der heiligen Stätten — auch der der Juden. Letzteren blieb in der Folgezeit der Zugang zur Klagemauer verschlossen. Eine militärische Demarkationslinie mit Stacheldrahtverhauen und einem Streifen Niemandsland trennte die jüdische Neustadt von der mit einer alten Stadtmauer umschlossenen Altstadt. Die UNO bestand weiterhin auf der Internationalisierung Jerusalems, aber ihre Empfehlung war durch die Ereignisse überholt. Der westliche Teil Jerusalems wurde von der israelischen Regierung 1949 zu ihrem Sitz erklärt. Auch wenn die israelische Armee Jerusalem nicht vollständig einnehmen konnte, so war sie in den anderen Teilen des Landes umso erfolgreicher. Sie gewann weite Teile Palästinas dazu und sorgte durch Massaker unter den palästinensischen Dorfbewohnern des Landes für eine Massenflucht.

Eine kleinere Zahl von Palästinensern floh aufgrund der allgemeinen Kriegsereignisse, doch war der entscheidende Auslöser für die

Massenemigration das Massaker von *Deir Jassin*, einem westlich von Jerusalem gelegenen arabischen Dorf. Verbände der *Irgun*, einer geheimen jüdischen Militär-Organisation, töteten die gesamte Dorfbevölkerung. Der israelische Publizist Eli Loebel konstatierte später: »Das Massaker von Deir Jassin, kalt und grausam geplant, war eine Warnung an die palästinensischen Araber, um ihnen den Auszug zu ‚erleichtern'. Heute leugnet man selbst in offiziellen Verlautbarungen diese Interpretation der Beweggründe nicht mehr.«

Zehntausende von Arabern flohen in die Nachbarländer, aus Angst vor Krieg und weiteren Greueltaten. Und auch nach dem Waffenstillstand vom 9. Juli 1949 blieb die Vertreibungstaktik der Israelis weiter bestehen. Insgesamt flohen während der kriegerischen Auseinandersetzungen zwischen 1947 und 1949 etwa 900 000 Araber aus Palästina. Im Juni 1950 zählte die Flüchtlingsorganisation der Vereinten Nationen *UNRWA* 960 021 Palästinenser als registrierte Flüchtlinge in den Lagern. Ungefähr 160 000 Palästinenser verblieben im israelischen Staatsgebiet.

Das Massaker von Deir Jassin beschäftigte nicht nur die Palästinenser noch auf Jahre, Jahrzehnte hinaus. Auch in der Gemeinschaft der Juden wurde erbittert über Sinn und Zweck dieses Massakers diskutiert. Vor allem im Ausland empfanden Juden das Vorgehen der israelischen Armee als ungerecht und grausam. Der Dichter und Israelkritiker Erich Fried nahm sich des Themas an:

Ich habe gelesen
vom Palästinenserdorf Deir Yassin
Zweihundertvierundfünfzig
fast nur Frauen und Kinder und Alte
die ermordet wurden
von den Einheiten Léchi und Etzil
unter Joschua Zetler
und Mordechai Ra'anán

Aber es fällt mir schwer
mir ein Bild zu machen
Und ich will mir ein Bild machen
um nicht zu vergessen
um es im Kopf zu haben
dort wo es hingehört

Wohin gehört Deir Yassin
in meinem Kopf?
Es gehört zu Guernica
und zum Warschauer Ghetto
und zur Lidice
und zu Oradour
Es gehört zu My Lai
und zu Bin-Du-Ong in Vietnam

Wenn ich das Bild
des jüdischen Jungen sehe
der vergeblich die Hände hochhob
am Ende des Warschauer Ghettos
dann brennen mich meine Augen
Ich habe die Bilder der Kinder
von Deir Jassin nicht gesehen
Ich weiß nicht einmal
ob Israels Krieger
das Fotografieren erlaubten

Waren das andere Kinder?

Es zeichnete sich mit den kriegerischen Ereignissen von 1947 bis 1949 bereits ab, daß mit einer friedlichen Situation in Palästina strukturell nicht zu rechnen war, auch wenn die Palästinenser zunächst besiegt waren. Was aber auch deutlich wurde, war das spezifische Bewußtsein der Juden in Israel.

Viele Menschen, die dem Tod in deutschen Konzentrationslagern entkommen waren, gelangten nach Palästina/Israel und sahen sich wiederum bedroht, mit dem Unterschied, daß ihnen dieses Mal Waffen zur Verfügung standen. Aus unzähligen Autobiographien, Lebenszeugnissen und Romanen ist ersichtlich, daß viele Juden eine Art Kontinuität *erlebten*, auch wenn die historische Realität dem widerspricht.

Die Überlebenden und Entkommenen fühlten sich wiederum angegriffen und wollten nun zu handelnden Subjekten werden, die ihr Kollektiv verteidigen können. Der Kampf um Palästina schien wie ein nachträglich geleisteter Widerstand gegen Hitler, die Palästinenser wurden als verlängerter Arm der Nazis empfunden. Dieses Erleben, das freilich mit den konkret-historischen Bedingungen des Palästinakonflikts nichts zu tun hatte, wurde trotzdem von der Wirklichkeit scheinbar gestützt: Vom arabischen Großmufti von Jerusalem war allgemein bekannt, daß er mit den Nazis sympathisiert hatte. Im Widerstand gegen die britischen Besatzer hatte er nach der Devise gehandelt: Der Feind meines Feindes ist mein Freund.

Zwischen dem Widerstandskampf im Warschauer Ghetto und dem Eroberungskrieg in Palästina, zwischen den Nationalsozialisten und den Palästinensern entstanden im kollektiven Bewußtsein der Juden in Israel Parallelen und Kontinuitäten, was die Wahrnehmung der realen politischen Situation bis auf den heutigen Tag in Israel verzerrt. Deshalb ist eine Diskussion israelischer Geschichte und Politik auch zum Scheitern verurteilt, wenn von der nationalsozialistischen Massenvernichtung geschwiegen wird und damit von den besonderen Entstehungsbedingungen des Staates.

# Der Staat Israel und die Palästinenser

»Auschwitz wurde zur schrecklichen Wiege
eines neuen jüdischen Bewußtseins
und einer neuen jüdischen Nation.«
Isaac Deutscher

Durch die Errichtung des Staates Israel und die kriegerischen Auseinandersetzungen wurden die Palästinenser ins Exil nach Libanon, Ägypten, Jordanien und Syrien getrieben. Der palästinensische Dichter Tawfik Zayyad schrieb:

»Neue Worte gruben sich in mein Gedächtnis und in meine Gefühle, Worte, die für mich zum Schicksal wurden: Grenze, Flüchtlinge, Okkupation, UNRWA, das Rote Kreuz, Zeitung, Radio, Rückkehr und Palästina.«

Die *United Nations Relief and Works Agency for the Welfare of Palestinian Refugees in the Near East* richtete mehrere Flüchtlingslager in den verschiedenen arabischen Ländern ein. Weniger denn je dachten die Araber daran, den Staat Israel anzuerkennen. Von einem Friedensschluß in absehbarer Zeit konnte nicht mehr die Rede sein.

Die arabischen Staaten hielten einen Wirtschaftsboykott gegen Israel aufrecht; Ägypten sperrte sowohl den Suez-Kanal wie den Golf von Akaba für die israelische Schiffahrt.

Die geflohenen Palästinenser rechneten mit einer baldigen Rückkehr in ihre Heimat. Der palästinensische Dichter Mu'in Bseisso erhielt 1979 von PLO-Chef Jassir Arafat den »Preis der Revolution für Literatur und Kunst«. Er hatte geschrieben:

Im Flüchtlingslager hingen die vertriebenen, entwaffneten und entrechteten palästinensischen Bauern ihre Sicheln, die Schlüssel ihrer Häuser und alles, was sie an ihre Dörfer erinnert, an die Wände ihrer Lehmhütten oder in die Ecken ihrer Zelte und warteten auf die Rückkehr in die Heimat. Als diese ausblieb, begannen sie sich selbst zu belügen. Sie wollten die Heimat in ihre Lager bringen. So fing jeder an, um seine Hütte oder Zelt herum, das zu pflanzen und anzubauen, was er in der Heimat pflanzte und anbaute. Aber die Trauben von Barbara (ein Dorf in Palästina, das von den Zionisten erobert wurde, und das für die Qualität seiner Trauben bekannt ist), die Trauben von Barbara schmecken eben ganz anders als die Trauben in einem Flüchtlingslager im Gaza-Streifen.

Die Abwesenheit vom eigenen Land begriffen die Palästinenser als eine vorübergehende. Zu keinem Zeitpunkt gaben sie die Hoffnung auf, in ihr Land zurückzukehren. Doch zu Beginn des Exils war noch nicht klar, daß der Staat Israel Bestand haben würde. Die Palästinenser waren zunächst unfähig wahrzunehmen, daß sie ihre Heimat bis auf weiteres verloren hatten. Der palästinensische Dichter Mahmoud Darwisch nannte seinen Bericht über die Vertreibung und das Exil: *Tagebuch der alltäglichen Traurigkeit*. Darin schrieb er:

Mein Vater sagt, sie hätten nicht begriffen, was geschah. Sie glaubten, es handele sich um eine vorübergehende Schlacht mit einem sicheren Ausgang. Die Dörfer zu verlassen, schien ihnen Rettung vor dem Tod. Das sollte aber keinen Verzicht auf das Land bedeuten. Man nahm an, die Idee der Heimat bedürfe keines intellektuellen Wirkens, keiner Mobilisierung der Massen und auch keiner Planung. Weder das Haus noch der Weinberg noch der Pflug waren bewaffnet. Und wie es scheint, war der Ruf »Harret aus!« kein Ziel der Schlacht, denn ihr Ausmaß und ihr Ziel waren noch nicht klar.
Heißt das nun, das Nationalbewußtsein war schwach und wenig ausgeprägt?
Nein, und der Beweis: die Bauern meldeten sich spontan zum Kampf. Sie taten es aus innerer und nationaler Überzeugung, aber schlecht organisiert. Der allgemeine Eindruck, oder wenn du willst, der allgemeine Betrug war, man würde nur einige Tage lang, nur vorübergehend fort sein. Warum sollten Frauen, Kinder und Greise auf diese Weise sterben, wenn ihnen die vorübergehende Abwesenheit Sicherheit gibt und zugleich den Sieg bringt?«

In den verschiedenen arabischen Aufnahmeländern waren die Palästinenser auf Dauer nicht willkommen. Zunächst solidarisierten sich zwar die arabischen Regierungen mit den palästinensischen Flüchtlingen, doch als sich allmählich abzeichnete, daß deren Exil nicht nur

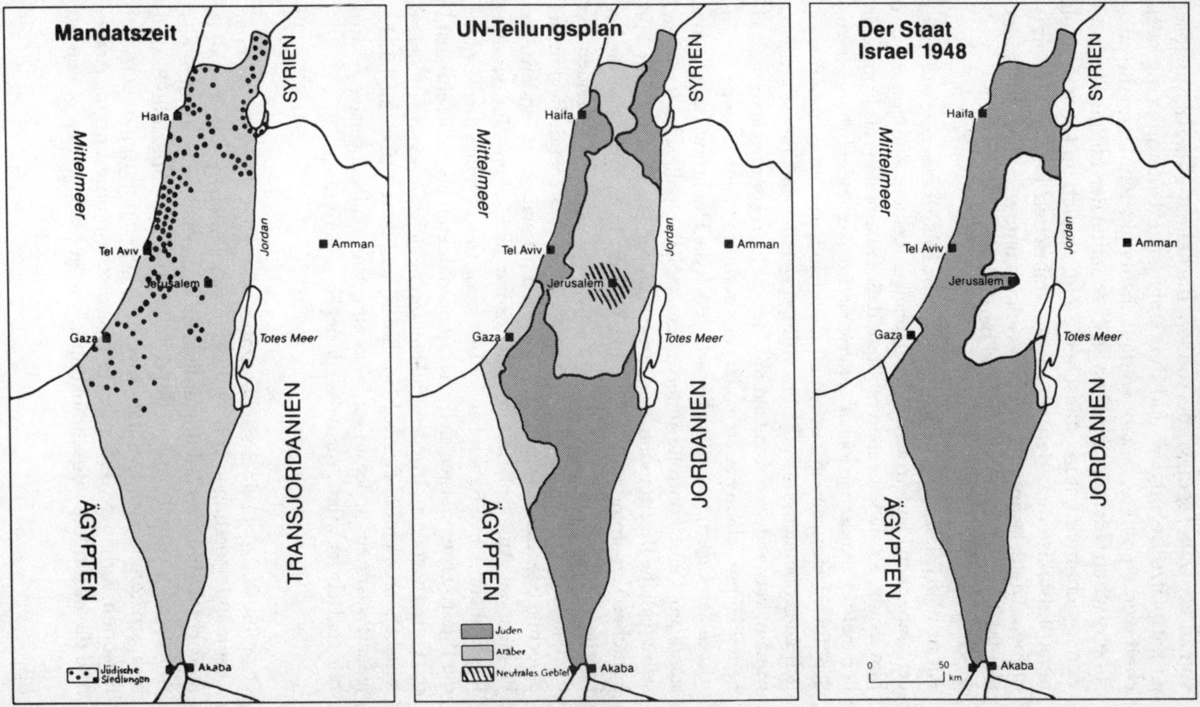
Mandatszeit
SYRIEN
Haifa
Mittelmeer
Tel Aviv
Jordan
Amman
Jerusalem
Gaza
Totes Meer
ÄGYPTEN
TRANSJORDANIEN
Akaba
Jüdische Siedlungen
UN-Teilungsplan
SYRIEN
Haifa
Mittelmeer
Tel Aviv
Jordan
Amman
Jerusalem
Gaza
Totes Meer
ÄGYPTEN
JORDANIEN
Juden
Araber
Neutrales Gebiet
Akaba
Der Staat
Israel 1948
SYRIEN
Haifa
Mittelmeer
Tel Aviv
Jordan
Amman
Jerusalem
Gaza
Totes Meer
ÄGYPTEN
JORDANIEN
0
50
km
Akaba

von kurzer Dauer sein würde, sondern die heimatlosen Palästinenser Arbeitsplätze benötigten und ihre langfristige Unterbringung gesichert werden mußte, begannen die Schwierigkeiten. Denn die palästinensischen Flüchtlinge hielten an ihrer nationalen Identität fest und waren nicht bereit, ihre politischen Ziele, die sich im Laufe der Zeit herauskristallisierten, den jeweiligen arabischen Regimes unterzuordnen. Die Palästinenser wurden vielfach unerwünschte Ausländer. Der Widerstandskämpfer Abu Ijad berichtete:

Als sie 1948 Palästina verließen, glaubten die Palästinenser, sie würden in den arabischen Ländern als Brüder empfangen werden. Wie groß war ihre Bestürzung, als sie feststellen mußten, daß sie bestenfalls als Fremde, in den meisten Ländern jedoch als unerwünschte Ausländer behandelt wurden! Im Libanon, einem gastfreundlichen Land, wurden sie zwar fürsorglich aufgenommen; doch die Flüchtlingslager, die dort für sie errichtet wurden, verwandelten sich bald in Ghettos: Man konnte sie nur mit einem Erlaubnisschein betreten oder verlassen. In Jordanien wurde der Zutritt zu den Lagern zwar nicht bewacht, doch die Flüchtlinge waren einer ständigen Polizeikontrolle unterworfen; jegliche politische Tätigkeit, selbst jegliche Beanstandung wurde mit ermüdenden Verhören, mit willkürlicher Verhaftung und sogar Folter bestraft. In Syrien waren die Lebensbedingungen nicht so hart; aber dafür verlangten die Behörden von ihren Gästen bedingungslose Anpassung an das bestehende Regime, sei es rechter oder linker, »separatistischer« oder panarabischer Tendenz. Das Problem der Arbeitsplätze war in der ganzen arabischen Welt dasselbe: Die Einheimischen hatten bei der Besetzung freier Stellen den Vorrang, die Palästinenser mußten sich mit untergeordneten und schlechtbezahlten Posten begnügen. In jedem Fall mußten sie sich zuerst von den Sicherheitsbehörden einen »Persilschein« holen, und diese hatten die Macht, jeden Palästinenser, der als »unloyal« eingestuft und »subversiver« Tätigkeit verdächtigt wurde, zur Arbeitslosigkeit zu verurteilen.

Etwa 160 000 palästinensische Araber, die nach den kriegerischen Auseinandersetzungen von 1948/49 in Israel blieben, wurden der israelischen Militärverwaltung unterstellt und erhielten besondere Ausweise und Identitätspapiere mit dem Vermerk »B«. Spezielle Bestimmungen konnten vom Militärgouverneur gegen politisch unliebsame Personen verhängt werden. Eine Passierscheinforderung für Araber und die besonderen Beschränkungen waren Maßnahmen — von der

Notstandsgesetzgebung abgeleitet —, die von den Briten während der Mandatszeit erlassen und vom Staat Israel übernommen wurden. Politisch und administrativ wurden die Araber in Israel zu Bürgern zweiter Klasse. Die restriktiven Maßnahmen der israelischen Regierung sorgten von Anfang an für große Bitterkeit unter der arabischen Bevölkerung in Israel. Mahmoud Darwisch schrieb:

Du willst nach Jerusalem fahren?
 Du hebst den Hörer ab und verlangst auf dem Polizeirevier den Offizier für Sonderaufgaben. Du kennst ihn gut. Du fragst ihn nach seinem Befinden, und du scherzt mit ihm. Dann bittest du ihn, dir einen Passierschein für einen einzigen Tag, ohne Übernachtung, zu geben. Er antwortet dir:
 »Stellen Sie einen Antrag.«
 Du verläßt deine Arbeitsstelle und reichst einen sauber geschriebenen Antrag ein. Du wartest auf die Antwort. Einen Tag, zwei, drei. Etwas Hoffnung besteht. Sie haben nicht, wie üblich, gleich »nein« gesagt. Und du wartest. Aber das Datum deiner Verabredung in Jerusalem kommt näher und näher. Du fragst sie, du bittest sie, du bettelst, sie möchten dir irgendwas sagen. Sie sollen »nein« sagen, damit du deine Verabredung absagen kannst.
 Du sagst ihnen, daß du nur noch ein paar Stunden Zeit hast. Sie antworten: »Kommen Sie in einer Stunde zu uns, dann bekommen Sie die Antwort.«
 Du gehst hin, das Büro ist geschlossen. Du fragst naiv, warum schämen sie sich vor mir? Warum sagen sie nicht »nein«, wie immer? Du bist zornig und entschließt dich — dumm wie du bist —, dich an der Sicherheit des Staates zu rächen und zu fahren.
 Am nächsten Tag verlangt man von dir, sofort vor einem Militärgericht zu erscheinen. Du wartest in der Reihe, bis du drankommst. Du hörst Geschichten. Eine arabische Frau arbeitet in einem Kibbuz. Ihr Passierschein verbietet ihr, an irgendeiner anderen Haltestelle den Bus zu verlassen. Aus irgendeinem Grund steigt sie aus. Sie wird verhaftet.
 Jugendliche haben die Hauptstraße verlassen. Sie wurden verhaftet. Das Gericht kennt keine Unschuldigen. Gefängnis und Geldstrafe. Dann erinnerst du dich an die Geschichte des alten Mannes, mit seinem Esel und dem Passierschein.
 Der alte Mann pflügte das Feld. Seinen Kaftan hatte er an einen Baum gehängt. Sein Passierschein steckte in der Kaftantasche. Plötzlich entdeckte der alte Mann, daß sich sein Esel entfernt hatte und auf einem anderen Feld war. Er beeilte sich, ihn zurückzuholen.

Plötzlich war Militärpolizei da. Sie verhafteten ihn, weil er ohne Erlaubnis Staatsbesitz betreten hatte. Er antwortete den Polizisten: »Ich habe einen Passierschein. Er steckt in dem Kaftan dort drüben am Baum.« Sie nahmen ihn mit und verurteilten ihn.

Du erinnerst dich an die Totenscheine. Die Bauern müssen erklären, daß sie selbst ihren Tod verantworten, falls auf dem Feld, wo früher die Armee ihre Manöver abhielt, noch eine Mine liegt und explodiert. Diese Erklärung befreit den Staat von jeglicher Verantwortung.

Aber die Bauern dachten nicht an den Tod, sie dachten nur an das Brot. So starben viele von ihnen, aber viele leben. Und als der Staat sowohl die Lebenden als auch die Toten satt hatte, beschlagnahmte er das Land.

Du erinnerst dich auch an das kleine Mädchen. Es starb auf dem Schoß seines Vaters vor dem Büro des Militärgouverneurs, weil der Vater auf einen Passierschein wartete, um seine kranke Tochter vom Dorf in die Stadt zur Behandlung bringen zu können.

## Die staatliche Konsolidierung Israels

Nach der Proklamation des Staates Israel verstärkte sich der Einwandererstrom nach Israel rapide. 118 993 jüdische Einwanderer kamen bis zum Ende des Jahres 1948, im Jahr darauf waren es sogar 239 576. Wie vor 1948 erfüllte die *Jewish Agency* die Aufgabe, den Einwanderern Wohnung und Arbeit zu beschaffen. Die Instrukteure der Organisation kümmerten sich gleichzeitig darum, die Immigranten mit der zionistischen Weltanschauung vertraut zu machen und unter ihnen einen gesellschaftlichen Konsens herzustellen.

Eine Vorrangstellung in der israelischen Kolonisationspolitik nahm die Besiedlung der verlassenen arabischen Dörfer ein. So wurde die flächendeckende Besiedlung des Landes mit jüdischer Bevölkerung erreicht und vor allem unmißverständlich ausgedrückt, daß an eine Rückkehr der geflohenen Palästinenser nicht gedacht wurde. Waren vor der Unabhängigkeitserklärung Israels noch 650 000 Juden und 1 110 000 Araber in Palästina, so zählte man im Jahre 1955 1 591 000 Israelis und 180 000 Araber. Die überwältigende Mehrheit des jüdischen Anteils der Bevölkerung entsprach den zionistischen Zielvorstellungen. Man wollte einen jüdischen Staat, in dem einhundert- oder zweihunderttausend Araber zwar als billige Arbeitskräfte geduldet wurden, ihnen jedoch keinerlei kollektive Rechte zugestanden wurden.

Das Flüchtlingslager Djebel Hussein in Amman/Jordanien

Schon im Juli 1950 nahm das israelische Parlament — die *Knesset* — das »Gesetz der Rückkehr« an, das ausschließlich Juden die Einwanderung — im israelischen Sprachgebrauch wird von »Rückkehr« gesprochen — nach Israel gestattet. Das »Gesetz der Rückkehr« wird allgemein als das zionistischste der israelischen Legislative angesehen, weil die Bevorzugung einer bestimmten ethnischen Gruppe — nämlich der Juden — hier am offensten zutage tritt. Das Gesetz bedeutete gleichzeitig die endgültige Festschreibung der Vertreibung der Araber.

»1. Jeder Jude ist berechtigt, in Israel einzuwandern.
2.a) Die Einwanderung erfolgt auf Grund einer Einwanderungserlaubnis.
b) Einwanderungserlaubnis wird jedem Juden gegeben, der wünscht, sich in Israel niederzulassen, es sei denn, der Minister für Einwanderung wird gewahr, daß der Antragsteller:
　1. gegen das jüdische Volk handelt oder
　2. die öffentliche Gesundheit oder die Staatssicherheit gefährdet.
3.a) Ein Jude, der nach Israel kommt und nach seiner Ankunft wünscht, sich hier niederzulassen, hat in Israel Anspruch auf einen Einwandererausweis.
b) Die Einschränkungen unter 2 (b) gelten auch in bezug auf die Ausstellung eines Einwandererausweises, dagegen gilt eine Person, die sich eine Krankheit nach ihrer Einwanderung in Israel zugezogen hat, nicht als die öffentliche Gesundheit gefährdend.
4. Jeder Jude, der vor Inkrafttreten dieses Gesetzes eingewandert ist, und jeder Jude, der im Lande vor oder nach Inkrafttreten dieses Gesetzes geboren wurde, wird als eine Person angesehen, die entsprechend den Bestimmungen dieses Gesetzes eingewandert ist.
5. Der Minister für Einwanderung ist mit der Ausführung dieses Gesetzes beauftragt. Er ist berechtigt, im Zusammenhang mit seiner Anwendung Ausführungsbestimmungen zu erlassen. Ebenso ist er berechtigt, Einwanderungserlaubnis und Einwandererausweis für Minderjährige bis zum 18. Lebensjahr auszustellen.«

David Ben Gurion
Ministerpräsident

Mosche Schapira
Minister für Einwanderung

Josef Sprinzak
Präsident der Knesset
Stellvertreter des Staatspräsidenten

Eine wirksame Opposition gegen diese Gesetzgebung bestand in Israel nicht. Zwar hatte sich nach der Unabhängigkeit schon bald ein breites Spektrum politischer Parteien gebildet, doch standen alle diese Parteien auf dem Boden der zionistischen Ideologie. Das galt für die regierende Arbeitspartei mit einem sozial-demokratischen Programm ebenso wie für die nationalreligiöse Cherut Partei. Auch für die KP Israels, die *Rakach*, war der zionistische Konsens verbindlich. Die verschiedenen politischen Gruppen wurden in die Kategorien »linkszionistisch« und »rechtszionistisch« aufgeteilt. Interessant ist in diesem Zusammenhang, daß es trotz dieses für eine Demokratie ungewöhnlichen Konsens' in der anfänglichen Verfassungsdebatte zu keiner Einigung kam.

Bis heute existiert für den israelischen Staat keine geschriebene Verfassung. Die Proklamationsurkunde wird als deren Substitut angesehen. Im Jahre 1950, als die Verfassungsdebatte ihren Höhepunkt erreichte, wurde vor allem die Besorgnis geäußert, die Annahme einer weltlichen Verfassung könne zu einer Spaltung der Nation in religiöse und säkulare Gruppen führen. In der Tat — ein Kulturkampf zwischen Liberalen und Sozialisten, zwischen Orthodoxen und Säkularisten hätte sicherlich zu keinem Ergebnis geführt, auf die grundlegenden Werte des jüdischen Volkes hätte man sich kaum einigen können. Der Religions- und Zugehörigkeitsstreit des jüdischen Volkes geht auch heute in Israel in einer für Außenstehende nur schwer nachvollziehbaren Weise voran. »Wer ist ein Jude?«, das ist eine Frage, die Ehen in Israel zerbrochen hat, die viele Juden aus Verzweiflung im säkularen Zypern ihre Ehen hat schließen lassen und so manche Nichtjuden gezwungenermaßen zum Judentum hat übertreten lassen. Der Grund: In Israel existiert kein ziviles Familienrecht, geheiratet wird nur konfessionsgebunden. Liberale und Orthodoxe können sich nun aber nicht darauf einigen, was einen Juden zum Juden macht. Ist es die Nationalität? Wohl kaum, denn Juden haben im Laufe des zweitausendjährigen Exils fast alle Nationalitäten angenommen. Ist es die Rasse? Auch mit dieser Kategorie würden zu viele Unklarheiten bestehen. Jüdisches Blut läßt sich nicht durch Blutkörperchen bestimmen. Juden haben heute keine gemeinsamen ethnischen Merkmale mehr wie einst im Heiligen Land. Vielmehr gibt es blonde, blauäugige, schwarzhaarige, rothaarige, hellhäutige und dunkelhäutige Juden. Es gibt Juden in Indien, und sogar in China soll es eine kleinere jüdische Gemeinde gegeben haben.

Wenn man — wie in Israel — von der orthodoxen Bestimmung eines Juden ausgeht — daß nämlich der ein Jude ist, der von einer jüdischen Mutter geboren wurde — dann ist doch weiterhin unklar, ob derjenige, der wegen seines jüdischen Vaters im KZ gesessen hat und anschließend in den Reihen der Haganah gegen die britische Mandatsmacht in Palästina gekämpft hat, in Israel als Jude anerkannt wird und einen jüdischen Ehepartner heiraten darf.

Oder was ist mit dem amerikanischen Juden, dessen angetraute Frau bei einem liberalen Rabbiner in den USA zum Judentum übergetreten ist und die heute mit ihrem Kind in Israel leben wollen? Nach dem Willen der Nationalreligiösen würde dieses Kind nicht als Jude anerkannt, denn die spärlichen Übertritte zum Judentum dürfen nach Meinung der Nationalreligiösen nur von orthodoxen Rabbinern vollzogen werden.

Doch damit sind noch lange nicht alle »Problemfälle« erfaßt. Was ist mit dem Kind jüdischer Eltern, das in einem Konvikt während der Nazizeit versteckt wurde und — katholisch aufgezogen — selbstverständlich auch getauft wurde, das vom Judentum nichts weiß und vielleicht erst durch einen Zufall von seiner Herkunft erfährt?

Das sind keine seltenen Fälle und kaum eine andere Frage hat die Israelis so sehr entzweit. Schließlich wird Israel offiziell als »jüdischer Staat« definiert, und deshalb muß man klare Kategorien der Zugehörigkeit entwickeln.

Diese eigentlich absurden Überlegungen, die aber doch in Israel eine wichtige Rolle spielen, machen deutlich, wie schwer es dem Staat Israel fällt, die jüdische Gemeinschaft im Staat in nationale Kategorien zu fassen. Wie die frühen Antizionisten schon warnten: Die Juden hatten den Prozeß der Entnationalisierung eigentlich schon hinter sich, die Religion ist kein verbindendes Element mehr und so muß eine nationale Definition dieser so internationalen Gemeinschaft notgedrungen schwer fallen, wenn nicht gar unmöglich sein.

Die nationale Einheit muß auf Kosten der Vielfalt hergestellt werden. Israel sollte zu einem Schmelztiegel werden, eine neue Art von Identität und Nationalität hervorbringen, die nicht länger von den »Ungereimtheiten« der Diasporaexistenz geprägt war. Das bedeutete auch, die Erinnerungen und Gewohnheiten, Geschmack und Gerüche des Exils abzuschütteln. »Das hieß, Klima, Landschaften, Melodien und Sprachen vieler Länder zu vergessen: Polens, Rußlands, Litauens, Österreichs, Marrokos, der Türkei und des Irak. Was für ein komplexer und vielschichtiger Prozeß psychologischer Verpflanzung. Tatsächlich hat die überwältigende Mehrheit dieser Generation in Israel keine Wurzeln geschlagen, und sie kann es auch gar nicht. Israel ist der Staat des verpflanzten Menschen; gerade deshalb wird so viel über ‚Wurzeln schlagen' gesprochen.« Dies schrieb im Jahre 1954 Isaac Deutscher nach einem Besuch in Israel.

In den Jahren 1948 bis 1951 hat der junge israelische Staat zu der schon bestehenden Bevölkerung von etwa 650 000 Juden weitere 700 000 Einwanderer aufgenommen, davon die Hälfte aus orientalischen Ländern. Die Integrationsarbeit betraf nicht nur Kultur und soziale Gemeinschaft, sondern auch die ökonomischen Verhältnisse.

Die wirtschaftliche Not vieler Neueinwanderer war groß.

Die Staatsgründung Israels hatte in den arabischen Ländern zu großer Verbitterung gegenüber dem Judenstaat geführt. Der Alleinvertretungsanspruch Israels für die gesamte Judenheit und die nur ungenügende Unterscheidung zwischen zionistischer Politik und jüdischer Existenz führte nun erstmalig zu offenem Antisemitismus gegenüber den in den arabischen Ländern ansässigen Juden. Sie wurden der gemeinsamen Sache mit dem jüdischen Staat verdächtigt. Im Orient hatte es fast nie Pogrome gegen Juden gegeben. Der arabisch-israelische Konflikt zwang im Laufe zweier Jahrzehnte eine Million arabischer Juden, ihre jahrhundertealte Heimat zu verlassen. Zwei Drittel von ihnen, vor allem die Armen, fanden den Weg nach Israel.

Dort waren die vielen Neueinwanderer hochwillkommen. Die Masseneinwanderung orientalischer Juden aufgrund des in den islamischen Ländern entstandenen Antisemitismus kam dem zionistischen Staat gelegen. Die Einwanderung von Juden aus aller Welt blieb nämlich hinter den Erwartungen zionistischer Politiker in Israel zurück. Unbewiesen ist bis heute die Behauptung des israelischen Publizisten Uri Avneri, der in seiner Wochenzeitschrift *Ha'olam Ha'seh* behauptete, im Jahre 1951 habe eine Einheit des israelischen Geheimdienstes die Synagoge in Bagdad in die Luft gesprengt, um die dort lebenden Juden aufzuschrecken und zur Auswanderung nach Israel zu bewegen. Offiziell wurde Avneris Behauptung nie bestätigt, allerdings wurde der Publizist auch nicht wegen einer Falschmeldung angeklagt.

Im von euopäischer Lebensart geprägten Israel verlangte die Masseneinwanderung orientalischer Juden eine schwierige Integrationsarbeit. Das soziale Gefälle zwischen orientalischen und europäischen Juden ist in Israel bis heute nicht überwunden. Westliche Juden besetzen in der Regel alle wichtigen Positionen im Beamtenapparat, in der Armee, im Erziehungswesen und in Industrie, Handel und Finanzwelt.

Orientalische Juden fühlen sich oft als Bürger zweiter Klasse, als »underdogs«. die manchmal aufgrund ihrer Hautfarbe diskriminiert werden. Isaac Deutscher im Jahre 1954: »Einige orientalische Juden stellen fest, daß ihr sozialer Status niedriger als in ihrem Herkunftsland ist. In Französisch-Nordafrika stand der jüdische Händler zwischen dem französischen *Colon* und dem zurückgebliebenen Araber — er befand sich irgendwo in der Mitte der sozialen Leiter. In Israel steht er ganz unten: Gegenüber dem europäischen Juden ist er in der gleichen Position wie der nordafrikanische Araber gegenüber dem Franzosen.«

Das Klima der Gründerjahre veränderte sich schon in den ersten zehn Jahren der Existenz des Staates Israel erheblich. Die Neuankömmlinge der fünfziger Jahre waren nicht wie die Idealisten der frühen *Aliyot* — der Einwandererwellen: Sie waren zum einen die Überlebenden der Konzentrationslager und zum anderen die Masse der orientalischen Juden, die vor dem Haß der Araber geflüchtet waren. Diesen Juden war die Vorstellung einer sozialistischen Kollektivsiedlung im Kibbuz, wie sie die Gründergeneration vertreten hatte, fremd und unverständlich. Obwohl nur ein verschwindend geringer Teil der Israelis bis heute im Kibbuz siedelt, ist die Hochachtung vor dieser Wohn- und Arbeitsform im ganzen Land groß. Der Kibbuznik gilt in Israel als besonders gebildet und von einer hohen Moral beseelt. Aus den Reihen der Kibbuzmitglieder rekrutieren sich eine große Anzahl bedeutender Politiker, Schriftsteller, Künstler und vor allem hoher Militärs Israels. Ganz anders als in anderen Ländern führt das Bauernleben im Kibbuz nicht zu Trägheit im intellektuellen Bereich, im Gegenteil: Kulturelle Veranstaltungen gehören zum Kibbuz wie die Ernte zur Aussaat. Der Kibbuznik verkörpert heute noch das Idealbild des Zionisten. Auch viele Sozialisten zeigten sich von der Organisation im Kibbuz beeindruckt. Isaac Deutscher schrieb:

Wer noch keinen Kibbuz gesehen hat, kann sich kaum vorstellen, wie kühn und originell die Idee und ihre Ausführung sind. Ein Kibbuz hat in der Regel einige hundert Mitglieder, die in kleinen, zuweilen sehr geschmackvoll gebauten und eingerichteten Wohnungen leben. Gegenüber den Reihen weißer, von Blumenbeeten eingefaßter Bungalows liegen die gemeinsamen Speiseräume, die Bibliotheken, Schulen, Ärztestationen und andere gemeinschaftliche Versorgungseinrichtungen, dazu die Werkstätten und Geräteschuppen am Rande der Siedlung. Die Arbeitsteilung zwischen den Kibbuzmitgliedern ist freiwillig und verfeinert sich zusehens mit dem Fortschritt der landwirtschaftlichen Technologie. In einigen Kibbutzim gibt es zusätzlich recht große Fabriken. Für Mitglieder unter fünfzig Jahren beträgt die Arbeitszeit neun Stunden, für ältere vier. Zeigt ein Mitglied künstlerische oder wissenschaftliche Neigungen, kann der Vorstand der Kommune seine Arbeitszeit auf dem Felde verkürzen oder ihn für ein Jahr freistellen.

Die Entlohnung ist für alle gleich. Lebensmittel, Kleidung, Mobiliar, Medikamente, Zigaretten, Bücher (sogar Gemälde oder künstlerische Re-

Fast 700 000 Neueinwanderer nahm Israel von 1948 bis 1951 auf, die Hälfte aus orientalischen Ländern

produktionen) werden aus einem gemeinsamen Fonds verteilt — »jedem nach seinen Bedürfnissen«. Jedes Mitglied erhält ein paar Pfund als Taschengeld. Der Lebensstandard im Kibbutz hängt von der Größe des gemeinsamen Fonds ab, d.h. von dem Wohlstand, der im Laufe der Zeit erreicht wurde, von der aktuellen Arbeitsproduktivität und von dem Gewinn, den die Vermarktungsorganisation aus dem Verkauf des Produktionsüberschusses außerhalb des Kibbutz erzielt.

Freilich übersah Deutscher wie viele andere zeitgenössische Sozialisten die koloniale Komponente, die durch eine strategisch wohl überlegte Plazierung neuer Kibbuzim klar zutage tritt. Vor allem an den Grenzen wurden in den letzten dreißig Jahren Kibbuzim errichtet, die nicht selten Wehrdörfern gleichen. Schon während der Mandatszeit hatten die Kibbuzim die wichtige Funktion, die kolonialistische Besiedlung voranzutreiben und zu gewährleisten. Die Verschlingung sozialistischer und zionistischer Ideale, die so viele jüdische Pioniere zu leisten versuchten, konnte nicht glücken. Die beiden Funktionen der Kibbuzim widersprechen sich, will man sie an sozialistischen Maßstäben messen. Dieser Widerspruch äußert sich zudem darin, daß palästinensische Araber von der Mitgliedschaft in den Kibbuzim ausgeschlossen sind. Allenfalls werden sie verstohlen als Tagelöhner oder Aushilfsarbeiter für wenig Geld beschäftigt. Auch dies ist mit den sozialistischen Idealen, die die Kibbuzniks eigentlich für sich in Anspruch nehmen, nicht vereinbar.

Während die Israelis darum bemüht waren, ihre eigene nationale Identität zu finden und auszubauen, versuchten die Palästinenser, die ihre nicht zu verlieren. Sie waren nun ohne Land und Boden. Wenn sie ihre Felder vorübergehend verließen — etwa um ihre Verwandten zu besuchen — dann konfiszierte die israelische Regierung dieses Land als angeblich »herrenloses«. Riesige Flächen enteignete die israelische Regierung auf diese Weise. 350 von 370 Siedlungen, die nach der Unabhängigkeit in Israel entstanden, wurden auf dem Boden »abwesender« Araber errichtet. Oft verdingten sich die Araber deshalb notgedrungen als Lohnarbeiter bei den verhaßten israelischen Farmern. Der Palästinenser Mahmoud Darwisch schrieb:

Mein Onkel setzte Herzls Prophezeihung in die Tat um, indem er als Lohnempfänger für die neuen Herren in der Siedlung arbeitete, die auf seinem und seines Vaters Boden entstanden war. Er arbeitete auf dem Bau, in der Landwirtschaft und verrichtete andere schmutzige Arbeiten, an die »die Israelis« nicht »gewöhnt« waren. Aber er bekam niemals einen Orden dafür, weil er ihnen keine Schlangenhaut und keine Schlangeneier brachte. Manchmal aber stahl er eine Traube von einem Weinstock, den er selbst gesetzt hatte und der in den Besitz der Israelis übergegangen war. Abends versammelte er die Familie um sich und gab jedem eine Weinbeere, bis die ganze Traube aufgeteilt war. Instinktiv und würdevoll zog sie es vor, in einem Zustand zu leben, der sich ständig verschlimmerte und dessen Dauer unbekannt war, weil ihr dieser Zustand das Recht auf das Morgen und auf ihre Zugehörigkeit zur Welt sicherte. Eher nahm sie noch Schwierigkeiten in Kauf, als auch nur auf ein Stück Land zu verzichten, ein Land und eine Welt, die ihnen zur Zeit nicht gehören, auch nicht ihren Feinden, die aber ihren Kindern gehören werden.

Trotz der unterdrückerischen Politik machte sich die israelische Regierung große Hoffnungen, mit den arabischen Nachbarstaaten zu einer friedlichen Regelung zu kommen. Die Israelis unterschätzten offensichtlich die panarabischen Bestrebungen im Nahen und Mittleren Osten, die einen Separatfrieden mit einem der arabischen Länder ausschlossen. Die Israelis setzten ihre Hoffnungen darauf, daß mit der zunehmenden Entwicklung und Stärkung der eigenen Position die Araber sich in ihr Schicksal schon fügen würden — nämlich den zionistischen Staat im Nahen Osten akzeptieren zu müssen. Im israelischen Regierungsjahrbuch von 1953/3 äußerte David Ben Gurion seine Erwartungen:

». . . Die Feindschaft der arabischen Herrscher schwächt nicht die Bereitschaft zu aufrichtigem Frieden mit seinen (Anm: gemeint ist Israels) Nachbarn . . .Wenn die arabischen Staaten sich nicht aufraffen können, die Existenz Israels anzuerkennen, so gibt es keinen Grund dafür, daß Israel die Haltung der arabischen Staaten akzeptiert. Der Frieden zwischen Israel und den arabischen Staaten wird einmal dadurch beschleunigt, daß Israel sich wirtschaftlich und politisch stärkt und dadurch die Erwartungen der Gegner durchkreuzt, die damit rechnen, daß Israel sich vor der Last seiner eigenen Aufgaben beugt, zum anderen, daß sich der freiheitliche und demographische Prozeß unter den Arabern weiter entwickelt. Die Zusammenarbeit zwischen den Juden in ihrem eigenen Land und dem unabhängigen Arabien ist eine historische Notwendigkeit und wird eines Tages verwirklicht werden, denn für die arabischen Völker ist sie genauso wichtig wie für Israel. Die Geschichte macht eine jüdisch-arabische Liga erforderlich, und wenn sich die Voraussetzungen erfüllt haben, kann mit der Verwirklichung gerechnet werden.«

Der Optimismus David Ben Gurions war echt. Die Israelis waren von ihrem Recht auf den eigenen Staat bei Vertreibung der alteingesessenen Bevölkerung so tief überzeugt, daß sie einfach kein Unrechtsbewußtsein entwickelten. Die internationale Entscheidung zur Teilung Palästinas betrachteten sie als Freibrief für die Verwirklichung ihrer politischen Ziele. Und mit den Israelis waren weiteste Teile der Weltöffentlichkeit — auch der Linken — der Meinung, daß der eigene Staat »eine historische Notwendigkeit« sei. Dabei wurde allerdings nicht mitreflektiert, daß sich aus dem exklusiv jüdischen Charakter Israels zwingend die Unterdrückung anderer Volksgruppen ergibt — vor allem der Araber. Isaac Deutscher meinte 1954:

Für die Überreste des europäischen Judentums — und wirklich nur für sie? — ist der jüdische Staat zur historischen Notwendigkeit geworden. Darüber hinaus ist er eine lebendige Realität. Trotz aller Konflikte, Mißstände und Enttäuschungen sind die Juden Israels von einem frischen und starken Nationalgefühl beseelt und sind hartnäckig entschlossen, ihren Staat mit allen verfügbaren Mitteln zu festigen und zu stärken. Sie haben auch mit gutem Grund das Gefühl, daß die »zivilisierte Welt«, die auf die eine oder andere Weise das Schicksal des europäischen Judentums auf dem Gewissen hat, kein moralisches Recht hat, Israel wegen tatsächlicher oder eingebildeter Verstöße gegen internationale Verpflichtungen abzukanzeln oder ihm zu drohen. Dennoch bin ich auch heute kein Zionist, und ich habe es wiederholt gesagt, öffentlich und privat. Die Israelis akzeptieren dies mit unerwarteter Toleranz, wenn auch mit deutlicher Verwirrung: »Wie ist es möglich«, fragen sie, »dem Zionismus nicht anzuhängen, wenn man den Staat Israel als historische Notwendigkeit anerkennt?« Welch schwierige und schmerzhafte Frage!

Von einem brennenden oder sinkenden Schiff springt man herunter — egal wohin: in ein Rettungsboot, ein Floß oder einen Rettungsring. Der Sprung wird zur »historischen Notwendigkeit«, das Floß wird gewissermaßen zur Grundlage der gesamten Existenz. Aber folgt daraus, daß man den Sprung zum Programm erheben oder einen Floß-Staat zur Grundlage seiner politischen Orientierung machen muß?

Ich hoffe, Israelis oder Zionisten, die meine Sätze lesen, verstehen den Ausdruck »Floß-Staat« richtig. Er beschreibt die unsichere Lage Israels, ohne dabei Israels Aufbauleistungen herabmindern zu wollen. Für mich kommt es einer weiteren jüdischen Tragödie gleich, daß die Welt in der Mitte dieses Jahrhunderts, in dem der Nationalstaat zunehmend hinfällig wird, die Juden dazu getrieben hat, ihre Sicherheit in einem Nationalstaat zu suchen.

# Krise und Stabilität in Israel/Palästina 1956 —1967

Nach dem Teilungsbeschluß der Vereinten Nationen hatte sich bald gezeigt, daß Israel nicht eine Neutralitätspolitik betreiben konnte, wie es eigentlich beabsichtigt war. Die wirtschaftliche Situation, aber auch die politische Haltung trieb Israel bald in die Arme der Vereinigten Staaten. Nachdem die drei Westmächte in einer »Dreier-Erklärung« bekräftigt hatten, durch ein militärisches Gleichgewicht den Frieden in Nahost sichern zu wollen, traten die Vereinigten Staaten ein Jahr später mit einem neuen Plan hervor.

Die amerikanische Regierung wollte die Westmächte, die Türkei, die arabischen Staaten und Israel in einem gemeinsamen Verteidigungskommando zusammenfassen, um dem sowjetischen Einfluß in der Region entgegenzutreten und dem Westen die Vormachtstellung zu sichern. Israel hätte gerne mitgetan, denn die Fortdauer des Grenzkrieges mit den arabischen Nachbarländern machte es abhängig von Waffenlieferungen. Doch Ägypten weigerte sich, eine gemeinsame Koalition mit den Westmächten und Israel gegen die Sowjetunion zu bilden. Schließlich hielten die Briten auch nach der formalen Unabhängigkeit Ägyptens die fortdauernde Besetzung des Suezkanals aufrecht. Dies reizte das empfindliche Bewußtsein der jungen, national gesinnten ägyptischen Generation.

Im Sommer 1952 hatten antikolonialistische Gruppen in Ägypten die monarchistische Regierung König Faruks gestürzt, und im April 1954 setzte der ägyptische Revolutionsrat Abdel Nasser als Ministerpräsidenten an die Spitze des Landes. Nasser schloß 1955 ein Waffenlieferungsabkommen mit der UdSSR, das die politische Situation im

Nahen Osten gründlich veränderte. Nun stellten sich die Sowjets offen an die Seite der Araber gegen Israel. Die USA beobachteten Nassers politische Linie mit äußerstem Mißtrauen und lehnten jede Finanzierungshilfe für das arme und übervölkerte Land ab. Darauf reagierte Nasser mit der Ankündigung der Verstaatlichung des Suezkanals, der im Besitz westlicher Aktionäre war. Nicht nur in Ägypten, sondern überall dort, wo man sich in der Welt gegen den Kolonialismus auflehnte, wurde Nassers Entscheidung bewundert und respektiert. In Großbritannien und Frankreich hingegen verglich man seinen Vertragsbruch und die Aneignung fremder Besitzrechte mit Hitlers skrupelloser Annexionspolitik — ein unzulässiger und böswilliger Vergleich.

Für die Palästinenser war die Verstaatlichung des Suez-Kanals von besonderer Bedeutung. Der palästinensische Widerstandskämpfer Abu Ijad beschrieb die palästinensische Reaktion so:

Die eigentliche Wende trat im Juli 1956 ein, als Nasser die Verstaatlichung der Suezkanalgesellschaft verkündete. Bei den Palästinensern, für die der »Reis« von nun an der große Held im Kampf gegen den Imperialismus war, rief dies einen wahren Freudentaumel hervor. Wie alle Araber — vom Atlantik bis zum Indischen Ozean — waren auch wir zutiefst beeindruckt von der Kühnheit, mit der Nasser England und Frankreich herausforderte. Dank der Kontrolle, die diese beiden Mächte über den Kanal ausübten, hatten sie Ägypten in schamloser Weise ausgebeutet und die Souveränität des Landes verletzt. Nun aber hatte Nasser seinem Volk einen unveräußerlichen Besitz zurückgegeben — zugleich aber auch allen Arabern, ja sogar allen Völkern der Dritten Welt ihre Würde und ihr Selbstvertrauen. Von nun an schien alles möglich, sogar die Befreiung Palästinas.

Die Westmächte wollten die Verstaatlichung des Suezkanals nicht hinnehmen. Nach ergebnislosen Verhandlungen entschlossen sie sich zur militärischen Intervention. Am 31. Oktober 1956 rückten sie mit ihren Armeen an. Doch die Landetruppen konnten die Kanalzone nicht im Überraschungsangriff besetzen, wie es eigentlich geplant war.

Israel, mit dem offenbar ein Übereinkommen bestand, hatte den Sinaikrieg gegen Ägypten schon zwei Tage zuvor eröffnet. Ihm kam diese kriegerische Auseinandersetzung gelegen, denn die Sperrung des Kanals für israelische Schiffe sowie die Blockade des Golfes von

Akaba bedrohte Israel in seiner wirtschaftlichen Existenz. Die israelischen Truppen erreichten in wenigen Tagen die strategischen Ziele: die Besetzung des südlich gelegenen Stützpunktes Sharm El Sheik am Eingang des Golfes von Akaba sowie die Zerstörung feindlicher Basen im Gazastreifen und in der Sinaiwüste. Von dort aus waren immer wieder Angriffe arabischer Partisanen auf Israel gestartet worden. Der Revolutionär Nasser hatte ihnen volle Unterstützung zukommen lassen: Zu seinem Programm gehörte die »Auslöschung« des zionistischen Staates.

Die ägyptische Regierung hatte in einer Erklärung vom 30. August 1955 entsprechende Drohungen verkündet: »Ägypten hat beschlossen, seine Helden, die Jünger Pharaos und Söhne des Islams, zu entsenden, und sie werden die Erde Palästinas säubern . . . Es wird keinen Frieden an Israels Grenzen geben, weil wir Rache fordern, und Rache bedeutet den Tod Israels.«

Solche großen Worte, die keine gleichermaßen geartete Entsprechung in der Wirklichkeit hatten, waren nicht dazu geeignet, die israelische Regierung zu einer Politik zu bewegen, die den Nahen Osten nicht nur in gut und schlecht, in Freund und Feind aufteilte. Die israelische Armee besetzte 1956 aus Anlaß der Suezkrise die ägyptische Sinaihalbinsel und erlangte die Kontrolle über den Suezkanal. (Karte) Eine beträchtliche UNO-Mehrheit, gestützt durch die USA und die Sowjetunion, zwang Israel allerdings, den Suez-Kanal, den Sinai und den Gazastreifen wieder freizugeben. Ben Gurion hatte auf direkte Verhandlungen mit Ägypten gehofft. Eine nachdrückliche Forderung der Israelis war während aller Konflikte gewesen, *direkte* Gespräche zu führen, denn dies hätte eine implizite Anerkennung Israels bedeutet. Doch die arabischen Führer lehnten dies wohlweislich ab. UNO-Polizeitruppen überwachten nun die Grenze von Sharm El Sheik, und die Vereinigten Staaten verbürgten sich für die ungehinderte Schiffahrt Israels im Golf von Akaba. So konnte Israel immerhin den südlichen Hafen von Eilat ausbauen und den Gütertransport effizienter abwickeln.

Vor allem der ägyptische Präsident Nasser fühlte sich als Sieger der Suezkrise. Seine militärische Niederlage wurde wettgemacht durch den Triumph über die beiden alten Kolonialmächte, die den Suez-Kanal hatten aufgeben müssen. Für die Palästinenser brachte der Erfolg Nassers gutes wie schlechtes. Einerseits hatte Nasser den arabischen Völkern zu einem neuen Selbstbewußtsein verholfen. Der Traum einer großen Einheit der arabischen Länder schien ein Stück realistischer zu werden. Aber genau dies führte zu Problemen für die Palästinenser. Nach der arabischen Niederlage von 1948 hatte es im arabischen Raum nur eine palästinensische Organisation gegeben, die geduldet wurde: die Vereinigung palästinensischer Studenten in Kairo. Sie wurde gegründet und geführt von Jassir Arafat, Abu Ijad, Faruk Kaddumi, aber auch von Mitgliedern panarabischer Bewegungen. Diese Organisation war Plattform für Diskussionen über das Schicksal der Palästinenser und für Kontakte zum Ausland.

Die nach 1956 sich verstärkenden Hoffnungen auf einen panarabischen Zusammenschluß bedeuteten nun eine gewisse Isolierung der spezifisch palästinensischen Probleme. Die 1955 gegründete Kampforganisation der Palästinenser »el-Fatah« war etabliert worden, um unabhängig von den Launen und politischen Interessen der arabischen Regierungen die palästinensischen Rechte zu vertreten. Der Kampf um die palästinensische Identität wurde nun mit Mißtrauen gesehen, weil er als Aufkündigung der arabischen Solidarität verstanden wurde. Die meisten Parteien mit panarabischen Bestrebungen gingen davon aus, daß nur die vereinigten arabischen Armeen Palästina würden »befreien« können; die Palästinenser wollten auf diesen Sankt-Nimmerleins-Tag freilich nicht warten, sondern beschlossen den palästinensischen Befreiungskampf gegen Israel nach dem Vorbild der Guerilla in Vietnam, Jugoslawien und Algerien. Abdallah Frangi, heute PLO-Vertreter in Wien und Bonn, schrieb über die damaligen Auseinandersetzungen zwischen den Palästinensern und den panarabischen Parteien:

»Fatah betonte, daß bewaffnete Aktionen Reaktionen der Israelis hervorrufen würden. Dies wiederum würde die Palästinenser veranlassen, sich zu wehren und sich zu organisieren. Auch würden die arabischen Armeen dadurch gezwungen, sich zu bewaffnen und ihre passive Rolle aufzugeben. Ferner sollten die israelischen Siedler daran erinnert werden, daß noch ein Volk existiere, das sein Recht auf sein Land nicht vergessen und nicht aufgegeben hatte. Und nicht zuletzt sollte auch jene Weltöffentlichkeit der Adressat dieser Aktionen sein, die so beharrlich zur Tragödie Palästinas geschwiegen hatte.«

Die Haltung von el-Fatah gewann erst an Überzeugungskraft, als 1961 die *Vereinigte Arabische Republik* auseinanderbrach. Dieser Einbruch im Streben nach arabischer Einheit verschaffte dem palästinensischen Freiheitskampf wieder mehr Sympathie in der arabischen

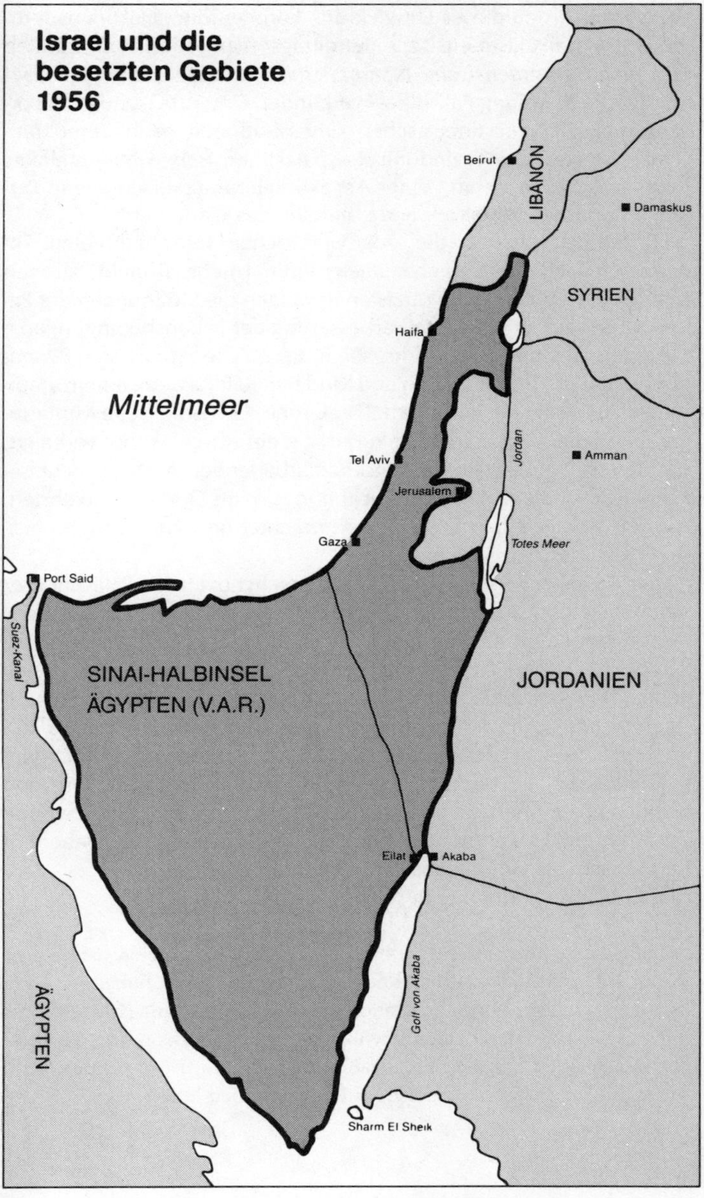
Israel und die besetzten Gebiete 1956
Beirut
LIBANON
Damaskus
SYRIEN
Haifa
Mittelmeer
Jordan
Amman
Tel Aviv
Jerusalem
Gaza
Totes Meer
Port Said
Suez-Kanal
SINAI-HALBINSEL
ÄGYPTEN (V.A.R.)
JORDANIEN
Eilat
Akaba
Golf von Akaba
ÄGYPTEN
Sharm El Sheik

Welt. Im Rahmen dieser Entwicklung konnten die Palästinenser im Juni 1964 die Palästinensische Befreiungsorganisation PLO gründen und eine *Palästinensische Nationalcharta* verabschieden. Als Ziel wurde »die Befreiung Palästinas« verkündet. Eine Art Grundgesetz organisierte die palästinensischen Organisationen nach demokratischem Muster. Die Gründung des palästinensischen Nationalrates bedeutete die Errichtung einer Art Exilregierung. Verschiedene Parteien, Gruppen, Berufsverbände bildeten das »Parlament«.

Für die Palästinenser, die unter israelischer Herrschaft lebten, änderte sich nach 1956 freilich zunächst einmal nichts. Brutale Aktionen israelischer Militärs und Polizisten erstickten die Hoffnungen der Palästinenser auf eine baldige Verbesserung der Lebensbedingungen.

Am 29. Oktober 1956 erschossen jüdische Grenzpolizisten 22 arabische Bauern und 29 Frauen und Kinder in Kafr Kassem, einem arabischen Dorf nahe bei Jerusalem. Der Grund: Die israelische Militärregierung hatte am Nachmittag kurzfristig ein Ausgehverbot verhängt, das den weit außerhalb der Ortschaft arbeitenden Arabern nicht bekannt war. Als sie nach der Arbeit ahnungslos ins Dorf zurückkehrten, wurden sie auf einen Lastwagen verfrachtet und zur Hinrichtungsstelle gefahren.

Das Massaker von Kafr Kassem wirkte nicht nur auf die Palästinenser traumatisierend; auch in der israelischen Öffentlichkeit wurden diese Morde verdammt. Gegen einen als übermächtig erlebten Feind zu kämpfen — in dem Fall: die arabischen Nachbarstaaten — um das eigene Überleben zu sichern, das entsprach dem kollektiven Bewußtsein der Juden, die noch immer von der Erinnerung an den Völkermord in Europa tief berührt waren. Doch einer Aktion des Militärs wie in Kafr Kassem, bei der eine israelische Übermacht ein paar Dutzend wehrlose Palästinenser niedermähte, versagte die Öffentlichkeit ihre Zustimmung. Es war nicht mehr möglich, die Tötung von Arabern in Kafr Kassem als Überlebenskampf zu interpretieren.

Martin Hauser vermerkte in seinem Tagebuch:

Es befleckt die Ehre unseres Militärs, der Soldaten, die sich sonst bis jetzt in der »Menschlichkeit ihres Kämpfens« ausgezeichnet haben — wenn man so etwas sagen kann. Es ist auch ein ernster Rückschlag für die Beziehungen zwischen den beiden Bevölkerungsteilen, der von unseren Feinden sicher noch lange zu Propagandazwecken ausgenützt werden wird. Möge die Zeit nur schnell diese Wunde vernarben lassen.

Daß das Massaker von Kafr Kassem in den Wirren der Suezkrise nicht verschwiegen oder heruntergespielt werden konnte, sondern ein gerichtliches Nachspiel hatte, war auf die Aktivität der Kommunistischen Partei in Israel zurückzuführen. In einem Flugblatt hatten Kommunisten unmittelbar nach dem Massaker über die Einzelheiten der Bluttat berichtet und die Namen der Opfer bekanntgegeben.

Der Prozeß dauerte 22 Monate. Der palästinensische Dichter Mahmoud Darwisch bediente sich der Gerichtsprotokolle und Zeugenaussagen der Überlebenden, um über das Massaker zu schreiben. Das Verfahren schien ihm eine Farce zu sein:

In der Gerichtsfarce fragte ein Rechtsanwalt einen israelischen Soldaten, der an diesem Massaker teilgenommen hat:

Stimmt es, daß Sie hier im Lande arbeiten und man Ihnen das Gefühl eingeimpft hat, die Araber sind unsere Feinde?

Soldat: Ja.

Rechtsanwalt: Stimmt es, daß Sie das gleiche Gefühl gegenüber den Arabern in Israel und den Arabern außerhalb Israels hegen?

Soldat: Ja. Für mich besteht kein Unterschied zwischen beiden.

Rechtsanwalt: Für Sie lautete der Befehl, jeden Einwohner von Kafr Kassem zu erschießen. Stimmt es, daß Sie der Meinung waren, Sie würden den Geist, in dem man Sie in der Armee und bei den Grenzsicherungstruppen erzogen hat, verraten, wenn Sie diesen Befehl nicht befolgt hätten?

Soldat: Ja.

Rechtsanwalt: Wenn Sie beispielsweise während der Kriegstage in den Straßen von Jaffa spazierengegangen wären und zufälligerweise einen Araber getroffen hätten, hätten Sie auf ihn geschossen?

Soldat: Ich weiß nicht.

Der Richter: Falls Ihnen folgendes in Kafr Kassem passiert wäre: Nach siebzehn Uhr hätte Sie eine Frau angesprochen, und Sie wären sicher gewesen, daß sie keine Gefahr für die Sicherheit des Staates darstellt. Die Frau wollte Sie vielleicht etwas fragen oder um Erlaubnis bitten, zu ihrem Haus gehen zu dürfen.

Und stellen wir uns weiter vor, das alles hätte sich zwanzig Minuten nach siebzehn Uhr ereignet und die Frau wäre nur noch zehn Meter von ihrem Haus entfernt gewesen. Hätten Sie ihr die Erlaubnis gegeben, ihr Haus zu betreten?

Soldat: Ich hätte es ihr nicht erlaubt.

Richter: Was hätten Sie getan?

Soldat: Wenn sie sich auf der Straße aufgehalten hätte, hätte ich auf sie geschossen.
Richter: Aber es bestand keine Gefahr. Es ging nur um eine Person, die wegen irgendeines Irrtums oder einer anderen Ursache von der Ausgangssperre nichts wußte und zu Ihnen kam, um Sie zu bitten, die Straße überqueren zu dürfen. Es stellt sich die Frage, hätten Sie unterschiedslos auf jede Person geschossen oder nur in bestimmten Fällen?
Soldat: Ich mache keinen Unterschied.
Richter: Sie würden jeden töten?
Soldat: Ja.
Richter: Auch wenn die betreffende Person eine Frau oder ein Kind ist?
Soldat: Auch dann.
Richter: Sie würden jeden töten, den Sie sehen?
Soldat: Ja.

Und das geschah wirklich...
Ein Kind namens Talal Shaker Issa, acht Jahre alt. Aus dem Hof seines Elternhauses rannte eine Ziege auf die Straße. Weder das Kind noch die Ziege wußten, daß über das Dorf seit einigen Minuten eine Ausgangssperre verhängt war. Das Kind lief hinter der Ziege her, und auf einmal fielen Schüsse. Das Kind wurde getötet. Sein Vater rannte zu ihm, und das Gewehr setzte sein tödliches Geschäft fort.
Die Mutter folgte dem Vater und dem Kind, und das Gewehr setzte sein tödliches Geschäft immer noch fort. Die Tochter Nura lief zu ihren Eltern und dem Bruder, und wieder fielen Schüsse.

Für Israel folgten dem Sinaikrieg einige Jahre relativer außenpolitischer Stabilität und größerer Sicherheit an den Grenzen. Es waren Jahre eines ungewöhnlichen wirtschaftlichen, kulturellen und gesellschaftlichen Fortschritts. Der israelischen Wirtschaft gelang es, die beiden für die Existenz des Staates lebenswichtigen Aufgaben zu lösen: die Eingliederung der Neueinwanderer und das wirtschaftliche Wachstum. Die schnelle wirtschaftliche Expansion erforderte hohe Investitionen, die Israel durch Auslandshilfen zuflossen. Vor allem aus Amerika kamen Kapitalhilfen in immensem Ausmaß. Die amerikanischen Juden, die besonders nach dem europäischen Völkermord ein Gefühl der Solidarität und Verantwortung füreinander empfanden, engagierten sich für den israelischen Staat. Nach Schätzungen haben amerikanische Juden mit wenigstens 60 Millionen Dollar jährlich durch die Hilfsorganisation *United Jewish Appeal* und mit weiteren

50 Millionen Dollar durch den Ankauf israelischer Regierungswertpapiere zum Wachstum der israelischen Wirtschaft beigetragen.

Die wichtigsten der jüdisch-amerikanischen Organisationen — sämtlich Unterabteilungen der zionistischen Weltorganisation — sind folgende:

— United Jewish Appeal
— American Zionist Council
— Jewish Agency for Israel
— Hadassah
— Zionist Organisation of America
— Poalei Zion
— Mizrahi und Hapoel Hamizrahi
— Haschomer Hatzair
— Achdut Ha'avoda-Poalei Zion
— Herut-Hatzohar
— The American League for Israel

Aber nicht nur von Juden in aller Welt erhielt der israelische Staat Kapitalhilfe. Auch von der amerikanischen und der bundesdeutschen Regierung flossen Gelder nach Israel. In dem Zeitraum von 1951 bis 1958 betrug die Kapitalhilfe der US-Regierung für Israel ca. 240 Millionen Dollar. Die bundesdeutsche Regierung zahlte von 1953 an pauschal eine »Wiedergutmachung« an den israelischen Staat. Bis 1958 betrug die Höhe der Zahlungen 434 Millionen Dollar.

Zu Beginn der fünfziger Jahre waren Verhandlungen zwischen Israel und der Bundesrepublik zustande gekommen. Der Staat Israel hatte zuvor die Westmächte veranlassen wollen, die Bundesrepublik zu Entschädigungszahlungen für im Nationalsozialismus gestohlenes, konfisziertes und zerstörtes Eigentum zu zwingen. Die Alliierten unterstützten die Forderung Israels, drängten aber auf eine direkte Kontaktaufnahme mit der Bundesrepublik. Zwar billigte die israelische Knesset mit 61 Stimmen bei 50 Gegenstimmen die Aufnahme von Verhandlungen mit der bundesrepublikanischen Regierung mit dem Ziel eines Wiedergutmachungsabkommens, doch die oppositionellen Links- und Rechtsparteien Israels bekämpften den parlamentarischen Beschluß mit einer solchen Heftigkeit, daß Ben Gurion die israelische Armee in Bereitschaft versetzte. Am 10. September 1952 einigten sich die beiden Regierungen im Luxemburger Abkommen auf eine »Wiedergutmachung« — sicherlich ein besonders unglücklich gewähltes Wort, denn von »Wiedergutmachung« kann angesichts von sechs Millionen getöteten Juden keine Rede sein.

Vor allem durch die Kapitalhilfe aus dem Ausland gelang es der israelischen Regierung, die vielen Neueinwanderer — besonders aus den arabischen Ländern — zu integrieren. Für sie mußten Arbeitsplätze geschaffen werden, neue Städte gebaut und soziale Einrichtungen bereitgestellt werden. Eine enorme kulturelle Vielfalt entwickelte sich in Israel. Statistiker nennen einhundertundzwei Ursprungsländer der nach Israel eingewanderten Juden. »Teile des Landes« — so schrieb der israelische Publizist Amos Elon — »ähneln heute Vorposten — oder Karikaturen — Algeriens, Galiziens oder Baden-Württembergs. Man befindet sich in einem Mahlstrom von Menschen verschiedenster Herkunft und Kultur. So sehr sie heute durch gemeinsame soziale Erfahrung, durch Klima und Ernährung beeinflußt werden, so tiefgreifend sind doch noch die Verschiedenheiten.«

Trotz der intensiven Bemühungen der zionistischen Eingliederungsbehörden, den Neueinwanderern das Hebräische beizubringen, wurden in den fünfziger und sechziger Jahren noch über ein Dutzend Sprachen als Hauptkommunikationsmittel von fast der Hälfte der israelischen Bevölkerung benutzt.

Die Palästinenser sahen den wirtschaftlichen Aufstieg Israels und die Entfaltung der Gesellschaft von den Lagern aus mit Bitterkeit an. Sie stellten fest: »Die neue Qualität des Lebens in Israel beruht auf dem Elend der vertriebenen Palästinenser.«

Wie die öffentliche Meinung in Israel auf diese Anschuldigung reagierte, beschrieb Erich Fried in einem Gedicht:

»Was geht das uns an?
Lang genug hat man uns getreten
Jetzt haben endlich wir die besseren Karten
Sollen sich doch ihre Brüder um sie kümmern!
Wer hat denn uns geholfen
als es uns an den Kragen ging?
Keiner. Und man kann sie nicht einmal tadeln:
So ist die Welt. Aber dann wollen auch wir uns
genauso verhalten: Jetzt endlich trifft es die andern,
nicht immer uns. Man macht uns das Leben auch so schon
schwer genug — und dann noch Moralvorschriften!
Solln sie sich lieber ihre eigenen Länder ansehn,
die großen Mächte, bevor sie uns kritisieren.

Sowjetische Neueinwanderer nehmen an einem hebräischen Sprachkurs teil

Da wird einem schlecht davon, was man bei denen sieht.
Gewiß auch bei uns gibt es Härten
doch die Araber wolltens nicht besser:
Sie haben sich das nur selbst zuzuschreiben. — Und dann:
Noch alle Reiche wurden auf Knochen gebaut
Warum sollen wir immer besser sein als die andern?

Und laßt uns in Frieden mit dem Elend der Palästinenser!
Ihre Lager läßt man nur so als Anklage gegen uns.
Manche von diesen arabischen Ländern sind reich:
Mit ihrem Erdöl könnten sie schon etwas stiften.
Man muß nur sehen wie Juden in aller Welt
*uns* unterstützen und unseren Kampf finanzieren.
Also entweder liegt diesen Arabern nichts aneinander
oder die Palästinenser in ihren Lagern
sind so fanatisch daß sie eigens so hausen
um dadurch uns einen schlechten Namen zu machen.
Lernt erst einmal die Araber kennen wie wir
dann werdet ihr weniger Mitleid haben.«

Während der israelische Staat mit Hilfe der Unterstützung aus dem Ausland gedieh, fristeten die vertriebenen und geflohenen Araber in den Flüchtlingslagern ein trostloses Dasein, und die im israelischen Staatsgebiet verbliebenen Araber lebten dort günstigstenfalls als »Bürger zweiter Klasse«.

Durch die Passierscheinforderung, nach der jedes Verlassen des Wohnortes zuvor beantragt und genehmigt werden mußte, und die restriktive Militärgesetzgebung fanden die Araber in Israel nur schwer Arbeit. Auch als im Jahre 1959 die Araber endlich auch Mitglieder der israelischen Gewerkschaft *Histadrut* werden konnten, veränderte sich ihre Lage nicht wesentlich. Für den niedrigsten Lohn hatten sie die schwerste Arbeit zu verrichten.

Die Nicht-Anerkennung der Araber in Israel drückte sich auch in der Handhabung der Staatsbürgerschaft aus. Während das »Rückkehrergesetz« jeden Juden automatisch zum israelischen Staatsbürger erklärt, müssen die Araber, die in fast allen Fällen länger auf palästinensischem Boden lebten als die meisten Juden, sich naturalisieren lassen. Nur unter dem schwer zu erbringenden Nachweis ununterbrochener Anwesenheit und Registrierung als palästinensischer Bürger schon vor der Staatsgründung wurde einem Araber die israelische Staatsbürgerschaft zuerkannt.

Die Palästinenser im Exil richteten ihre Aktivitäten gegen Ende der fünfziger Jahre auf den bewaffneten Widerstand gegen die »israelische Okkupation Palästinas«. Der bewaffnete Kampf gegen den »Imperialismus des zionistischen Gebildes« und die Auslöschung des Staates Israel wurden zur Maxime erhoben. Im 1964 verabschiedeten Manifest hieß es unter anderem, daß nur solche Menschen als Palästinenser angesehen würden — und damit das Recht hätten, »nach der totalen Befreiung vom zionistischen Besatzer« in der Region zu leben, die als arabische Bürger schon vor 1947 in Palästina lebten oder gelebt hatten. Juden sollten nur dann geduldet sein, wenn sie seit vielen Generationen in Palästina ansässig waren. Alle Juden, die etwa aufgrund der nationalsozialistischen Verfolgung in Europa nach Palästina gelangt waren, hatten demnach kein Lebensrecht im »zukünftigen Palästina«.

Das war ein Programm, das unter den Juden in Israel tiefe Ängste mobilisieren mußte. Eine abermalige Katastrophe schien hier geplant, letztendlich zielten die Palästinenser auf die Vernichtung des jüdischen Volkes in Israel, so mußte das Programm verstanden werden. Doch bevor sich die Konflikte im Nahen Osten in einem weiteren —

dritten — Krieg entluden, erschütterte ein anderes Ereignis die innenpolitische Situation in Israel.

## Adolf Eichmann wird gefaßt

Der israelische Geheimdienst *Mossad* hatte den nach der Befreiung Deutschlands nach Argentinien geflohenen Eichmann aufgespürt und ihn nach Israel entführt. Eichmann gehörte zu den Spitzenfunktionären der NSDAP und war verantwortlich für eine Unzahl von Judentransporten in die Konzentrationslager und damit in den Tod. In Israel sollte ihm der Prozeß gemacht werden und er »unter den sichtbaren Symbolen des Judenstaates und den unsichtbaren Augen seiner jüdischen Opfer« abgeurteilt werden.

Am 11. Mai 1960 nahmen ihn drei Mitarbeiter des *Mossad* in der Nähe von Buenos Aires fest. Eichmann waren seine vergangenen Verbrechen offensichtlich noch so präsent, daß die Überraschung nicht groß schien. Obwohl er unter falschem Namen gelebt hatte, gab er auf die Frage nach seiner Identität sofort seinen richtigen Namen Eichmann an und fügte noch hinzu: »Ich weiß, ich bin in der Hand von Israelis.« Bald nach seinem Transport nach Israel wurde Eichmann seiner Verbrechen angeklagt und später gehenkt. Der deutsche Anwalt Servatius verteidigte ihn vor dem *Bet Ha'mischpat*, wie im Hebräischen die Gerichtshöfe genannt werden. Ausländische Beobachter attestierten den israelischen Richtern eine faire und sachliche Prozeßführung. Die Philosophin Hannah Arendt reflektierte in ihrem Buch *Eichmann in Jerusalem* die »Banalität des Bösen«, die so banale Erscheinungsform des totalitären und unmenschlichen Systems. Sie schrieb:

In keinem Augenblick ist die Haltung der Richter theatralisch. Ihr Kommen und Gehen, das Anfang und Ende der jeweiligen Sitzung anzeigt, ist ungekünstelt, ihre Aufmerksamkeit in den Verhandlungen ebenso nüchtern wie intensiv, die Erschütterung, mit der sie den Berichten über unerhörte Leiden zuhören, ist spürbar, aber nie zur Schau getragen; und wenn sie ungeduldig werden, weil der Staatsanwalt Zeugenaussagen und Dokumentvorlagen ins Uferlose auszudehnen versucht, wirkt ihre Spontaneität befreiend. Vielleicht ist ihre Höflichkeit im Umgang mit der Verteidigung eine Spur überbetont, als hätten sie ständig vor Augen, daß »Dr. Servatius hier ganz allein in so fremder Umgebung seinen mühsamen Kampf ausficht«; immer aber ist ihre Haltung dem Angeklagten gegenüber korrekt und human. Das menschliche Niveau der drei Männer ist sofort offenkundig und wird im Saal zur Notiz genommen; und es überrascht nicht, daß keiner von ihnen der größten Versuchung, in dieser Inszenierung schließlich doch Theater zu spielen, nachgibt und so tut, als sei er auf die hebräische Übersetzung angewiesen, sind sie doch alle drei in Deutschland geboren und zur Schule gegangen. Moshe Landau, der Vorsitzende des Gerichts, wartet kaum jemals mit seinen Antworten, bis der Übersetzer gefolgt ist; häufig greift er in die Übersetzung ein, stellt richtig und verbessert den Text, sichtlich dankbar für eine kurze Atempause im Gang der schrecklichen Dinge, die hier verhandelt werden. Viele Monate später, als der Angeklagte im Kreuzverhör steht, werden die anderen Richter Moshe Landaus Beispiel folgen und Eichmann auf deutsch ansprechen — ein Beweis, wenn es des Beweises noch bedürfte, wie bemerkenswert unabhängig sie von der öffentlichen Stimmung in Israel und ihren ja nur zu verständlichen Vorurteilen sind.

Andere Beobachter stellten den Prozeß prinzipiell in Frage. Zu groß erschien das Gefälle zwischen den Verbrechen der Nationalsozialisten und der Aburteilung einer so jämmerlichen Gestalt wie Adolf Eichmann. Die »banale Erscheinung des Bösen« bewirkte das Mißverhältnis, das zum Beispiel auch dem Soziologen und Philosophen Max Horkheimer auffiel: »Die Vorstellung aber, daß Eichmann seine Taten sühnen könne, nach menschlichem Urteil und Richterspruch, ist ein Hohn auf die Opfer, ein grauenvoll grotesker Hohn. Eher verstünde ich den eingestandenen Willen, Rache zu üben, so arm sie angesichts der Taten bleiben müßte. Hätte einer, der durch Hitlers Herrschaft Vater und Mutter verlor, den Schurken in Argentinien aufgespürt und ihn auf offener Straße umgebracht, er wäre kein Taktiker gewesen, sondern ein Mensch, den jeder verstehen müßte.«

Auf die israelische Öffentlichkeit hatte der Eichmann-Prozeß eine tiefe Wirkung. Als die Schrecken des Nationalsozialismus in den täglichen Verhandlungen im Gericht zur Sprache kamen und darüber in den Zeitungen berichtet wurde, war dies für viele die erste Gelegenheit, sich der Vergangenheit zu stellen. In Israel war die Geschichte der Judenvernichtung im Zuge des Aufbaus des Landes verdrängt worden. Im Jahre 1962 erforschte ein Team von Sozialpsychologen die Auswirkung des Eichmann-Prozesses auf Studenten der Hebräischen Universität in Jerusalem. Obwohl es Unterschiede gab zwischen Studenten, die selbst oder deren Eltern den Holocaust knapp überlebt

Der Eichmannprozeß in Jerusalem

hatten, und jenen, die persönlich oder im nächsten Familienkreis nicht gelitten hatten, so wurde jetzt die zentrale Bedeutung der jüdischen Geschichte im Nationalsozialismus für unbewußte Haltungen und für die Identität israelischer Juden insgesamt deutlich. Das Wissen um die Massenvernichtung und die tiefgehenden Konsequenzen kamen in Begriffen wie »emotionelle Beteiligung, Angst, Mißtrauen gegen Nichtjuden und jüdische Solidarität« zum Ausdruck. Solidarität bedeute — so die Jerusalemer Studenten — »daß sich jeder Jude als Überlebender der Verfolgung betrachten sollte«. Angesichts der brutalen Massenvernichtung kämé es den Nachkommen wie ein Verrat vor, würden sie sich nicht ganz persönlich mit dem Schicksal der Elterngeneration identifizieren. Wer sich von diesem Abschnitt jüdischer Geschichte auch nur in irgendeiner Weise distanziert, und sei es durch den Versuch, politisch das Verfolgtensyndrom der israelischen Tagespolitik zu bekämpfen, begibt sich im Erleben vieler Israelis auf die Aggressorseite. Wer nicht um jeden Preis am Opferschicksal innerlich festhält, überlasse die ermordeten Juden nachträglich dem Tod. Auf der anderen Seite ist den im Land geborenen Israelis die Erinnerung an die Massenvernichtung in Europa unerträglich. Viele empfinden eine kaum auszuhaltende Scham darüber, unter welchen Bedingungen die Elterngeneration in den Tod gehen mußte: ohne Sinn, ohne Würde, ohne die Chance zum Widerstand, ohne die Möglichkeit, den Tod mit innerem Frieden anzunehmen. Der Durchschnitts-*Sabra*, also der im Land geborene Israeli, empfindet sich anders als seine Brüder und Schwestern in der Diaspora. Der Kibbuznik Amram Ha'yisraeli schrieb nach einer Befragung israelischer Soldaten:

»Die meisten empfinden mehr Verwandtschaft mit ihren Ahnen aus der biblischen Periode, die im Lande Israel lebten, als mit ihren jüngeren Vorfahren in Europa und dem Mittleren Osten. Plötzlich von Vernichtung bedroht, identifizieren sie sich jedoch mit den Juden der Hitlerära.«

Ängste vor Vernichtung werden in Israel immer wieder wachgerufen. In den sechziger Jahren stellten die Israelis mit Bitterkeit fest, daß westdeutsche Techniker die militärische Aufrüstung in Ägypten mitentwickelten. Nasser hatte geprahlt, Israel im Rüstungswettlauf überholt zu haben, da er im Besitz von Boden-Boden-Raketen sei. Die israelischen Proteste fanden schnell ein weltweites Echo; in Israel war man der Meinung, daß auf diese Weise Deutsche wieder das jüdische Volk bedrohten, indem sie dem ägyptischen Militär »Entwicklungshilfe« leisteten.

Auch im deutschen Bundestag wurde das Problem erörtert. Auf öffentlichen Druck hin ergab sich eine grundsätzliche Debatte, ob die von Israel schon seit langem angestrebten diplomatischen Beziehungen endlich aufgenommen werden sollten. Adenauer hatte auf arabischen Druck hin das Begehren Israels immer wieder abgewiesen. Unter der Regierung Erhard kamen im Jahre 1965 diplomatische Beziehungen mit Israel zustande, außerdem wurde Ägypten die deutsche Militärhilfe aufgekündigt. Die arabische Reaktion ließ nicht lange auf sich warten. Zehn arabische Staaten brachen die Beziehungen zu Bonn ab und berieten über einen Wirtschaftsboykott. Doch zwei Jahre später wurden die alten Beziehungen wiederhergestellt, nachdem Jordanien den ersten Schritt unternommen hatte.

Daß die militärische Aufrüstung Ägyptens — vor allem durch die Sowjetunion — für Israel bedrohlich werden könnte, bewies sich gegen Ende des Jahres 1966, als Ägypten mit dem nordöstlichen Nachbarn Israels, Syrien, ein Militärbündnis schloß, daß sich eindeutig gegen den jüdischen Staat richtete. Die Kairoer Zeitung *Al Ahram* zitierte im November 1966 aus der ägyptisch-syrischen Erklärung:

»Das Zusammenwirken ist unvermeidlich geworden durch den Kampf der arabischen Völker gegen die koordinierten und verbündeten Bemühungen von Imperialismus und Reaktion, um ihren Imperialismus und ihr Ausbeutertum aufrechtzuerhalten und die revolutionären Errungenschaften des arabischen Kampfes zu unterminieren. Dieser Kampf schreitet fort in Richtung auf seine nationalen Ziele der Einheit des Sozialismus und der vollständigen Befreiung des arabischen Heimatlandes...

Die beiden Seiten bekräftigen, daß der Kampf für die Befreiung Palästinas beim kämpferischen arabischen Volk im ganzen arabischen Heimatland die Hauptfrage bildet und daß das palästinensisch-arabische Volk berechtigt ist, sich als die Vorhut des legitimen Kampfes für die Befreiung ihres usurpierten Heimatlandes zu organisieren...«

Da es sich um ein militärisches Bündnis handelte, bedeutete es eine erhebliche Bedrohung für Israel — auch wenn man von der Liebe für klingende Worte in der arabischen Welt absieht.

# Der Sechs-Tage-Krieg

Zum Sechs-Tage-Krieg im Juni 1967 zwischen Israel und den arabischen Nachbarstaaten Syrien, Ägypten und Jordanien kam es aus verschiedenen Gründen. Die palästinensische Organisation el-Fatah hatte von syrischem und jordanischem Territorium aus wiederholt bewaffnete Kommandoeinheiten nach Israel gesandt, um dort für Unruhe zu sorgen. Israel hatte jeweils mit sogenannten »Vergeltungsaktionen« schärfstens zurückgeschlagen. Vor allem der Angriff auf das jordanische Dorf Samua bewirkte Angst und Unsicherheit unter der dort lebenden Bevölkerung. Die Palästinenser in diesem Gebiet — der von Jordanien verwalteten Westbank — fühlten sich vor den Israelis nicht ausreichend geschützt. Das jordanische königliche (haschemitische) Regime wiederum fühlte sich durch die große Zahl — rebellischer — Palästinenser im eigenen Land bedroht. Dem ägyptischen Präsidenten Nasser warfen die Palästinenser vor, seit der Suezkrise verstecke er sich hinter den UN-Truppen. Die Grenzkämpfe zwischen Syrien und Israel, die vor allem wegen Streitigkeiten um die Ableitung des Jordanwassers immer wieder entbrannten, waren im April, dem Vormonat des Krieges, eskaliert. Die israelische Luftwaffe zerstörte eine Anzahl syrischer Flugzeuge.

Nachdem die israelische Regierung Syrien ultimativ gewarnt hatte, weitere Angriffe zu unternehmen, war es nur noch ein kleiner Schritt zum dritten arabisch-israelischen Krieg von 1967, der für Israel nach sechs Tagen mit einem überwältigenden Sieg endete.

Unmittelbarer Auslöser für den Krieg war Nassers Beschluß gewesen, die UN-Truppen aus dem Sinai und dem Gazastreifen hinauszuweisen. Diese Truppe war zum Schutz der Region nach der Suezkrise stationiert worden. Danach sperrte der ägyptische Präsident die Meerenge von Tiran, so daß die freie Schiffahrt durch den Golf von Akaba nach dem israelischen Hafen Elat unterbunden war. Israel betrachtete dies als Kriegserklärung und eröffnete einen sogenannten Präventivkrieg, einen Krieg, der einem möglichen Angriff zuvorkommen soll. Historiker streiten sich noch heute über die Wahrscheinlichkeit eines arabischen Angriffs. Zwar hatten Syrien und Ägypten ihre Truppen im Mai in Kriegsbereitschaft versetzt, doch die völlig mangelhafte Vorbereitung der arabischen Truppen auf den Kampf gegen Israel deutet darauf hin, daß zumindest nicht in absehbarer Zeit ein Krieg geplant war.

Doch für das kleine, von den arabischen Staaten eingekeilte Israel schien ein möglicher Krieg gleich der Frage auf Leben und Tod. Die arabische Propaganda gegen den zionistischen Staat erinnerte viele Israelis an die Massenvernichtung durch die Nazis. Vor allem die Syrer waren in ihrer Wortwahl nicht eben bescheiden. Über die Kampfbereitschaft der syrischen Streitkräfte hatte der syrische Außenminister am 20. Mai 1967 erklärt:

»Unsere Streitkräfte sind nun absolut bereit, nicht nur um eine Aggression zurückzuschlagen, sondern auch um die Initiative für die Befreiung zu ergreifen und die aggressive zionistische Anwesenheit in unserer arabischen Heimat zu zerschmettern. Die syrische Armee, die ihre Hand am Abzug hat, ist einig in ihrer Entschlossenheit, die Auseinandersetzung zu beschleunigen. Gegenwärtig warten wir auf das Zeichen von seiten der politischen Führung. Ich als Soldat bin der Meinung, daß die Zeit gekommen ist, den Befreiungskrieg zu führen.«

Den »zionistischen Staat zerschmettern« — das konnte nichts anderes heißen, als daß alle Juden »ins Meer getrieben« werden sollten. Aus den Reihen der Palästinenser waren solche durchaus an den Duktus der Nationalsozialisten erinnernden Drohungen des öfteren gekommen. Der Führer der palästinensischen Befreiungsarmee Ahmed Shukeiri ließ sich zu noch katastrophaleren Äußerungen hinreißen. Großspurig verkündete er kurz vor Beginn des Krieges sein Ziel — die Auslöschung jüdischer Existenz im Vorderen Orient:

»Wir werden den Israelis die Verschiffung in ihre Heimatländer erleichtern. Wer im Lande geboren ist und überlebt, darf bleiben. Nach meiner Schätzung wird jedoch keiner überleben.«

Aber es kam ganz anders, als es sich arabische und palästinensische Politiker gedacht hatten. In einem Blitzkrieg eroberten die Israelis die Sinaiwüste und den Gazastreifen von Ägypten, die Golanhöhen von Syrien und die Westbank von Jordanien. Die hervorragend trainierte und gut ausgerüstete israelische Armee schlug die arabischen Armeen an drei Fronten. Am 5. Juni hatte der Krieg begonnen, nach sechs Tagen hatte der israelische Staat nicht nur weite Teile Palästinas besetzt, sondern die ägyptische Luftwaffe vollständig zerstört und alle beteiligten arabischen Armeen für mehrere Jahre kampfunfähig gemacht. Der Überraschungsschlag hatte die Gegner unvorbereitet getroffen. Das kleine Israel stand plötzlich als der siegreiche Eroberer da.

In Israel wagten die Menschen zunächst kaum, die Siegesmeldungen zu glauben. So überraschend schien der überwältigende Sieg der israelischen Truppen. Doch gegen die Überlegenheit der israelischen Streitkräfte konnten die nur ungenügend ausgebildeten arabischen Truppen nichts ausrichten.

Die Tagebucheintragung von Martin Hauser kann als repräsentativ für die Stimmung in Israel gelten:

7. Juni 1967: Es ist jetzt 19.30 Uhr und das Radio gibt seit zwei Stunden durch, daß wir die Altstadt wiederhaben und in Sharem-el-Sheich sitzen. Jeder, mit dem ich spreche, ist völlig durcheinander und benommen von den Siegesnachrichten, die in fast ununterbrochener Folge auf uns einstürmen. Die detaillierte Beschreibung im Radio von der Eroberung der Altstadt, von dem Einbruch durch das Löwentor, dem Hetzen durch die engen Gassen bis zur Klagemauer, der Ankunft dort, das Schofarblasen, Kaddisch für die Gefallenen, Jubelgeschrei, Hatikwa — ich begann plötzlich vor lauter Erschütterung zu weinen. Wieviele Opfer hat uns das in den letzten 20 Jahren gekostet, seit wir die Altstadt verloren — in den letzten 2000 Jahren, seit wir Jerusalem verloren. Bei jedem, mit dem man spricht, verspürt man die tiefe, innere Bewegung über die Ereignisse der letzten 60 Stunden, die fast zu schön sind — eigentlich ein Wunder. Alle haben Anteil, die Armee, die Bevölkerung in der Stadt und auf dem Lande, die Lebenden und die Toten, deren Anzahl wir noch nicht wissen.

Die allgemeine Lage sieht jetzt so aus: Ägyten ist zu schweren Rückzugsgefechten gezwungen; wir haben fast die gesamte Sinai-Halbinsel besetzt und sind in der Nähe des Suez-Kanals. Ferner ist nach der Eroberung von Sharem-el-Sheich die Meerenge von Tiran wieder frei. Auch Jordanien ist auf dem Rückzug, wobei wir fast das ganze Gebiet diesseits des Jordans besetzt haben, einschließlich vor allem der Altstadt, dann Nablus, Bethlehem, Jericho, Ramallah, das Gebiet von Nir-Ezion etc. Syrien schießt weiter und wird wahrscheinlich das nächste Ziel unserer Anstrengungen sei.

Am begeistertsten feierte die israelische Bevölkerung die Eroberung der Altstadt von Jerusalem. Dort standen die Überreste der Westmauer — auch Klagemauer genannt —, der Mauer des jüdischen Tempels, der vor fast zweitausend Jahren von den Römern zerstört worden war. Jetzt sollte Jerusalem wieder eine vereinte Stadt sein. Unmittelbar nach dem Krieg annektierte die israelische Regierung den Ostteil der Stadt.

An der Mauer hatten sich während des Krieges bewegende Szenen abgespielt. Der Soldat Micha berichtete dem israelischen Journalisten Amram Ha'yisraeli über seine Gefühle bei der Einnahme der Oststadt und damit der Mauer:

Das Morgengebet an der Mauer war ein großes Erlebnis. Die ganze Zeit dachte ich daran, daß diese Mauer die Sehnsucht nach der Vereinigung des Volkes Israel symbolisiert und die Verwurzelung des Volkes in Israel...Wir sind jetzt die Boten eines ganzen Volkes, einer ganzen Geschichte...Das hat mir viel gegeben. Ich kann nicht sagen, daß ich eine tiefe innerliche Verbindung zu diesen Steinen verspürt habe. Manche wissen nicht, daß es im Judentum keine heiligen Stätten gibt und der Hügel des Tempels gar nicht heilig ist, ...dieses Picknicken am Grab von Rabbi Shimon Bar-Johai ist kein jüdischer Brauch. Aus demselben Grund ist auch die Mauer nicht heilig. Die Mauer ist wirklich für uns da...ich sah sofort, wie sich die Einheit unseres Volks vor meinen Augen verwirklichte, die Erfüllung der jüdischen Sehnsüchte...nicht die heilige Mauer, sondern was sie faktisch für uns alle bedeutete.

Für die Palästinenser bedeutete die Niederlage der arabischen Armeen die Zerstörung der Hoffnung, in absehbarer Zeit in ihr Land zurückzukehren. Israel war mächtiger denn je. Der ägyptische Präsident Nasser, in den die Palästinenser ihre politischen Hoffnungen gesetzt hatten, trat nach der militärischen Niederlage von seinem Amt zurück. Schon wenige Stunden nach Kriegsbeginn lag die ägyptische Luftwaffe zerstört am Boden, die Infanterie hatte in einem heillosen Durcheinander im Sinai das Weite gesucht. Viele Palästinenser — auch der Widerstandskämpfer Abu Ijad — waren verzweifelt:

Soldaten an der Klagemauer in Jerusalem 1967

Nasser hatte kapituliert! Wer hätte das je gedacht? Der große Führer der arabischen Nation, der Mann der Vorsehung, der uns helfen sollte, wenigstens einen Teil unserer besetzten Heimat zu befreien, dieser Mann hatte sich ohne ein Mindestmaß an Vorbereitung in ein derartiges Unternehmen gestürzt. Bitterkeit mischte sich in meinen Zorn. Den arabischen Streitkräften — allen arabischen Streitkräften zusammen — war es nicht gelungen, die kleine Armee der Israelis zurückzuschlagen. Und was noch schlimmer war: Sie hatten dem Expansionsdrang der Zionisten noch mehr Land überlassen.

Die Niedergeschlagenheit, die meine Freunde und mich fast erdrückte — Jasir Arafat und die anderen Männer der Führungsspitze waren inzwischen überstürzt nach Damaskus zurückgekehrt —, erreichte ihren Höhepunkt, als Nasser am 9. Juni im Anschluß an eine Rede seinen Rücktritt erklärte. Wir hatten das Gefühl, eine zweifache Niederlage erlitten zu haben, in militärischer und in politischer Hinsicht. Denn in politischer Hinsicht bedeutete der Rücktritt Nassers für uns das Ende aller Hoffnungen: Trotz allem war der Rais das Symbol für die Ablehnung der in Palästina geschaffenen Realität und für den Widerstand, der unserer Meinung nach angefacht werden mußte.

Die Palästinenser waren in ihrem arabischen Stolz zutiefst verletzt. »Der Glanz der arabischen Welt, das Banner der arabischen Einheit, das Ziel, unser Heimatland zurückzuerobern — alle unsere Hoffnungen sind zunichte. Welche Schande!«, schrieb die Journalistin Raymonda Tawil. Nicht nur den Krieg verloren hatten die Araber, sondern darüber hinaus Westjordanien, die Golanhöhen und den Sinai — an Israel, den Erzfeind. Darüberhinaus waren noch einmal 350 000 Palästinenser mehr zu Flüchtlingen geworden; die Gesamtzahl palästinensischer Flüchtlinge war damit auf fast 1,4 Millionen angewachsen.

Die kriegerischen Auseinandersetzungen hatten wie schon 1948 zu einem Massenexodus der arabisch-palästinensischen Bevölkerung aus den von Israel eroberten Gebieten geführt. Wie nach der Staatsgründung behaupteten auch jetzt die Israelis, daß die Palästinenser freiwillig geflüchtet seien. Doch die Zeugnisse über Mißhandlungen waren diesmal so reichlich und offensichtlich, daß die israelische Propaganda auch im Land selbst nicht überzeugen konnte.

Der Waffenstillstand zwischen Jordanien und Israel vom 10. Juni 1967 beendete noch nicht die militärischen Aktionen in dieser Region. Zwei Tage nach der offiziellen Waffenruhe zerstörte die israelische Armee die drei Dörfer Yalu, Beit Nuba und Emmaus. Ähnlichen Aktionen fielen noch weitere Dörfer auf der Westbank zum Opfer. Auf dem Gelände der drei zerstörten Dörfer befinden sich heute der *Canada Memorial Park* und Felder. Der israelische Publizist Amos Kenan schrieb den Bericht eines israelischen Soldaten über diese Aktion auf:

Es war entschieden worden, drei Dörfer in unserem Sektor zu zerstören — Yalu, Nuba und Emmaus. Wir sollten die Häuser durchsuchen und unter Umständen Bewaffnete festnehmen. Allen unbewaffneten Personen sollten wir Zeit geben, ihre Habseligkeiten zu packen und sich auf den Weg zu machen — nach Beit Sira, einem Dorf in der Nähe. Man befahl uns außerdem, die Zugänge der Dörfer zu besetzen und die Dorfbewohner, die den israelischen Zusicherungen Glauben geschenkt hatten, daß sie friedlich in ihre Häuser zurückkehren könnten, daran zu hindern. Der Befehl war: Schießt über ihre Köpfe und macht ihnen klar, daß sie nicht ins Dorf können.

Nuba besteht aus wunderschönen Steinhäusern, ein paar luxuriöse Villen sind auch dabei. Jedes Haus hat einen Garten mit Oliven, Aprikosen und Wein, außerdem gibt es Zypressen und andere Bäume, die wegen ihrer Schönheit und wegen ihres Schattens gepflanzt werden.

In einem der Häuser fanden wir einen verwundeten ägyptischen Offizier und ein paar alte Leute. Gegen Mittag kamen die ersten Bulldozer und fraßen sich in die Häuser am Rande des Dorfes. Ein Anlauf fällte eine Zypresse oder entwurzelte einen Olivenbaum. Zehn Minuten später war das Haus mit seiner spärlichen Einrichtung nur noch ein Haufen Schutt. Es waren bereits drei Häuser eingerissen, als die ersten Flüchtlinge aus Richtung Ramallah kamen.

Wir schossen nicht in die Luft, sondern nahmen nur Deckung, während ein paar von uns, die Arabisch sprachen, auf sie zugingen und ihnen unsere Anweisungen gaben. Es waren alte Männer, die kaum noch laufen konnten, alte Frauen, Babies auf dem Arm ihrer Mütter und Kleinkinder, die wimmernd um Wasser baten. Sie trugen weiße Fahnen.

Wir schickten sie weiter nach Beit Sira. Überall, wo sie hinkämen, würde man sie weiterschicken, sagten sie. Nirgends erlaube man ihnen zu bleiben. Sie seien schon vier Tage ohne Essen und Trinken unterwegs, ein paar von ihnen seien auf dem Weg schon gestorben. Sie wollten doch nur in ihre Dörfer zurück. Es wäre besser, wir würden sie umbringen. Einige hatten eine Ziege dabei, andere ein Schaf, ein Kamel oder einen Esel. Ein Vater zerrieb mit seinen Händen Getreide, um es seinen Kindern zum Essen zu geben. Am Horizont tauchte die nächste Flüchtlingskolonne auf. Einer der Männer trug einen Zentner-Sack Mehl auf dem Rücken, so war er gelaufen, Meile für Meile.

Noch mehr Greise, Frauen und Babies. Wo man ihnen befahl, sich zu setzen, sanken sie erschöpft nieder. Wir erlaubten ihnen nicht, ins Dorf zu gehen, um ihre letzten Habseligkeiten zu holen. Der Befehl war, sie nicht mitansehen zu lassen, wie man ihre Häuser zerstörte. Kinder weinten, einige Soldaten auch. Wir suchten nach Wasser, konnten aber keines finden. Schließlich hielten wir ein Armeefahrzeug an, in dem ein Leutnant, zwei Hauptleute und eine Frau saßen. Mit einer Konservendose füllten wir Wasser ab und ließen sie bei den Flüchtlingen reihum gehen. Wir verteilten Süßigkeiten und Zigaretten. Wir fragten die Offiziere, warum man die Flüchtlinge überall weiterschicke. Sie meinten, es würde ihnen gut tun zu laufen. »Was kümmert ihr euch um sie? Es sind doch bloß Araber!« Wir freuten uns, als wir eine halbe Stunde später hörten, daß die Militärpolizei sie verhaftet habe, weil sie geplünderte Sachen im Wagen hatten.

Immer mehr Flüchtlingskolonnen kamen an. Mit der Zeit wurden es Hunderte. Sie konnten nicht verstehen, daß man ihnen gesagt hatte, sie könnten zurückkommen, und nun ließ man sie nicht. Man konnte einfach nicht hart bleiben bei ihrem Bitten. Jemand fragte, warum wir die Häuser zerstören würden, warum die Israelis nicht lieber selbst in ihnen wohnen wollten. Schließlich fuhr der Kommandant unserer Einheit ins Hauptquartier, um herauszufinden, was wir mit ihnen machen sollten, wo sie untergebracht, wie der Transport der Frauen und Kinder geregelt werden sollte, wie die Frage mit dem Essen. Er kam zurück und sagte, es gebe keinen schriftlichen Befehl, wir sollten sie weiterschicken, nach Beit Sira. Wie verlorene Schafe zogen sie die Straße entlang. Gegen Abend erfuhren wir, daß in Beit Sira die Bulldozer ebenfalls ihr Werk der Zerstörung begonnen hatten und daß man den Flüchtlingen den Zutritt verwehrt hatte. Wir erfuhren auch, daß nicht nur in unserem Sektor die Grenze »begradigt« wurde. Dasselbe geschah in allen anderen Sektoren.

Die Kinder, die sich weinend die Straße entlangschleppten, werden in neunzehn Jahren Fedayin sein. An jenem Tag verloren wir unseren Sieg.

Kritiker sahen im Sieg der Israelis keine Chance zur langfristigen Lösung der Konflikte zwischen dem israelisch-jüdischen und dem palästinensisch-arabischen Volk im Nahen Osten. Isaac Deutscher erklärte in einem Interview mit der Zeitschrift *New Left Review* schon am 23. Juni 1967: »Der Krieg und das ‚Wunder' des israelischen Sieges haben keines der Probleme gelöst, dem sich Israel und die arabischen Staaten gegenübersehen. Im Gegenteil, sie haben all die alten Streitfragen verschärft und noch gefährlichere neue geschaffen. Sie haben Israels Sicherheit nicht verstärkt, sondern es noch verwundbarer gemacht, als es vor dem 5. Juni 1967 war. Dieses ‚Sechs-Tage-Wunder', diesen allzu leichten Triumph der israelischen Waffen, wird man in nicht sehr ferner Zukunft vor allem als ein Unglück für Israel selbst ansehen.«

## Die Konsequenzen des Sechs-Tage-Krieges

Die israelische Bevölkerung war in diesen Krieg mit dem Bewußtsein gezogen, daß es um das eigene Überleben gehe. Die äußeren Bedingungen sprachen für den bevorstehenden Kampf »Davids gegen Goliath«. Schon allein die geographischen Verhältnisse bewirkten diesen Eindruck — nicht nur in Israel.

Der überwältigende Sieg der Israelis, der ihnen das zweifelhafte Attribut von den »Preußen des Nahen Ostens« einbrachte, bewirkte einen Bruch im israelischen Selbstverständnis. Mit der Rolle des Opfers hatte man sich lange Zeit identifiziert. Die Rolle des Eroberers konnten die Israelis nur schwer bewußt annehmen. Im Bericht eines israelischen Soldaten über die Vertreibungen wird dies deutlich:

»Als ich diese Reihen sah, Hunderte, die die Straße entlangpilgerten, armselig, jämmerlich, mit allen möglichen Paketen, die Soldaten mit Gepäck auf dem Rücken, barfuß. . .unter ihnen waren welche, die nur noch mit Mühe und Not sich aufrecht halten konnten. Durstig. Einer pinkelte in seine Feldflasche und trank es aus. Das war kaum zu glauben. Ich schaute nach, ob es Wasser oder Urin war. Es war Urin. Bis jetzt habe ich nur in Büchern so etwas gelesen. Irgendwie hatte ich eine Assoziation, ich dachte an die Trecks der Juden, in Europa und anderswo. Bei kühler Überlegung schreckst du vor diesem Vergleich zurück. Und trotzdem erwacht in deinem Innersten ein Gefühl, daß es mit den Judenausweisungen vergleichbar ist. Dieser Konflikt, glaube ich, dauerte lange: Soll man ihnen helfen?«

Freilich entsprach die Überlegung dieses Soldaten nicht der Art, wie in Israel mehrheitlich der Krieg verarbeitet wurde. Der siegreiche Feldzug hatte vielmehr auch bewiesen, daß der Zionismus aus den Juden wehrhafte und starke Kämpfer gemacht hatte, daß das Trauma der jahrtausendealten Unterdrückung und Unterlegenheit hier ein Ende gefunden hatte. Der Bedrohung durch die Araber hatte man heldenhaft widerstanden — so war der Trend der Meinungen in Israel. Und das war auch die Motivation der Armee gewesen. Ein Unteroffizier meinte gegenüber Amram Ha'yisraeli:

Bis zur Blockade der Meeresengen glaubte ich nicht daran, daß es Krieg geben würde. Nachdem sie jedoch gesperrt worden waren, wurde mir klar, daß er ausbrechen würde. Es war mir auch klar, daß ich, als guter Jude, als guter Israeli, den Krieg bejahen müßte. Andererseits fürchtete ich den Krieg. Es war ein Zögern, es war bedrückend zu spüren, daß der Krieg unvermeidbar sein würde. Und die Angst. Jeden Abend wußtest du, daß man dir am nächsten Morgen sagen könnte: »Es ist soweit, zieh dich an, wir fliegen los.« Wir hatten einige politische Möglichkeiten in Erwägung gezogen, als Abba Eban gefahren war. Bis er zurückkommt, sagten wir uns, wird es nicht losgehen. Wir glaubten, daß jeder Tag der vorletzte vor dem »Letzten Gericht« sein könnte. Jeder Tag, der vorbeiging, war, als hättest du ein Geschenk bekommen.

Ich und auch die anderen hatten noch ein anderes Gefühl vor dem Krieg. Wir kannten die fatale Verantwortung, die wir trugen. Wir wußten, daß die Augen der Armee und des Volkes auf uns gerichtet waren. Wir gingen mit dem Glauben, daß wir in unserem Kampf etwas echt Zionistisches taten. Nicht allein im Kampf, sondern auch in der Art der Ausführung: Wie wir mit Genauigkeit die verschiedenen Einzelheiten ausführen: zielen, im richtigen Winkel hinunterstürzen... im richtigen Augenblick die Bomben lösen. Mit den Mitteln, die wir hatten, war es ein konkreter Weg, den zionistischen Gedanken zu verwirklichen.

Wie sehr der Krieg nicht nur mit der zionistischen Ideologie, sondern auch mit der jüdischen Vergangenheit in der Phantasie der Israelis verknüpft ist, ergibt sich aus vielen Aussagen israelischer Soldaten. Eine große Gefahr für politisches Handeln ergibt sich aus den phantasierten Kontinuitäten von Nationalsozialismus und nationalem Konflikt im Nahen Osten. Durch den Krieg wird psychologisch eine Identität mit einer früheren historischen Situation nahegelegt, im Interesse des Überlebens dann nahezu jede Aktion scheinbar gerechtfertigt. Der israelische Offizier und Kibbuznik Joske wurde nach dem Krieg über seine Anschauungen befragt. Die unhistorische Art der Verknüpfung von Vergangenheit und Gegenwart wird deutlich:

Wir erziehen unsere Söhne tatsächlich dazu, sich freiwillig bei der Kampftruppe zu melden. Wir lehrten sie, an die gefährlichsten Stellen zu gehen. Ich glaube, die Leute erlebten im Krieg Momente der Identität mit sich selbst, die man mit keiner Pädagogik erreichen kann. Wir kennen es ja aus der Geschichte. So entstand das zionistische Werk. So identifizierten sich die Leute mit den Leidtragenden der Pogrome. Das ganze Volk identifizierte sich mit seinem Schicksal bis zur völligen Aufopferung. Heute noch existiert der Wunsch, der Geist dieser sechs Tage möge nie zu Ende gehen. Das sind Empfindungen, die Großes schaffen, die den Menschen aus seinem Alltag heben und von denen man ein Leben lang zehren kann. Es sind Augenblicke, in denen der Mensch auch den Sinn des Opferns besser begreift.

Israel und die arabischen Staaten 1967

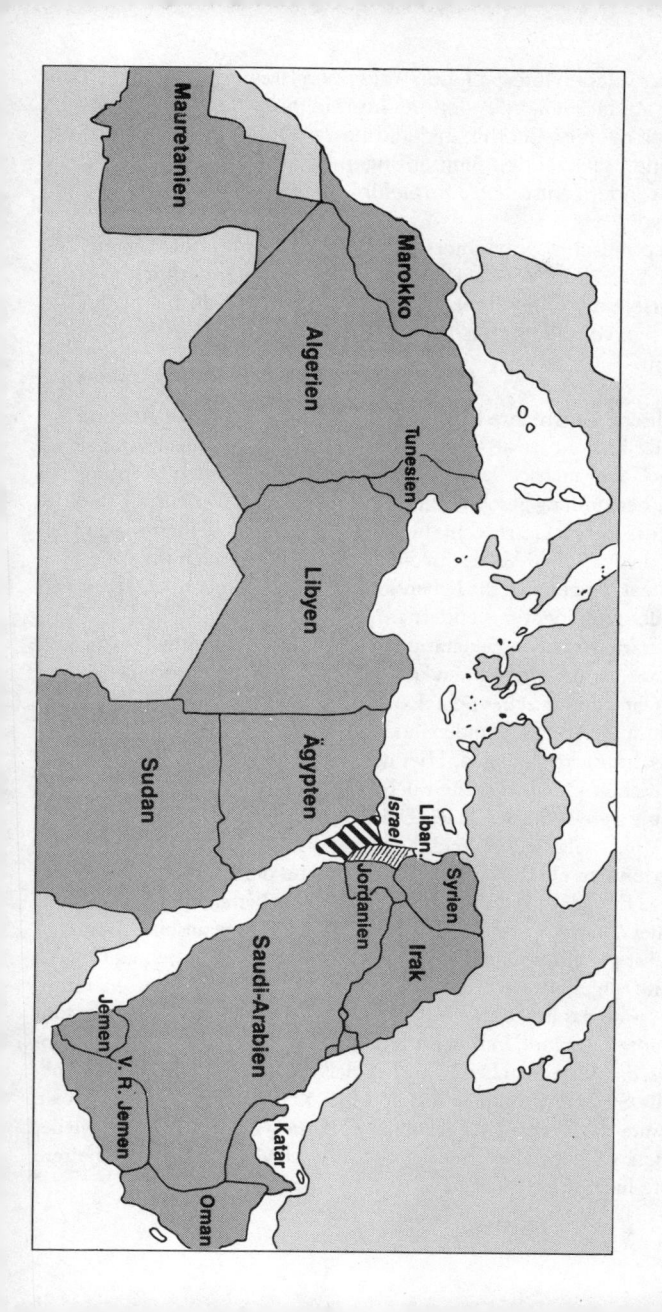

Mit einer solchen Interpretation war es den Israelis möglich, die Erinnerung an die »Schande« der Judenvernichtung wegzuwischen, sich aber gleichzeitig weiterhin in der Rolle des Opfers zu fühlen, obwohl man einen glänzenden Sieg errungen hatte. Das war keine Propaganda, sondern entsprach dem Gefühl der überwältigenden Mehrheit der Israelis.

Viele politische Beobachter in den USA und Europa feierten mit den Israelis. Das Elend der Palästinenser trat erst später deutlicher in das Bewußtsein der Öffentlichkeit. Heinz-Joachim Heydorn ging auf das schwierige Verhältnis zu Israel vor dem Hintergrund des Antisemitismus ein:

Die jüdische Geschichte lehrt, daß die jüdische Existenz tiefer und unheilvoller bedroht ist als die menschliche Existenz schlechthin; sie ist Ausdruck aller menschlichen Bedrohung, so wie sie auch Hoffnung auf deren Überwindung geschichtlich erfahrbar macht. Verhaftung und Befreiung des ganzen Geschlechts bleiben angekettet an Verhaftung und Befreiung des jüdischen Volkes. In diesem Sinne bleibt auch Israel ein jüdischer Staat, mögen sich die Lebensformen seiner Bürger noch soweit von denen des Exiljudentums entfernen.

Immer wieder haben Generationen junger Juden, sei es in der Aussicht auf Emanzipation oder während der Jahre des Aufbaus eines eigenen Nationalstaats, ihr jüdisches Schicksal zu vergessen gesucht, um so zu leben wie alle anderen: Sie wurden und sie werden in dieses ihr jüdisches Schicksal zurückgezwungen. Hier geht es nicht um eine Mystifizierung des jüdischen Geschicks; die nüchterne Empirie belegt über Jahrhunderte eine stete Nähe des Todes. Die Geschichte der Bedrohung des jüdischen Volkes zeigt jedoch nichts anderes als die Geschichte der individuellen und gesellschaftlichen Widersprüche der Menschheit und die bisherige Erfolglosigkeit ihrer Aufhebung in ein befreiendes Bewußtsein. Es ist hier daran zu erinnern, daß Israel, als der Kampf ausbrach, ganz auf sich selbst gestellt war, und es ist, im Gegensatz zu allen Behauptungen, die heute aufgestellt werden, keine Macht der Erde bereit gewesen, einzugreifen, wäre das israelische Volk in einem umgekehrten Krieg von fünf Tagen unterlegen und in Blut ertränkt worden. Post festum sieht alles anders aus, da wußte man bereits vorher, daß die Israelis siegen würden, obwohl die Situation komplex war und ihre Konsequenzen unübersehbar. Aber wäre das Verhängnis gekommen, dann würden wir heute wieder Trauerfeiern veranstalten, wie wir sie für Auschwitz und Belsen abhalten: Der tote Jude ist ein guter Jude.

Nach dem Krieg entstand in der Region ein zermürbender Zustand von »weder Krieg noch Frieden«, der bis 1973 andauerte. Die drei Konfrontationsländer Syrien, Ägypten und Jordanien einigten sich auf ein »dreifaches Nein«: keine Anerkennung Israels, kein Friede, keine direkten Verhandlungen. Verhandlungen mit Israel wären im Urteil der erregten und erbitterten arabischen Öffentlichkeit gleichbedeutend gewesen mit dem Eingeständnis der Niederlage. Dies ließ der Nationalstolz jedoch nicht zu.

Am 22. November 1967 einigte sich der UN-Sicherheitsrat auf eine gemeinsame Resolution, die zwar den Rückzug der israelischen Besatzer aus nicht näher definierten Gebieten forderte, aber auch die Anerkennung des israelischen Staates und seine territoriale Unversehrtheit. In der Entschließung 242 über die Lage im Nahen Osten heißt es:

→ keine Räumung!

Der Sicherheitsrat,
— in Bekundung seiner ständigen Sorge über die ernste Lage in Nahost,
— in Betonung der Unzulässigkeit, Gebiete durch Krieg zu erwerben, und der Notwendigkeit, für einen gerechten und dauerhaften Frieden zu arbeiten, in dem jeder Staat des Gebietes in Sicherheit leben kann,
— in Betonung ferner, daß alle Mitgliedstaaten durch die Annahme der Charta der Vereinten Nationen die Verpflichtung eingegangen sind, in Übereinstimmung mit Artikel 2 der Charta zu handeln,
1. bekräftigt, daß die Erfüllung der Grundsätze der Charta die Errichtung eines gerechten und dauerhaften Friedens in Nahost verlangt, der die Anwendung der beiden folgenden Grundsätze einschließt:
(i) Rückzug der israelischen Streitkräfte aus Gebieten, die während des jüngsten Konflikts besetzt wurden;
(ii) Einstellung aller Behauptungen oder Formen eines Kriegszustandes sowie die Beachtung und Anerkennung der Souveränität, der territorialen Unversehrtheit und der politischen Unabhängigkeit eines jeden Staates in diesem Gebiet und die seines Rechtes, innerhalb sicherer und anerkannter Grenzen frei von Drohungen und Akten der Gewalt in Frieden zu leben;
2. bekräftigt ferner die Notwendigkeit,
a) die freie Schiffahrt auf den internationalen Wasserstraßen des Gebietes zu garantieren;
b) eine gerechte Regelung des Flüchtlingsproblems zu verwirklichen;
c) die territoriale Unversehrtheit und die politische Unabhängigkeit eines jeden Staates in dem Gebiet durch Maßnahmen sicherzustellen, zu

denen die Schaffung entmilitarisierter Zonen zählt;
3. ersucht den Generalsekretär, einen Sonderbeauftragten zu ernennen, der sich nach dem Nahen Osten begeben soll, um dort mit den betroffenen Staaten Verbindung aufzunehmen und zu unterhalten, damit ein Abkommen begünstigt wird und Bemühungen unterstützt werden, um eine mit den Bestimmungen und Grundsätzen dieser Entschließung übereinstimmende friedliche und allgemein anerkannte Lösung zu finden;

ersucht den Generalsekretär, dem Sicherheitsrat so bald wie möglich über den Fortschritt der Bemühungen des Sonderbeauftragten zu berichten.
Abstimmungsergebnis: Einstimmige Annahme.

Israel räumte die besetzten Gebiete trotz der UN-Resolution nicht. Aufgrund der Erfahrungen mit der Brüchigkeit internationaler Garantien schon bei der Suezkrise 1956 — damals hatten die UN-Sicherheitstruppen unter dem Oberbefehl von Generalsekretär UThant auf ägyptisches Drängen hin den Sinai geräumt — bestand Israel auf direkten vertraglichen Abmachungen mit den arabischen Staaten. Da diese direkte Verhandlungen ablehnten, behielt Israel die besetzten Gebiete als Faustpfand. Ihre Politik betrieben die Israelis vor allem unter dem Gesichtspunkt der strategischen Sicherheit. Bezüglich der inneren Sicherheit bedeutete die Eroberung der von Arabern bewohnten Gebiete allerdings ein erhebliches Risiko. Mit diesem vergrößerten Territorium veränderte sich die demographische Struktur des Staates.

Ziel des Zionismus war immer gewesen, einen jüdischen Staat mit einer jüdischen Bevölkerungsmehrheit in Palästina zu errichten. Nach der Eroberung des Westjordanlandes, der Golanhöhen und des Gazastreifens war über eine Million feindlicher Araber unter israelische Herrschaft gekommen. Noch während der Siegesfeiern begannen die Kontrollen und Patrouillen, die auch heute das Straßenbild in Israel bestimmen. Autos wurden angehalten und nach Waffen durchsucht, arabische Passanten verhört. Ein Drittel der unter israelischer Oberhoheit lebenden Menschen waren nun palästinensische Araber. Im eroberten arabischen Teil Jerusalems saßen bewaffnete Soldaten auf den Dächern; Soldaten mit geschulterten Maschinenpistolen störten die Würde der heiligen Stätten wie der Omar-Moschee oder der Westmauer. Man fürchtete Anschläge arabischer Fedayin. Mitglieder der el-Fatah hatten ihren Widerstandskampf bald nach dem Krieg angekündigt. Mit der Besatzung der eroberten Gebiete und vor allem mit der Annexion Ostjerusalems hatte die israelische Regierung die palästinensische Bevölkerung tief getroffen. Und nicht nur das: die Annexion bedeutete auch einen Verstoß gegen das internationale Völkerrecht, das die Annexion fremder Territorien untersagt. Für die Palästinenser war Jerusalem eine Heilige Stadt, ob sie Moslems waren oder der relativ großen Gruppe von Christen unter der palästinensischen Bevölkerung angehörten.

Während die israelischen Juden die Wiedervereinigung der ihnen ebenso heiligen Stadt feierten, erlebten die Palästinenser »noch einmal die Tragödie, die meine Jugend beherrschte«, wie die Journalistin Raymonda Tawil schrieb. Sie war mit ihrer Familie zweimal vor den Israelis geflohen. 1948 aus der Hafenstadt Akko und 1967 aus dem Westjordanland.

Dem israelischen Schriftsteller Amos Oz wurde in Jerusalem deutlich, wie sich die Stadt durch den siegreichen Sechs-Tage-Krieg verändert hatte. Seinen Essay nannte er: Eine fremde Stadt. Darin schrieb er:

Ich wurde in Jerusalem geboren und verbrachte dort meine Kindheit. Als ich neun Jahre alt war, erlebte ich die Belagerung und die schweren Angriffe auf Jerusalem. Damals sah ich zum erstenmal einen Toten. Ein Granatsplitter von Artilleriegeschossen der arabischen Legion in Nebi Samuel traf den Mann und zerschmetterte ihm den Bauch. Ich sah ihn auf der Straße liegen. Er war klein, mit einem dünnen Bart am Kinn. Sein Gesicht war bleich und erstaunt. Das war im Juli 1948. Lange Zeit haßte ich diesen Mann, denn er tauchte nachts immer wieder in meinen Träumen auf und erschreckte mich. Ich wußte, Jerusalem war von Truppen umzingelt, die unser Leben auslöschen wollten.

Später verließ ich Jerusalem. Ich liebte die Stadt immer noch. Sie hat Gassen, die mich noch kennen, obwohl sie sich fremd geben. Jerusalem war die Negation aller weißgetünchten Blockhaussiedlungen. Sie lag fern von den Ebenen der Plantagen, von den heckenumrandeten Gärten, von den roten Dächern und den in der Sonne funkelnden Bewässerungsrohren. Sogar das Hellblau Jerusalems im Sommer war anders. Die Stadt nahm niemals den weißen, staubbedeckten Himmel der Ebene und des Sharons an. Eine verschlossene Stadt. Winterlich. Auch im Sommer. Gitter aus verrostetem Eisen. Grauer Stein, der manchmal hellblau, manchmal rötlich wirkt. Zerfallene Zäune. Felsen. Höfe, die von mürrischen Mauern umschlossen sind.

Und die Bewohner: ein schweigsames Volk, das immer seine innere Angst zu überwinden scheint. Fromme Leute, Ashkenasim-Juden europäischen Ursprungs — mit ihren Pelzhüten und Sefardim — orientalische Juden — in ihren gestreiften Kitteln.

Feingliedrige Gelehrte, die wie verloren durch die Straßen irren. Verträumte Mädchen. Blinde Bettler, stumm oder fluchend.

Seit zwanzig Jahren widersteht Jerusalem dem Rhythmus der modernen Zeit. Eine hüglige, alte, verbannte Stadt in munter bebauten Ebenen, die vor überschäumender Energie zu platzen scheinen. Eine melancholische Hauptstadt eines lebensbejahenden Staates. Und man erstickt.

Es gab aufgerissene Straßen, die sich in versperrten Gassen verloren. Barrikaden aus Beton und verrostetem Stacheldraht. Eine Stadt voller Sackgassen. Eine Stadt, die nachts von dem Klang fremder Glocken umgeben ist, von fremden, fernen Aussichten. Ein Ring feindlich gesinnter Dörfer hatte sie von drei Seiten umschlossen: Shaafat, Vadi Juz, Yssawyia, Silvan Azaryia, Zur-Bahar Beth-Zafzafa. Es schien, als müßten sie nur ihre Hand zusammenballen, und die Stadt würde zermalmt. In den Winternächten konnte man spüren, wie von dort bösartige Absichten herüberdrangen.

Es gab auch Angst in Jerusalem. Eine innere Angst, die nicht erwähnt werden durfte. Doch sie sammelte und verkrustete sich in den gekrümmten Gassen und in den verlassenen Eingängen.

Die Stadtväter, die Machthaber, die Volkssiedlungen, die neugepflanzten Haine, die Ampeln, sie alle wollten Jerusalem verführen, sich im israelischen Staat zu assimilieren, doch es gab nicht nach. Zwanzig Jahre alt.

Ich liebte Jerusalem, weil ich da geboren bin. Ich wohne nicht mehr dort, doch in meinen Träumen gehöre ich der Stadt und bin in ihrem Bann. Ich sah sie und mich von Feinden umzingelt, sah sie in die Hände dieser Feinde fallen, zerstört, ausgeplündert und verbrannt, wie in den Kindheitserzählungen, wie in der Bibel. Und auch ich, ohne ein Versteck zu finden, wurde im Jerusalem meiner Träume in Ketten geschlagen.

In meiner Kindheit hat man mir viel von der Belagerung Jerusalems erzählt. Immer endeten die Geschichten mit der Verbrennung der Stadt und den ermordeten Kindern. Sanherib, Titus, Kreuzritter, Pogrome, Banden, Militärbesatzung, der Hochkommissar, Razzia, Ausgangssperre, der Wüstenkönig Abdullah, die Kanonen der Legion, die Karawane zum Skopusberg, die Karawane nach Gush-Etzion, eine aufgehetzte Menschenmenge, blutrünstige Wilde... Immer gehörte ich zu den Minderheiten, zu den Belagerten. Wie immer, wird auch jetzt die Stadt gestürmt. Wir werden in ihr sterben, wie der kleine Jude, der mit bleichem, erstaunten Gesicht auf der Straße lag, als hätte man ihn schwer beleidigt.

Nachdem Jerusalem von der Belagerung befreit war, blieb die Grenzlinie mitten in der Stadt. Meine ganze Kindheit verbrachte ich in der Nähe verbotener Straßen und toter Gassen. Niemandsland, verminte Böden. Verzweifelt ragten Stahlarme aus den Steinruinen empor. Und auf der anderen Seite war immer das andere Jerusalem. Die Stadt, die meine Stadt umschließt. Aus ihr drangen fremde Stimmen und Düfte herüber. Eine feindliche Stadt, der die Alpträume gelten. Es gab verschwommene Erinnerungen aus meiner frühen Kindheit, Erinnerungen an bunte Gassen in der Altstadt, der bogenförmige Eingang zur Mauer, ein arabischer Mandatspolizist, Verkaufsstände, das Gewirr schreiender Farben. Doch häufiger denke ich an die Bedrohung von drüben. Ich erinnere mich an Spaziergänge am Abhang der Straßen Musrarras, bei Sonnenuntergang, bis ans Ende des Niemandslandes. Oder an den Blick hinüber vom Schnellerwald aus. An verbotene Landschaften von Abu-Tur aus, der zertrümmerte Notre-Dame-Platz, die Türme Bethlehems gegenüber des Hains von Ramat-Rahel, verwüstete Hänge bis zur Talpiotsiedlung, in der Ferne der Schein des Toten Meeres, Felsenschluchten im Morgengrauen.

Am Sonntag, dem 11. Juni 1967, besuchte ich das Jerusalem jenseits der Grenze. Ich kam zu den Orten, die für mich im Laufe der Zeit und der Träume zu versteinerten Symbolen geworden waren.

Jetzt ist die Stadt anders. Verlassene Winkel auf den Abhängen sind zu pulsierenden Zentren geworden. Die Bagger bahnten neue Wege durch die Ruinen. Eine Menge Orthodoxer, Soldaten in Kampfanzügen, erstaunte Touristen, anmutige Frauen aus den Küstenstädten, alles zog nach Osten. Jerusalem war überflutet. Es herrschte eine feierliche Freude.

Ich war drei Tage nach der Eroberung in Ostjerusalem. Ich kam direkt aus El-Arish im Sinai, in Uniform umd mit einer Maschinenpistole. Ich wurde nicht dazu geboren, das Shofarhorn zu blasen oder das Land von fremdem Joch zu befreien. Ich kann das Stöhnen der Menschen hören, doch kann ich nicht das »Stöhnen versklavter Erde« wahrnehmen. In den Träumen meiner Kindheit kamen uniformierte Araber, mit Maschinenpistolen bewaffnet in die Straße, in der ich in Jerusalem wohnte, um mich zu töten. Vor zweiundzwanzig Jahren stand an einer Mauer, nicht weit von unserem Haus: »Juda fiel durch Blut und Feuer, durch Blut und Feuer wird es auferstehen.« Einer der Untergrundkämpfer hatte in der Nacht diese Losung in roter leuchtender Farbe dorthin geschrieben. Wenn ich je etwas über diesen Krieg schreibe, werde ich von Eiter, Schweiß und Erbrechen, doch nicht von Blut und Feuer berichten.

Mit meiner ganzen Seele versuchte ich, mich in Jerusalem als ein Mann zu fühlen, der seine Feinde verbannt hatte und ins Land seiner Vorfahren zurückgekehrt war. Auch die Bibel belebte sich: Propheten, Könige, der

Berg des Tempels, das Denkmal Absaloms, der Ölberg. Und auch an die Stadt aus *Gestern und vorgestern* von Agnon. Ich wollte daran teilhaben, dazugehören.

Wenn nur nicht die Menschen dagewesen wären!

Ich sah Feindschaft und Aufbegehren, Schmeichelei, Angst, Kränkung und Hinterhältigkeit. Ich bewegte mich in den Straßen Ostjerusalems wie ein Mann, der einen verbotenen Ort betritt. Es war beklemmend.

Meine Geburtsstadt, die Stadt der Sehnsüchte meiner Vorfahren, und meines Volkes. Und ich war verurteilt, mit einer Maschinenpistole bewaffnet in ihren Straßen wie eine Gestalt aus meinen Alpträumen herumzulaufen, ein fremder Mann in einer sehr fremden Stadt.

# Sieger und Besiegte 1967 — 1973

Nach der Eroberung zusätzlicher Gebiete Palästinas kam es der israelischen Regierung darauf an, die Besatzung festzuschreiben. Um jeglichen Widerstand im Keim zu ersticken, ergriff die Regierung gleich nach dem Krieg scharfe Sicherheitsvorkehrungen. Es galt, die Palästinenser »unter Kontrolle zu halten«. 600 000 lebten auf der Westbank, 350 000 im Gazastreifen und auf der Sinaihalbinsel, 70 000 in Ost-Jerusalem. Ausgangssperren wurden zunächst für Tag und Nacht erlassen. Auch wenn sich die Dauer der Sperrstunden mit der Zeit verkürzte, so verhinderten die Israelis weiterhin jegliches politische Leben und jede Art von Widerstand gegen die Unterwerfung, gleichgültig wie passiv der Widerstand auch war. Stumme Demonstrationen zum Gedenken der Kriegsopfer, Flugblätterverteilen oder das Lesen verbotener Zeitungen — all das waren »Vergehen«, die die israelischen Besatzer scharf ahndeten. Eltern, die ihrem Sohn, oder Schwestern, die ihrem Bruder halfen, den man feindlicher Tätigkeit gegenüber der israelischen Regierung verdächtigte, oder Leute, die einer unliebsamen Person Wasser, Brot und Obdach gewährten, wurden zu schweren Strafen verurteilt. Das Zerstören von Häusern diente der israelischen Besatzungsmacht in der Region als Strafmaßnahme. Im Siegestaumel der Israelis war untergegangen, daß Gebietsgewinn eigentlich nicht das Ziel des Zionismus gewesen war. Zwar war den Israelis die Einnahme Ostjerusalems Herzenssache gewesen, doch der Gazastreifen und das Westjordanland mit den Massen der ansässigen Araber bedeuteten ein erhebliches Sicherheitsproblem für die Juden in Israel. Wozu diese neue Situation führte, beschrieb der israelische Publizist Amos Elon:

Es gibt natürlich zahlreiche äußere Anzeichen des Krieges, die niemand übersehen kann. Die Frontlinien am Jordan und längs des Suezkanals, wo es jederzeit wieder zu einer Schlacht kommen kann, sind für Zivilisten gesperrt, aber das drohende Echo von Artilleriegefechten grollt immer über weite Strecken einer scheinbar friedlichen Landschaft. Die Straßen der Städte werden von einer großen Zahl junger Männer und Frauen in Uniform beherrscht. Die Landstraßen wimmeln von Soldaten in voller Bewaffnung, die per Anhalter zur Front oder von der Front fahren. Auf den Autobahnen müssen die Autos immer wieder an Polizeisperren anhalten, wo sie nach verdächtigen Arabern durchsucht werden. Am Eingang von Kinos und Theatern werden Damenhandtaschen und Aktentaschen von Polizisten nach Sprengkörpern durchsucht. Gefährlich aussehende Eisenstangen, Stachel- und Stolperdrahtzäune umschließen das Gelände der Hebräischen Universität von Jerusalem und an hohen Festtagen sogar die Klagemauer zum Schutz gegen Saboteure. Vor 1967 wurde der Krieg am härtesten in den Grenzsiedlungen empfunden. Nach 1967 war das immer noch so, aber nun griff die tödliche Hand des Krieges in Form von Sabotage und Bombenanschlägen auch nach den Zentren des zivilen Lebens mitten im Land — nach dem Supermarkt, dem Studentencaf, der überfüllten Busstation, der Wohnstraße, dem Kino oder dem offenen Straßenmarkt.

Ruhe kehrte auch in den besetzten Gebieten nicht ein. Israel war mit allen Problemen einer Besatzungsmacht konfrontiert, die die Militärverwaltung, der Sonderstatus der Bevölkerung und die Sicherheitsmaßnahmen mit sich brachten. Die israelische Regierung versuchte, die palästinensische Bevölkerung für sich zu gewinnen, indem sie die wirtschaftliche Situation ganz erheblich verbesserte. In enger Zusammenarbeit mit israelischen Agraringenieuren, Industrie- und Verkehrsplanern gelang es innerhalb der ersten drei Nachkriegsjahre, den Verkaufswert der Ernte nahezu zu verdoppeln. Freilich erweckte Israel mit diesen Entwicklungsprogrammen sogleich den Verdacht, durch eine Quasi-Regierung in den besetzten Gebieten eine Politik der vollendeten Tatsachen zu betreiben. Den Widerstand der palästinensischen Bevölkerung gegen die fremden Besatzer konnte sie durch diese Maßnahmen nicht unterdrücken.
Beispiele von Protestaktionen und -formen 1968/69
1968
Januar: In Nablus und Hebron formieren sich Komitees gegen die Verhaftung von Einwohnern der Westbank.

Februar: Protestschrift an das israelische Verteidigungsministerium, den Generalsekretär der UN und das Rote Kreuz mit Unterschriften von 300 Frauen aus der Westbank und dem Gaza-Streifen.
Juni: Demonstrationen in Ramallah und Nablus, Laden- und Geschäftsstreiks in Nablus und Tulkarem.
August: Demonstrationen von 200 Frauen in Nablus gegen die Annexion von Ost-Jerusalem und die Verhaftungen von Einwohnern der besetzten Gebiete.
September: 500 Schülerinnen demonstrieren in Nablus gegen die Häuserzerstörungen durch die israelische Besatzungsmacht.
Oktober: Schulstreik und Demonstration von mehr als 1 000 Schülern in Nablus, sowie in Kalkilia, Ramallah und Al Bireh.
November (Jahrestag der Balfour-Deklaration): Demonstrationen in mehreren Städten der Westbank, auch im Süden. Ende des zweimonatigen Schulstreiks in Nablus.

1969
Februar: Schulstreiks in Ramallah und Nablus, an einzelnen Tagen auch in Jenin, Bethlehem und Tulkarem. Demonstrationen in Nablus, Ramallah, Al Bireh, Kalkilia, Tulkarem, Bir Zeit und Jenin. Geschäftsstreiks in Nablus. Sitzstreiks von 200 Mädchen in Ramallah. Demonstration von 400 Schülerinnen in Bethlehem.
März: Große Demonstrationen (mit 1 000 Teilnehmern) in Nablus. Sit-in-Demonstration von 400 Frauen in Nablus.
April: Schulstreik in Nablus dauert an.
Mai (israelischer Unabhängigkeitstag): Schul- und Geschäftsstreiks in Nablus, Tulkarem, Kalkilia, Bethlehem und Hebron.
Juni (Jahrestag des Juni-Krieges): Generalstreik in Nablus.
August: Demonstrationen und Generalstreik in der Westbank.
September: Demonstrationen und Schulstreiks in Nablus und Jenin.
Oktober: Schulstreiks in Nablus.

Nicht nur innenpolitisch sah sich Israel neuen schweren Problemen gegenüber, die sich aus der Eroberung der fremden Gebiete ergaben. Die neuen Grenzen nach 1967 waren für Tel Aviv nicht sicherer als die alten; im Gegenteil, der Schutz der Gebiete kostete Israel ein enormes Mehr an Finanzen, Material und Menschen. Dazu bewirkte die hartnäckige Weigerung Israels, einen der internationalen Beschlüsse anzunehmen und zu befolgen, eine zunehmende politische Isolierung des Landes. Die Entschließungen der UNO gegen Israel häuften sich bald; mittlerweile ist Israel das am häufigsten verurteilte Land unter allen UN-Mitgliedsstaaten geworden. Der Sechs-Tage-Krieg hatte die Weltöffentlichkeit wieder auf das Schicksal des palästinensischen Volkes aufmerksam gemacht, das lange Zeit schon vergessen war. Der neue Flüchtlingsstrom und der einsetzende Widerstandskampf der Palästinenser führten den Nahostkonflikt wieder auf sein originäres Problem zurück: die Vertreibung der Palästinenser bei der Errichtung des Staates Israel.

Doch israelische Politiker und Militärs arbeiteten weiter an der Festschreibung der Besatzung. Vor allem in den Golanhöhen und der Westbank errichteten die Israelis unzählige Siedlungen, die einerseits als Sicherheitsdörfer fungieren und andererseits das Land »judaisieren« sollten. Durch dieses »jüdisch-machen« konnte die Präsenz verfestigt werden. Schon seit Beginn der zionistischen Besiedlung Palästinas war diese Taktik der Landaneignung verfolgt worden, mit Hilfe von Geld und von Waffen.

Über die eroberten Gebiete wurde in Israel bald so geredet, als gehörten sie zum Staatsgebiet Israels. Die Baniasquellen, der Berg Hermon, die endlosen Strände der Sinaihalbinsel am Roten Meer wurden beliebte Ausflugsziele für das Wochenende.

Dabei bestaunte man die neuen Kibbuzim und Siedlungen, die wie Pilze aus dem Boden emporsprossen. Über die Schönheiten der Landschaft und die archäologischen Schätze, die dort vielleicht vergraben waren, wurde leidenschaftlich gesprochen, doch über die ansässigen Araber schwieg man sich aus. Sie wurden von der Bevölkerung schlichtweg nicht zur Kenntnis genommen.

Die neuen Siedlungen entstanden vielfach auf arabischem Boden, den die Militärregierung kurzerhand enteignete. Für die von der Landwirtschaft lebenden Palästinenser bedeutete das nicht nur den Verlust ihrer Heimat, sondern auch den ihrer Existenzsicherung. Ein palästinensischer Würdenträger aus der Westbank berichtete:

Ich habe unter drei fremden Besatzungen gelebt — der türkischen, der englischen und jetzt der israelischen. Von den dreien regiert das israelische Regime mit der leichtesten Hand, und doch ist es am schwersten zu ertragen. Unter dem ottomanischen Regime wurden, wenn es zu einer Rebellion oder zu Unruhen kam, Galgen von hier bis nach Jericho errichtet. Auch die Briten waren nicht abgeneigt, bei Gelegenheit die Führer von Aufständen zu hängen. Aber die Israelis wenden selbst bei Mördern nicht die Todesstrafe an. Und doch sind sie unsere schlimmsten Feinde, und wir fürchten sie mehr als alle anderen. Warum? Die Antwort ist ziemlich leicht. Die türkischen Sultane regierten diese Gegend hier 400 Jahre lang. Sie führten hohe Steuern ein, sie waren oft ungerecht und grausam — aber sie rührten unser Land nicht an. Die Briten hielten ihr Mandat dreißig Jahre lang aufrecht. Und auch sie rührten unser Land nicht an. Aber die Israelis beschlagnahmten nur vier Monate nach ihrem Einmarsch in unser Territorium im Juni 1967 sechstausend Dunam Land, das uns gehörte und das wir viele Generationen hindurch bearbeitet haben. Sie haben es weggenommen, um ein jüdisches Dorf zu errichten...

Diese usurpatorische Besatzungspolitik dauert bis heute an. Die deutschen Publizisten Jan Metzger, Martin Orth und Christian Sterzing verbrachten längere Zeit im Rahmen der Aktion »Sühnezeichen« in Israel und den besetzten Gebieten. In ihrem Buch über die Situation in den besetzten Gebieten schilderten sie die »täglichen Kleinigkeiten« für die palästinensische Bevölkerung:

Für alle im Taxi scheint es ein gewöhnlicher Vorgang zu sein: Zwischen Jerusalem und Ramallah ist kurz hinter dem Gelände des Flughafens die erste Straßensperre. Ein Panzerwagen steht quer auf der Fahrbahn, davor eine doppelte Reihe langer, nach oben gekehrter Nägel und auf einem Schild die warnende Hand: »Halt! Polizei!«. Jedes Auto hält. Die israelischen Soldaten sind jung, stehen lässig herum und baumeln mit ihren Maschinenpistolen. Ein paar sitzen um die Panzerwagen und ruhen sich bei einer Zigarette aus. Die Aufgabe der Posten ist es, alle vorbeikommenden Fahrzeuge zu kontrollieren. Je nach Situation, Temperament und Laune des Soldaten geht das entspannt mit einem gelegentlichen Lächeln ab, wortlos oder unter Flüchen und Beschimpfungen. Heute ist es ein Wortloser. Die Palästinenser, die mit uns im Taxi sitzen, reichen ihre abgegriffenen Ausweise zum Fenster hinaus. Sie schweigen ebenfalls; was ist schon zu sagen? Der Soldat blättert routiniert, wahrscheinlich sieht er nach, ob in die Papiere eine israelische Arbeitserlaubnis eingestempelt ist. Nur bei unseren westdeutschen Pässen stutzt er einen Moment. »Wo fahren Sie hin?« — »Nach Ramallah, Freunde besuchen.« Er reicht den Ausweis zurück, der Fahrer läßt seinen Mercedes-Diesel wieder anrollen, lenkt den Wagen vorsichtig durch den schmalen Durchlaß zwischen den Nägeln. Auf der anderen Seite kontrollieren die Soldaten einen Bus, der auf dem Weg nach Jerusalem ist. Alle Leute müssen aussteigen, sich in einer Reihe aufstellen, die Ausweise in den Händen. Inzwischen geht ein Soldat durch den Bus und wirft einen Blick auf das Gepäck.

Der Presseoffizier des Militärgouverneurs erklärt, als er uns im Pressehaus in West-Jerusalem empfängt, die Prozedur aus seiner Sicht: Die Kontrollen verhinderten, daß Waffen und Sprengstoff nach Israel gebracht und dort Anschläge verübt werden. Insofern dienten sie der Sicherheit aller. In der israelischen Presse findet sich gelegentlich eine andere Version: Die Kontrollen hätten vor allem eine psychologische Funktion. Sie zeigten den Leuten in den besetzten Gebieten, daß sie alle die Konsequenzen für Angriffe auf israelische Bürger zu tragen hätten. Deshalb werden die Kontrollen nach Anschlägen in Israel jedesmal drastisch verschärft.

Der nach 1967 verstärkte Kontakt zwischen jüdischen Israelis und Palästinensern führte also nicht zu einer größeren Gewöhnung aneinander oder gar zu ersten Anzeichen der Sympathie. Die Palästinenser litten unter der Schande der Niederlage und der Unterdrückung; die Israelis wollten unter sich bleiben. Der sich vorwiegend mit Entwicklungspolitik befassende Hans Henle berichtete über eine Meinungsumfrage, die den handfesten Rassismus in der jüdisch-israelischen Bevölkerung auswies:

Eine im Winter 1970/71 durchgeführte Meinungsumfrage, deren Ergebnisse Reuter verbreitete, zeigte, daß 23 Prozent aller Israelis es als unerträglich empfinden würden, wenn ein Araber in einem Restaurant mit ihnen am gleichen Tisch säße, 26 Prozent, wenn sie mit einem Araber zusammen arbeiten müßten, 49 Prozent, wenn eine arabische Familie in der Nachbarschaft lebte, 54 Prozent, wenn ihre Kinder von einem arabischen Lehrer unterrichtet würden, 74 Prozent, wenn ihre Kinder sich mit arabischen Kindern anfreunden würden und 84 Prozent, wenn ein Verwandter eine Araberin heiratete.

Auch das Verhältnis von europäischen und orientalischen Juden innerhalb Israels war nicht ungetrübt. Im Parlament von 1969 bis 1974 waren nur 20 % der Abgeordneten Kinder von Einwanderern aus orientalischen Ländern. Im Jahre 1970 war aber immerhin die Hälfte der jüdisch-israelischen Bevölkerung orientalischen bzw. afro-asiatischen Ursprungs. Auch in der Armee gab es 1970 keinen einzigen Offizier orientalischer Herkunft, dem es gelungen war, einen der beiden höchsten Ränge zu erreichen. Doch der Rassismus innerhalb der jüdischen Gesellschaft hat eine andere Ursache als der Rassismus gegenüber der arabischen Bevölkerung. Die orientalischen Juden werden in Israel geringer geschätzt, weil das Land europäischen Vorbildern in Wirtschaft, Politik und Kultur nachzustreben versucht. Der kulturelle Hintergrund der Orientalen, ihre soziale Situation und ihre Bildung paßt nicht zum Eurozentrismus der Gründergeneration. Den Arabern gegenüber ist man rassistisch eingestellt, nicht weil sie nicht gebildet, nicht reich oder nicht europäisch genug wären, sondern weil sie keine Juden sind und deshalb nicht in den Grenzen des zionistischen Staates leben sollten.

## Israel und die Großmächte

Die Regierungen der USA und der Sowjetunion versuchten auch nach dem Junikrieg, ihren Einfluß im Nahen Osten zu sichern. Ägypten erhielt sofort nach der Niederlage bedeutende militärische Aufrüstungshilfe von den Sowjets. Ab 1969 konnte der wieder in sein Amt zurückgekehrte Nasser einen kostspieligen »Abnutzungskrieg« am Suezkanal führen, der allerdings keine politischen Veränderungen bewirkte.

Im Juni 1970 tat sich die amerikanische Regierung mit einer Friedensinitiative hervor, die unter dem Namen *Rogers-Plan* allgemein bekannt wurde. Sie brachte nicht viel Neues: Grundlage war die Resolution 242 der UNO und schlug die sofortige Feuereinstellung und die Aufnahme von Verhandlungen über einen Waffenstillstand vor. Überraschenderweise stimmten die israelische und die ägyptische Regierung unter dem Druck der Großmächte zu. Am 8. August 1970 trat am Suezkanal eine vorläufige Waffenruhe ein.

Die palästinensischen Organisationen betrachteten diese Einigung als Verrat an ihrer Sache. Die Fatah verurteilte den Plan, weil er die nationalen Rechte des palästinensischen Volkes nicht berücksichtigte. Die linksextreme, zahlenmäßig sehr kleine *Volksfront zur Befreiung Palästinas* (PFLP) unter Führung des Palästinensers George Habash wollte eine sozialistische Revolution im ganzen arabischen Raum erreichen — ungeachtet der sehr verschiedenen Probleme der einzelnen arabischen Länder — und betrachtete alle arabischen Regierungen als Verräter der arabischen Einheit.

Stellungnahme der el-Fatah zum Rogers-Plan vom 18. August 1970

Gewisse Rundfunksendungen und Nachrichtenagenturen haben versucht, die Haltung der palästinensischen Revolution in Zweifel zu ziehen und ihre Gruppen gegeneinander auszuspielen. Fatah hat nicht im entferntesten daran gedacht, den Rogers-Plan oder andere Auflösungspläne in Erwägung zu ziehen. Fatah und alle Gruppen der Revolution lehnen die

Resolution des Sicherheitsrates, den Rogers-Plan und jeden anderen Auflösungsplan kategorisch ab. Der Palästinensische Nationalrat, der alle Gruppen der palästinensischen Revolution und des palästinensischen Volkes vertritt und Ende des Monats zusammentreten soll, wird nicht zusammentreten, um den Rogers-Plan zu erörtern. Er wird vielmehr zusammentreten, um Mittel zur Vereitelung dieses Planes und jedes anderen Auflösungsplanes und Mittel zur Stärkung der palästinensischen Revolution in all ihren Gruppen zu erörtern, um ihr Weiterbestehen zu sichern und die Liquidation der palästinensischen Sache zu verhindern. Fatah wird Seite an Seite mit allen ehrlichen und kämpfenden Kräften ihren Kampf fortsetzen, um durch die vollständige Befreiung unseres usurpierten Landes den Sieg zu erringen. Die Revolution kämpft bis zum Siege.

Stellungnahme des Chefs der PFLP, George Habash, zum Rogers-Plan vom 26. Juli 1970 (Auszug):

Wir legen Wert darauf, der Welt mitzuteilen, daß wir bereit sind, unsere Kraft und jede Kugel, die wir haben, zu benutzen, um diesen Teil der Welt für unseren Feind und alle Kräfte, die die Bestrebungen unseres Volkes vernichten wollen, zur Hölle zu machen. Die Annahme des amerikanischen Friedensvorschlages bedeutet die Auflösung des palästinensischen Widerstandes. Wir sind entschlossen, all unsere Kraft und unsere Hilfsquellen einzusetzen, um jeden Versuch zur Herbeiführung einer friedlichen Lösung zu vereiteln. Wir werden dieses Gebiet in ein zweites Vietnam verwandeln. Keine arabische oder fremde Macht kann uns aufhalten. In der Vergangenheit wurden sechs Versuche gemacht, die palästinensische Revolution zu vernichten; aber alle mißlangen. Ich bin sicher, daß wir über jeden neuen Versuch triumphieren werden. Es ist nicht leicht, unsere Revolution zu vernichten, weil unsere arabischen Massen entschlossen sind, bis zum Ende zu kämpfen.

## Die Palästinenser rüsten zum Kampf

Für die palästinensische Befreiungsbewegung hatte sich nach dem Junikrieg die politische Ausgangsposition positiv verändert. Zwar waren die israelischen Militärs scharfe Bewacher, doch hatte dafür der jordanische König auf der Westbank praktisch keine Einflußmöglichkeit mehr. Hussein hatte den Kampf der Palästinenser immer wieder unterminiert, da er um seine eigene Vorherrschaft fürchtete. Die Palästinenser waren trotzdem zu einer zweiten Macht im Staate Jordanien geworden. Jetzt hatten sie zumindest auf der Westbank Ruhe vor den Jor-

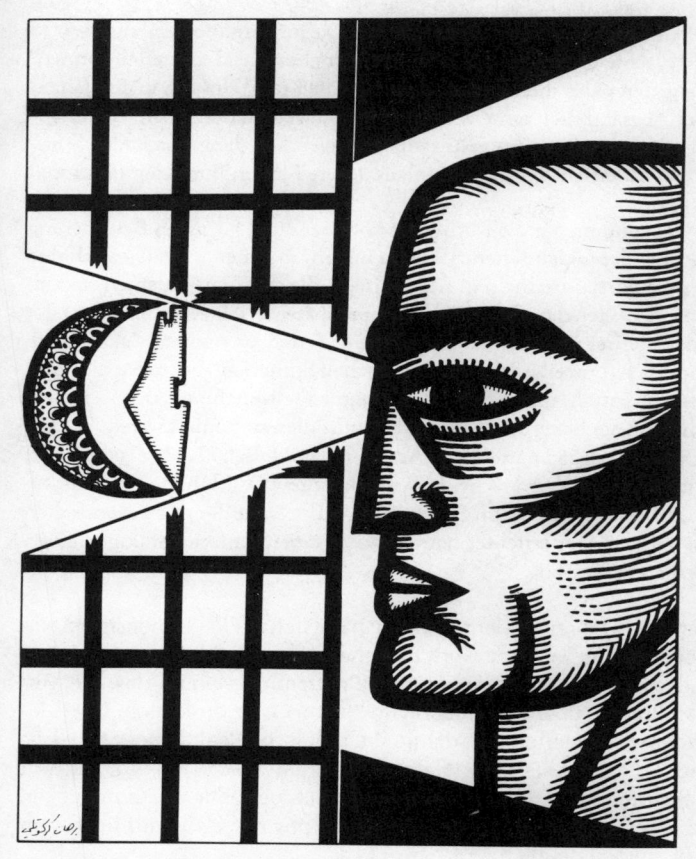

Burhan Karkutli stellt das Verlangen seines Volkes nach einem arabischen Palästina dar.

daniern; vor allem, da das im Junikrieg schwer geschädigte jordanische Königreich nicht guten Gewissens den Kampf gegen den gemeinsamen Feind sabotieren konnte.

Abu Ijad berichtete über jene Zeit:

Das Debakel des Sechs-Tage-Krieges eröffnete für die Ausweitung unserer

Befreiungsbewegung neue Perspektiven. Die jordanische Regierung war zu sehr geschwächt, um sich unserem Unternehmen widersetzen zu können. Die vielen palästinensischen Patrioten, die König Hussein in den Jahren vor Kriegsausbruch hatte verhaften lassen, wurden nun auf freien Fuß gesetzt. Vor allem erlaubte er uns stillschweigend, entlang dem Jordan Stützpunkte zu errichten, von denen aus unsere Fedajin ihre Angriffe starten sollten.

Wir konnten auf die Mithilfe sowohl der einheimischen Bevölkerung als auch der jordanischen Soldaten zählen, zu denen wir ausgezeichnete Beziehungen unterhielten. Die Offiziere, die aus Transjordanien stammten — es waren dieselben, die zwei Jahre später an der Abschlachtung der Palästinenser beteiligt waren —, erleichterten uns unsere Aufgabe beträchtlich. Dasselbe galt für die irakischen Einheiten, die zu spät die Front erreicht hatten, um noch an den Kämpfen teilzunehmen, die aber noch immer in der Nähe der Waffenstillstandslinien stationiert waren. Die Offiziere aus Bagdad hatten Jasir Arafat und mir falsche Papiere ausgestellt, mit deren Hilfe wir uns frei bewegen konnten. Wir fühlten uns umso sicherer, als wir die Fedajin-Stützpunkte in der Nähe der palästinensischen Flüchtlingslager errichtet hatten, was unseren Unternehmungen einen idealen Schutz bot.

Schon ein Jahr nach dem Junikrieg hatte sich der Palästinensische Nationalrat, der sich aus verschiedenen Widerstandsgruppen zusammensetzte, auf ein gemeinsames Programm geeinigt, das alle Verhandlungen über die Situation im Nahen Osten ausschloß. Die Palästinenser weigerten sich damit, die politische Realität des Staates Israel anzuerkennen. Das Nationalabkommen vom Juli 1968, das in Kairo verabschiedet wurde, kündigte den bewaffneten Kampf gegen Israel an. Eine politische Fehleinschätzung der PLO wird in diesem Abkommen deutlich.

»Die Juden stellen nicht ein einzelnes Volk mit eigener Identität dar«, heißt es in Artikel 20. Für die Zeit vor der Staatsgründung Israels trifft die PLO-Analyse sicherlich zu, doch ist nicht darüber hinwegzusehen, daß im Vorderen Orient eine neue Nationalität entstanden ist — wenn auch künstlich geschaffen — nämlich die israelisch-jüdische. Zweifellos bilden nicht alle Juden in der Welt eine Nation, jedoch gilt dies sehr wohl für die Juden in Israel. Diese Fehleinschätzung bewirkte vor allem: Die PLO bot den Israelis an, in einem »säkularen, demokratischen Palästina« zusammenzuleben. Und zwar stellt man sich vor, daß »Christen, Moslems und Juden« friedlich miteinander auskommen könnten. Aber zunächst ist es schon ein Widerspruch, von einem »säkularen« Staat zu sprechen, wenn man die Bevölkerungsteile nach Konfessionen bestimmt. Weiterhin bedeutet die Formel »Juden, Christen, Moslems«, daß die Palästinenser die israelisch-jüdische Nationalität, die in den letzten vierzig Jahren gewachsen ist, nicht wahrhaben wollen und damit auch nicht realisieren, daß es sich um einen Nationalitätenkonflikt handelt, einen Konflikt zwischen jüdischen Israelis und palästinensischen Arabern, gleichgültig, ob sie Christen oder Moslems sind oder ob sie die jüdischen Gesetze befolgen oder nicht.

Doch zunächst einige Punkte aus dem Nationalabkommen der PLO vom Juli 1968:

Artikel 1
Palästina ist das Heimatland des arabischen-palästinensischen Volkes; es ist ein untrennbarer Teil des arabischen Mutterlandes, das palästinensische Volk ist ein integrierender Teil der arabischen Nation.
Artikel 2
Palästina ist innerhalb der Grenzen, die es zur Zeit des britischen Mandats hatte, eine unteilbare territoriale Einheit.
Artikel 3
Das arabische palästinensische Volk hat legales Anrecht auf sein Heimatland sowie das Recht, nach der Befreiung seines Landes sein Schicksal nach seinen Wünschen und ausschließlich nach seinem eigenen Beschluß und Willen zu bestimmen.
Artikel 4
Die palästinensische Identität ist ein echtes, essentielles und angeborenes Charakteristikum; sie wird von den Eltern auf die Kinder übertragen. Die zionistische Okkupation und die Zerstreuung des arabischen palästinensischen Volkes auf Grund der Katastrophen, von denen es betroffen wurde, haben nicht dazu geführt, daß es seine palästinensische Identität und seine Zugehörigkeit zur palästinensischen Gemeinschaft verloren hat, sie haben auch nicht eine Annullierung der Identität und Zugehörigkeit herbeigeführt.
Artikel 5
Palästinenser sind solche arabischen Staatsangehörigen, die bis zum Jahre 1947 in der Regel in Palästina ansässig waren, ohne Rücksicht darauf, ob sie von dort vertrieben wurden oder dort verblieben. Jedes Kind eines palästinensischen Vaters, das nach diesem Zeitpunkt geboren wurde — in Palästina oder außerhalb — ist ebenfalls Palästinenser.

Artikel 6
Juden, die in der Regel in Palästina vor dem Beginn der zionistischen Invasion ansässig waren, werden als Palästinenser angesehen werden.
...
Artikel 9
Der bewaffnete Kampf ist der einzige Weg zur Befreiung Palästinas. Es handelt sich daher um eine strategische und nicht nur um eine taktische Phase. Das arabische palästinensische Volk besteht auf seiner unbedingten Entschlossenheit und seiner festen Entschiedenheit, diesen bewaffneten Kampf fortzusetzen und eine bewaffnete Volksrevolution zu schaffen zur Befreiung seines Landes und der Rückkehr in dieses Land. Es besteht ebenfalls auf seinem Recht auf ein normales Leben in Palästina und auf die Ausübung seines Rechts auf Selbstbestimmung und Souveränität in Palästina.
...
Artikel 19
Die Teilung Palästinas im Jahre 1947 und die Schaffung des Staates Israel sind völlig illegal, ohne Rücksicht auf den inzwischen erfolgten Zeitablauf, denn sie standen im Gegensatz zu dem Willen der palästinensischen Bevölkerung und ihrer natürlichen Rechte auf ihr Heimatland; sie waren unvereinbar mit den Prinzipien der Charta der Vereinten Nationen, insbesondere mit dem Recht auf Selbstbestimmung.
Artikel 20
Die Balfour-Deklaration, das Palästina-Mandat und alles, was sich darauf stützt, werden für null und nichtig erachtet. Ansprüche der Juden auf historische oder religiöse Bindungen mit Palästina sind unvereinbar mit den geschichtlichen Tatsachen und dem wahren Begriff dessen, was Eigenstaatlichkeit bedeutet. Das Judentum ist nur eine Religion und nicht eine unabhängige Nationalität. Die Juden stellen nicht ein einzelnes Volk mit eigener Identität dar, sondern sind Bürger der Staaten, denen sie angehören.
Artikel 21
Das arabische palästinensische Volk, das der bewaffneten arabischen Revolution Ausdruck verleiht, lehnt alle Lösungen ab, die einen Ersatz für die vollkommene Befreiung Palästinas bilden und verwirft alle Vorschläge, die auf eine Liquidierung des Palästinaproblems oder auf Internationalisierung abzielen.
Artikel 22
Der Zionismus ist eine politische Bewegung, die organisch mit dem internationalen Imperialismus verbunden ist und im Widerstreit zu allen Ak-

tionen der Befreiung und der progressiven Bewegung in der Welt steht. Er ist rassistischer und fanatischer Natur; seine Ziele sind aggressiv, expansionistisch und kolonialistisch; seine Methoden sind faschistisch. Israel ist das Instrument der zionistischen Bewegung und ein geographischer Stützpunkt des Weltimperialismus, strategisch inmitten des arabischen Heimatlandes gelagert, um die Hoffnungen des arabischen Volkes auf Befreiung, Einheit und Fortschritt zu bekämpfen. Israel ist eine ständige Quelle der Bedrohung des Friedens im Nahen Osten und in der ganzen Welt. Da die Befreiung Palästinas die zionistische und imperialistische Präsenz zerstören und zur Schaffung des Friedens in Nahost beitragen wird, erwartet das palästinensische Volk die Unterstützung aller progressiven und friedlichen Kräfte und fordert, alle Hilfe und Unterstützung in seinem gerechten Kampf für die Befreiung seines Heimatlandes zu geben.

Der Aufruf zum bewaffneten Widerstand stieß vor allem in den Flüchtlingslagern auf begeisterten Zuspruch. Spektakuläre Terrorakte wie z.B. Flugzeugentführungen stärkten das Vertrauen in die eigene Macht und die nationale Befreiung. Politisch erreichten die Palästinenser durch ihre weltweit ausgeführten Sabotage- und Terrorakte, daß sich die Weltöffentlichkeit ihrer Existenz bewußt wurde. Die israelische Propaganda hatte bis 1967 erfolgreich die Existenz eines Flüchtlingsproblems verharmlost, verleugnet, verschwiegen. Golda Meir hatte gar behauptet, ein palästinensisches Volk existiere nicht.

In Israel selbst sorgten Überfälle der Fedayin — der palästinensischen Freiheitskämpfer — für das Gefühl der ständigen Bedrohung. Die Israelis reagierten mit »Vergeltungsaktionen« auf diese Anschläge. Häuser von Verwandten wurden in die Luft gesprengt, Freunde der Fedayin wurden eingesperrt. Man wollte der arabischen Bevölkerung der Westbank und des Gazastreifens ihre Loyalität mit den Widerstandskämpfern »austreiben«. Verdächtige Personen wurden oft kurzerhand über die Grenze abgeschoben. Dabei war man mit dem Maßstab »verdächtig« nicht zimperlich. Denn wer war nicht verdächtig? Alle kamen in Frage, mit der Befreiungsorganisation zusammenzuarbeiten: junge Männer, die sich für Politik interessierten, Schülerinnen, die an Proteststreiks teilnahmen, Familien, die solche Kinder hatten.

Im Jahre 1970 währte das Exil vieler Palästinenser schon zweiundzwanzig Jahre, nämlich seit 1948. In den Flüchtlingslagern war eine Generation herangewachsen, die Palästina nur aus Erzählungen kannte. Trotzdem hielten diese Kinder und Jugendlichen an Palästina als ihrer Heimat fest. Auch die israelische Besatzungspolitik konnte daran nichts ändern. Bassam Sirhan, ein arabischer Soziologe, berichtete über die Einstellungen dieser palästinensischen Kinder. Er hatte in einer Studie folgende Ergebnisse festgestellt:

1. Palästinensische Kinder besitzen einen hohen Grad nationalen Wissens. Sie sind informiert, wer sie sind, wer ihre Feinde sind, woher sie kommen und was sie in die jetzige Situation brachte.
2. Palästinensische Kinder verstehen sich nur als Palästinenser.
3. Palästinensische Kinder akzeptieren weder Neuansiedlung noch Entschädigung. Sie bestehen darauf, nach Palästina zurückzukehren.
4. Palästina ist der einzige Ort, den die palästinensischen Kinder als ihre Heimat ansehen.
5. Verstreuung, Vertreibung und Flüchtlingsleben haben die nationale Wesenheit des palästinensischen Volkes nicht zerstört. Traditionen, Werte und gefühlsmäßige Bindungen sind bewahrt worden.
6. Alle palästinensischen Kinder glauben, daß Palästina ein arabisches Land ist.
7. Palästinensische Kinder sind völlig entschlossen, ihre Heimat zu befreien.

Daß der Wunsch der Palästinenser nach ihrem eigenen Land im Laufe der Zeit nicht verging, hing auch mit den schlimmen Zuständen in den arabischen Aufnahmeländern zusammen. Zwar waren die arabischen Regierungen verbal zu immerwährenden Solidaritätsbezeugungen bereit — etwa wurden die Palästinenser als Vorkämpfer der arabischen Einheit gepriesen —, doch zu humanitärer und sozialer Hilfe konnte man sich nur selten entschließen. Die im Vergleich zu anderen Bevölkerungsgruppen starke Politisierung bereitete zudem Unbehagen, denn die Palästinenser verschonten die arabischen Regierungen nicht mit ihrer Kritik. Vor allem König Hussein fühlte sich von den zahlreichen Palästinensern in seiner Alleinherrschaft bedroht. Die Palästinenser wurden in dem Maße, wie sie sich von der jordanischen Regierung im Stich gelassen fühlten, gegen den König aufständisch. Es kam zu eklatanten Machtdemonstrationen. Im September 1970 setzte Hussein schließlich Regierungstrupen ein, um die Palästinenser auszuschalten.

Dieser als »schwarzer September« in die Geschichte der Palästinenser eingegangene Monat bildete in gewisser Weise den Auftakt für grausame Terrorakte, die in den folgenden Jahren für viel Unruhe in der ganzen Welt sorgten und viele unschuldige Opfer forderten. Abdallah Frangi, PLO-Vertreter in Wien und Bonn, schilderte die Stimmung unter den Palästinensern nach dem Massaker:

Die Liquidierung des palästinensischen Widerstandes durch das jordanische Regime war eine bittere und blutige Erfahrung. Tausende von Palästinensern, Männer, Frauen und Kinder, waren in den Straßen von Amman vor den Augen der Feddayin regelrecht verblutet. Das Schweigen der Welt, insbesondere aber der arabischen Regierungen angesichts der grausamen Niedermetzelung der Feddayin bei Jerash und Ajlun hatte die Überlebenden tief getroffen.

Die Hoffnung so vieler Palästinenser, nach Palästina zurückzukehren, für die sie Arbeit und Studium, einen gesicherten Verdienst und ihre ganze Existenz verlassen oder aufgegeben hatten, war dahin. Grenzenlose Verbitterung machte sich breit. Das Vertrauen in die eigene Führung war schwer erschüttert, für ihre »arabischen Brüder« hatten sie nur Hohn und Spott. Es stellte sich bei vielen dieser jungen Männer eine Mischung aus Gefühl und Erkenntnis ein, daß der Widerstand nicht radikal und nicht hart genug gewesen war. In der Führung der PLO und in der Führung von al-Fatah trafen diese Empfindungen auf fruchtbaren Boden. Viele Palästinenser fühlten sich erinnert an die israelischen Massaker in Kafr Kassem und Deir Yassin, und sie konnten keinen Unterschied ausmachen zum jordanischen Regime.

Wenn die Welt nicht bereit war, sich des Schicksals der Palästinenser anzunehmen, dann sollte diese Welt auch nicht länger verschont bleiben von eben dem Schicksal, das die Palästinenser getroffen hatte.

Eine palästinensische Terrorgruppe nannte sich in Erinnerung an das blutige Massaker »Schwarzer September«. 20 000 Palästinenser sind bei den Auseinandersetzungen in Jordanien ums Leben gekommen. Fünf Jahre später wiederholte sich die Bekämpfung durch rechtsradikale Kräfte im Libanon, die im Libanonkrieg 1982 gipfelte.

Die PLO reagierte mit Terror, nachdem sie gewaltsam als politischer Faktor ausgeschaltet werden sollte. Als eines der bekanntesten und brutalsten Attentate des »Schwarzen September« gilt der Anschlag auf die israelische Mannschaft bei den Olympischen Spielen 1972 in München. Durch die Schüsse der palästinensischen Freischärler kamen elf israelische Sportler ums Leben. Sicher eine Tat, die von der Verzweiflung der Täter sprach, aber so verwerflich und politisch falsch war, daß sie der »palästinensischen Sache« mehr geschadet als genützt hat.

Doch der PLO-Führer Abu Ijad verteidigt in seinem Buch *Heimat oder Tod* immer noch dieses entsetzliche Attentat — Ende der siebziger Jahre! Seine Argumente: Die PLO habe beim Olympischen Komitee um die Zulassung einer palästinensischen Mannschaft zur Teilnahme an den Olympischen Spielen ersucht. Das Komitee hielt eine Antwort für überflüssig. Entrüstet entschloß man sich daraufhin zum Attentat, das drei Ziele verfolgen sollte: 1. die Existenz des palästinensischen Volkes ins Bewußtsein der Öffentlichkeit zurückzurufen, 2. die Anwesenheit der internationalen Presse ausnutzen, um der palästinensischen Sache weltweit Widerhall zu verschaffen, »einerlei ob in positivem oder negativem Sinne«, 3. sollte Israel zur Freilassung von zweihundert Widerstandskämpfern gezwungen werden. Das Attentat endete in einem Blutbad. Die Palästinenser waren ihren politischen Zielen durch die Morde nicht nähergekommen.

## Kritik in Israel an Israel

In den Jahren nach 1967 mehrten sich zwar die kritischen Stimmen der Israelis selbst an dem politischen Vorgehen der Regierung. Aber dennoch blieb Israel weiterhin ein Land mit einem nationalen Konsens in der jüdischen Bevölkerung. Zwar funktioniert das parlamentarische System mit Opposition und einem breiten Parteienspektrum, doch wird nur vereinzelt Kritik an den Prinzipien des Zionismus als der Grundlage des Staatswesens geübt. Nach 1967 traten verstärkt junge linke Israelis an die Öffentlichkeit, die ihre Unzufriedenheit mit der Eroberungs- und Besatzungspolitik der Regierung artikulierten. Mit ihren Kampagnen für die Kriegsdienstverweigerung rührten sie an die Grundfesten der israelischen Gesellschaft. In Israel ist jeder jüdische Bürger Reservist der Armee. Junge Männer dienen drei Jahre, Frauen zwei Jahre. Bis zu ihrem 55. Lebensjahr müssen Männer jährlich noch einmal vier Wochen in den Reservedienst. Kriegsdienstverweigerung ist in Israel nicht vorgesehen. Diejenigen, die trotzdem den Dienst mit der Waffe verweigern, werden als Verräter und Schmarotzer angesehen — in einem ungleich viel höheren Maße als etwa in den europäischen Ländern. Die Kriegsdienstverweigerung aus politischen Gründen wird in Israel gewöhnlich mit Haftstrafen geahndet. Entsprechend gering ist die Zahl der Verweigerer. Um dem politischen Gehalt ihrer Entscheidung Ausdruck zu verleihen, verweigerten mehrmals Wehrpflichtige den Dienst in den besetzten Gebieten. Im israelischen Staatsgebiet, innerhalb der sogenannten »grünen Linie«, waren sie zum Waffendienst bereit. Dadurch zielte die Verweigerung ganz konkret gegen die Besatzungspolitik der israelischen Regierung.

Wenn Nichtjuden Kritik an Israel üben, so wird dies im Land oft als Antisemitismus abgetan. Da sich der neue Antisemitismus gerne das Mäntelchen des Antizionismus umhängt, ist das auch nicht immer abwegig. Doch wenn Juden in oder außerhalb Israels an dem jüdischen Staat »herumkritisieren«, dann reagieren Zionisten empfindlich. »Jüdischer Selbsthaß« wird solchen Juden bescheinigt. Antizionismus wird gleichgesetzt mit Antisemitismus — auch in Israel. Andererseits wird ebenso in anderen Ländern fälschlicherweise Jude-Sein mit dem Zionismus oft automatisch identifiziert. Erich Fried schrieb ein treffendes Gedicht über die Begriffsverwirrungen:

Benennungen
1.
Die gestern geschrien haben
»Die Juden sind schuld«
sollen heute nicht schreien
»die Zionisten«

Die geschrien haben
»Die Juden sind schuld«
sind schuld daran
daß die Zionisten schuld werden konnten

Die geschrien haben
»Die Juden sind unser Unglück«
sind das Unglück der Juden
und der Palästinenser geworden

Das befreit nicht die Zionisten
von Schuld an den Palästinensern
und die Juden nicht
von Verantwortung für Zionisten

Aber nicht die sollen heute
die Juden verantwortlich machen
die gestern geschrien haben
»Die Juden sind schuld«

2.
Es gibt Zionisten
die nennen Antizionisten Antisemiten
und es gibt Juden
die den Zionisten das glauben

Es gibt Antisemiten
die nennen Zionisten Bundesgenossen
wenn sie zu Juden sprechen
sonst nur nützliche Juden

Es gibt Sprecher des Westens
die nennen jüdische Antizionisten
rote Antisemiten
wenn sie zu Juden sprechen

Und wenn sie zu Nichtjuden sprechen
nennen dieselben Sprecher
dieselben jüdischen Antizionisten
dreckige rote Juden

3.
Zionisten
mit linkem falschen Bewußtsein
Zionisten
mit rechtem falschen Bewußtsein

Antisemiten
mit rechtem falschen Bewußtsein
Antisemiten
mit linkem falschen Bewußtsein
und Antisemiten
mit zionistischem falschen Bewußtsein

Kein Bewußtsein
das den Antisemitismus
oder den Zionismus
rechtfertigen kann

Und nicht nur über die Politik in den besetzten Gebieten empörten sich eine Reihe von Israelis, sondern auch über die Haltung gegenüber der arabischen Kultur im eigenen Land. Während in Israel ein Aufschrei durch die Öffentlichkeit gegangen war, als die Jordanier vor 1967 ein Zehntel des alten jüdischen Friedhofes auf dem Ölberg zerstörten, um eine Zufahrtsstraße nach Jerusalem zu bauen, verfuhren sie im eigenen Land nach ähnlichen Prinzipien: In Tel-Aviv wurde der alte arabische Friedhof — nach islamischer Sitte ein offener Garten für jedermann — völlig vernichtet. Auf seinem Gelände wurden das Hilton und das Sheraton Hotel gebaut. Araber bauten selbst an den neuen Hotels mit. Schlecht bezahlte Arbeiten — besonders auch im Bausektor — wurden nach 1967 nämlich zunehmend von dem riesigen Heer palästinensischer Arbeitskräfte aus den besetzten Gebieten verrichtet. Das Prinzip der *awoda iwrith* — der ausschließlich jüdischen Arbeit —, das die Pioniere der ersten Stunde einst als Grundfeste der zionistischen Besiedlung angepriesen hatten, war bedeutungslos geworden.

Marktgesetze bestimmen die Prinzipien der Arbeitsverteilung. Die arbeitsuchenden Palästinenser aus der Westbank und dem Gazastreifen waren Billigarbeitskräfte und Tagelöhner, die aus finanzieller Not für ihre Besatzer arbeiten mußten. Diese Araber traf die Verachtung ihrer Brüder und Schwestern. Die palästinensische Journalistin Raymonda Tawil berichtete über den Zwiespalt zwischen Anspruch und Wirklichkeit:

Als der Winter heranrückte und mit ihm die Apfelsinenernte, hieß es plötzlich, es gebe Arbeit in Israel. Die erste Reaktion war Schreck und Wut: Nahmen die Besatzungsbehörden denn wirklich an, irgendein Palästinenser mit Selbstachtung würde über die Grenze gehen und für einen israelischen Unternehmer arbeiten? Ganz gewiß nicht! Man stelle sich vor — manch einer könnte sich da als Arbeiter auf einem Feld oder in einem Orangenhain wiederfinden, der ihm einst gehörte! Welche Ironie des Schicksals...

Aber die Lage auf dem Arbeitsmarkt blieb düster, und so dauerte es nicht lange, bis Arbeiter aus Nablus begannen, frühmorgens die Busse zu besteigen, die sie an ihre Arbeitsplätze in israelischen Orangenpflanzungen und Fabriken fuhren. Die Nationalisten waren höchst aufgebracht über diesen Bruch mit der stillschweigenden Politik der Nicht-Kooperation mit den Israelis.

In den arabischen Nachbarstaaten empörte sich die öffentliche Meinung ebenfalls über die in Israel arbeitenden Palästinenser. Von ihnen wurde sogar erwartet, aus Protest gegen die israelische Besatzung in den Hungerstreik zu treten. Doch zur Unterstützung dieser Palästinenser in den besetzten Gebieten — politisch wie materiell — konnte sich kein arabisches Land entschließen. Den Palästinensern wurde zwar der Aufstand gegen die israelischen Besatzungsbehörden nahegelegt, doch entsprechende Hilfe, etwa militärische, wurde nicht in Aussicht gestellt.

## Palästinensische Bevölkerung unter israelischer Besatzung

Der Kontakt mit der israelischen Gesellschaft — also auch mit den schon seit 1948 in Israel lebenden Arabern — führte zu Veränderungen innerhalb der palästinensischen Bevölkerung der besetzten Gebiete. Zunächst einmal ganz äußerlich: Verglichen mit der patriarchalischen Struktur der palästinensischen Familie war das Leben im westlich geprägten Israel sehr freizügig. Diejenigen Araber, die täglich aus den besetzten Gebieten nach Israel zur Arbeit fuhren, kamen zum ersten Mal in Kontakt mit dieser anderen Lebensart. Der israelische Schriftsteller Abraham B. Jehoschua hat in seinem Roman *Der Liebhaber* diese Erfahrungen so vieler Palästinenser nach 1967 am Beispiel eines Jungen mit Namen »Na'im« geschildert. Von der orthodoxen islamischen Welt gelangt er in die Umgebung einer israelischen Autowerkstatt. Wie meistens üblich wurde Na'im von einem Verwandten, seinem Cousin Chamid, dorthin vermittelt:

In den ersten Tagen war es sehr interessant in der großen Werkstatt. Dauernd sah ich neue Gesichter, alle möglichen Juden brachten ihre Autos, lachten und schrien. Ein paar jüdische Mechaniker dort haben es dick hinter den Ohren, auch die Araber aus der Stadt sind ganz schön ausgekocht und reißen komplizierte Witze. Lärm und Getöse — und überall hängen Bilder von fast ganz nackten Mädchen an den Wänden. Sie sind so schön, daß man bald verrückt wird und kaum noch atmen kann — Jüdinnen und Nichtjüdinnen, Blondinen, Schwarzhaarige, Negerinnen und Rothaarige. Tolle Mädchen, ganz unheimlich. Sie liegen mit geschlossenen Augen auf neuen Reifen, öffnen Türen schicker Autos und legen sich mit ihren Busen, Hintern und langen Beinen auf Motoren und

Schraubenzieher und neue Zündkerzen. Auf den Hintern von so einem netten Mädchen haben sie den ganzen Kalender geschrieben, so viel Platz ist da. Ich bin ganz verrückt geworden von diesen Bildern, hab richtig Angst gehabt, hinzusehen — und hab doch dauernd nur hingesehen, die Augen flogen einfach hin. Dauernd kitzelte es mich. Der Kleine hat mir richtig weh getan vor lauter Spannung. In den ersten Wochen bin ich im Lärm und Dreck zwischen den Arbeitern und den Autos herumgelaufen und hab richtige Träume gehabt. Ein paarmal sind mir sogar die Unterhosen ein bißchen naß geworden. Nachts im Bett kam ich fast um vor Aufregung. Sie standen mir plötzlich vor den Augen, ich konnte sie nicht wieder loswerden, dauernd strömte mir mein Samen aus. Es trieb mich von einer zur anderen, auf keine wollte ich verzichten, ich küßte sie alle wie wild, wurde schlaff und fing noch mal von vorne an. Morgens, wie ich aufstand, war ich ganz fertig und kreidebleich. Mutti und Vater machten sich schon Sorgen. Aber langsam hab ich mich an die Bilder gewöhnt, nach einem Monat sind sie mir schon so gleichgültig geworden wie die anderen Bilder, die von dem toten und dem lebenden Präsidenten und von der alten Ministerpräsidentin, die dort auch zwischen den Mädchen hängen. Sie regen mich nicht mehr auf.

Zuerst hab ich eigentlich überhaupt nichts getan. Ich lief ihnen zwischen den Beinen herum, reichte den Mechanikern das Werkzeug, sammelte es nachher wieder ein und wischte die Handabdrücke von den Autotüren ab. Ich wär am liebsten in der Nähe von Chamid geblieben, aber gerade der braucht keinen Gehilfen, denn mit den Autos hat er fast gar nichts zu tun. Er steht nur immer an seinem Tisch und arbeitet an auseinandergenommenen Motoren.

Nach einer Woche habe ich Besen, Lappen und Eimer in die Hand gedrückt bekommen, und nun fegte ich dauernd die Fußböden, sammelte alte Schrauben auf, streute Sägemehl auf die Ölflecken und war für die Reinlichkeit der Werkstatt verantwortlich. Eine unmögliche und schrecklich langweilige Arbeit war das. Alle kommandierten mich herum, Araber und Juden, jeder, wie's ihm gerade paßte, manchmal auch noch Fremde, die zufällig in die Werkstatt gekommen waren. Bring mal, Kind, heb das mal auf, Kind, halt hier mal fest, Kind, mach hier mal sauber, Kind. Jeder, der grade Lust hatte, hielt mich an und gab mir einen Auftrag. Und alle nannten mich absichtlich Kind, um mich zu ärgern. Ich hab zwar meinen Mund gehalten und mich nicht in Streitereien eingelassen, aber mir wurde immer schwerer um's Herz. Diese ganze Arbeit hing mir schon zum Halse raus. Zu nichts hatte ich Lust, sogar die Autos interessierten mich nicht mehr. Bis ich was gelernt hatte und Mechaniker sein würde — wozu denn überhaupt? Zum Glück war die Werkstatt groß genug, daß ich mich manchmal ein bißchen verdrücken konnte, ohne daß man es merkte. Manchmal nahm ich den Besen, starrte auf den Boden, fegte und fegte und näherte mich langsam dem Hinterausgang, bis ich das Gelände der Werkstatt verlassen hatte. Dann versteckte ich mich im Hof eines verlassenen Hauses, setzte mich auf eine Kiste, blickte auf die Straße und sah die Kinder, die dort in ihrer Schulkleidung mit Ranzen auf dem Rücken nach Hause gingen. Da bin ich sehr traurig geworden, denn ich mußte an die Gedichte und Geschichten denken, die sie lasen. Nur ich bleibe am Ende ein dummer Straßenfeger mit verrosteten Schrauben in den Händen. Ich führte flüsternd Selbstgespräche, um mir ein bißchen Mut zu machen, sagte ein paar Gedichtzeilen auf, die ich auswendig wußte, aber jeden Tag wußte ich weniger. Am Ende stand ich auf, nahm meinen Besen in die Hand, fegte um mich herum und langsam, immer fegend, kehrte ich in die Werkstatt zurück. Unauffällig mischte ich mich unter die Leute, damit man nicht merkte, daß ich verschwunden und wiedergekommen war.

Nicht nur die erwachsenen Araber, sondern auch die Kinder ermöglichen den israelischen Unternehmern hohen Profit. Die Palästinenser werden vor allem im Bausektor und in der Landwirtschaft eingesetzt. Ein schier unerschöpfliches Heer von Billigarbeitskräften bietet sich täglich an. In der liberalen israelischen Öffentlichkeit empörte man sich zwar wiederholt und mit lautem Protest gegen diesen Menschenhandel, der sich tagtäglich wiederholt, doch der Regierung und vor allem dem Kapital ist die ökonomische Ausbeutung der Araber kein Dorn im Auge.

In der linksliberalen Tageszeitung *Ha'arez* berichtete der Publizist Amos Elon über den Kindermarkt an der Aschkalon-Kreuzung an der Grenze zwischen israelischem Staatsgebiet und besetztem Gazastreifen. Dort bieten sich morgens die Ärmsten der Armen zur Arbeit an: Frauen, Männer, Kinder. Am 2. August 1968 erschien Elons Bericht:

Halb vier morgens. Ein einziges Licht leuchtet auf einem der dunklen Felder. Ein beladener Lastwagen blockiert den Eingang zur Tankstelle. Man hört Autohupen. Geräusche im Dunkeln. Eine kurze Kolonne klappriger Lieferwagen versucht, in die Tankstelle zu fahren. Die Autos halten kurz an und drehen dann wieder um. Sie wollten nicht tanken. Die Tankstelle ist geschlossen. Sie kamen, um Menschen abzuladen. Die Leute klettern heraus und verschwinden in der Dunkelheit. Wie Sardinen in der Büchse müssen sie in die Autos gepfercht gewesen sein. Die schäbigen Lieferwagen haben in den 60er Jahren schon einmal bessere Tage gesehen. Ihre Passagiere nicht. Zwanzig bis fünfundzwanzig in einem Lastwagen. Sie beeilen sich beim Aussteigen und sehen im Halbdunkel blaß und elend aus. Jeder hat eine Plastiktüte bei sich, an die er sich klammert, wie ein kleines Kind an eine schützende Wolldecke. Bis jetzt stehen 60 Männer, ein paar Frauen und ein Dutzend Kinder im Alter von zwölf, dreizehn, vierzehn Jahren auf dem Platz. Die Männer lehnen an den geschlossenen Türen des Restaurants. Die Kinder stehen um die Zapfsäulen herum, spielen mit ihnen und gähnen. Sie kommen aus Gaza, Khan Yunis und Rafah — alles Orte im Gaza-Streifen. Der Geruch von Schweröl liegt in der kühlen Luft. In der Dämmerung der Strand des Meeres. Um fünf nach vier beginnt der Himmel heller zu werden. Um zwanzig nach vier röten sich die Hügel. Um zehn vor fünf geht die Sonne auf. Jetzt warten 200 Leute hier. 400 Hände, die arbeiten. 40 Kinder. 40 Paar Hände, die arbeiten. Die Tankstelle ist noch geschlossen. Hinter den Baumwollfeldern kann man die Nylonplanen über den Rosenfeldern von Lachschisch sehen. Ein Jeep kommt von Norden heran, viel zu schnell — Polizisten gibt es hier nicht — und hält bei den Zapfsäulen. Die Wartenden stürmen auf den Wagen zu. Nur der Kopf des Fahrers ragt über die Menge, die in Bewegung gekommen ist. Er trägt eine Mütze. Er ruft: »Vier! Vier habe ich gesagt!« Die Menge schreit: »Arbeit!«, »Herr!«, »Ich gut arbeiten!«. Der Herr erhebt sich. Der Herr sagt etwas. Aus der Entfernung kann man seine Worte nicht hören. Vier Männer klettern auf den Rücksitz des Jeeps. »Nimm mich, Herr! Ich für 60 Pfund!« Der Herr fährt los. Die Menge springt zur Seite. Der Jeep fährt mitten durch sie hindurch...

Die Kinder- und Jugendarbeit hat schlimme Folgen für die Bildungssituation. Abgesehen davon, daß in den Schulen veraltetes Lehrmaterial benutzt wird und die schlecht bezahlten palästinensischen Lehrer meist noch eine Nebentätigkeit verrichten müssen, ist der Anreiz für Jugendliche groß, statt die Schulbank zu drücken, schon Geld zu verdienen. Vor 1967 war die Situation der palästinensischen Kinder anders gewesen. In den Flüchtlingslagern wurde intensiv gelernt, denn die einzige Chance aus der schlechten wirtschaftlichen Situation herauszukommen, war, später eine weiterführende Schule zu besuchen. Ein palästinensischer Lehrer berichtete in einem Interview:

»Heute ist ihnen das egal. Der Vater arbeitet in einer israelischen Fabrik und kann nicht auf seine Kinder aufpassen, er hat keine Zeit dazu, weil er abends spät nach Hause kommt und dann müde ist. Auch die Jugendlichen haben die Möglichkeit, in einer israelischen Fabrik zu arbeiten. Und sie kennen den Wert des Geldes, wenn sie sehen, wie ihre Altersgenossen, die in der Fabrik arbeiten, herumlaufen und Kent rauchen. Dann haben sie schnell die Nase von der Schule voll und finden irgendeinen Vorwand, sie zu verlassen. Wir verlieren auf diese Weise in unserer Schule jedes Jahr etwa 30 Schüler. Und das ist gar nicht so viel: In den Dörfern, die in der Nähe der israelischen Grenze liegen, ist der Prozentsatz der Schüler, die von der Schule abgehen, noch höher. Die Schulen werden immer kleiner statt größer. Und die Zahl der Schüler, welche die Schule vorzeitig verlassen, nimmt ständig zu. Das ist Teil dessen, was hier vorgeht.«

Nicht nur die Situation der Jugendlichen und Kinder wurde durch die israelische Besatzung einschneidend verändert. Auch in der innerpalästinensischen Gesellschaftsstruktur veränderten sich alte, traditionelle Formen der Hierarchie und der Lebensweise. Die Verdienstmöglichkeiten in der israelischen Industrie bewirkten einen Einbruch in die feudale Ordnung und Produktionsweise des arabischen Palästinas. Reiche Großgrundbesitzer hatten bisher die armen Fellachen auf ihren Feldern schuften lassen. Die Arbeitsmöglichkeiten in den israelischen Städten nach 1967 brachten plötzlich die Prinzipien kapitalistischer Produktionsweise in die althergebrachte Ordnung der palästinensischen Gesellschaft. Der palästinensische Soziologe Sharif Kanaana beschrieb diesen Einbruch:

Arme Leute, die Dienstboten oder Lohnarbeiter gewesen waren, hatten plötzlich viel mehr Einfluß als ihre Herren. Doch es kam noch schlimmer für die reichen Bauern: Mitglieder der anderen beiden Schichten, denen es nichts ausmachte, körperliche Arbeit zu leisten, und die nichts dagegen hatten, sich in den jüdischen Städten als Hilfsarbeiter zu verdingen, begannen, höhere Einkommen als die Großgrundbesitzer zu beziehen und sich von ihnen in wirtschaftlicher, sozialer und psychologischer Hinsicht unabhängig zu machen.

All das war für die Großgrundbesitzer äußerst erniedrigend, und sie reagierten darauf mit der Weigerung, die neuen Gegebenheiten anzuerkennen: es könne ja nicht immer so weitergehen: Israel sei nicht von Dauer; die Araber würden die Juden über kurz oder lang besiegen; und wenn der Mensch die Lage nicht ändern könne, so würde Gott es tun — Er könne unmöglich wollen, daß sie so bleibe. Sie beschlossen, in der Zwischenzeit nicht am Geschehen teilzunehmen, sich nicht an dieser entwürdigenden Angelegenheit zu beteiligen, sich von der ganzen Sache zu distanzieren und zu warten, bis Hilfe käme.

Für die reichen Bauern steht seit 1950 die Zeit still, in wirtschaftlicher, sozialer und psychologischer Hinsicht. Die Einrichtung des *diwan*, zum Beispiel, wurde seit damals weder verändert noch hergerichtet oder gereinigt. Ihre seltsamen und veralteten Besitztümer — riesige, reich verzierte Betten, Schränke und Anrichten, wuchtige Wandspiegel, Wecker, deren Läutwerk außen angebracht war, ausgebleichte, eingerahmte Bilder aus den Tagen, als der Großteil der Bevölkerung keine Ahnung von der Existenz der Photographie hatte, dick gepolsterte Sofas, uraltes Porzellan, altmodische, übergroße Radios und Grammophone — werden am Markt nicht mehr gehandelt, und es gäbe auch niemanden, der sie kaufen würde. Auch ihre Kleidung stammt aus der Zeit um 1950: die älteren Männer tragen die traditionelle arabische Landeskleidung, während die jüngeren zwischen voller arabischer Bekleidung und einer Kombination aus einem europäischen Anzug und der arabischen Kopfbedeckung hin- und herwechseln. Die Jungen nehmen die Kopfbedeckung bei ihren seltenen Ausflügen in die jüdischen Städte vielleicht ab, tragen sie in einem braunen Papiersack mit sich herum und setzen sie erst wieder auf, wenn sie auf dem Rückweg die Grenze des Dorfes erreicht haben.

Auch die Situation der palästinensischen Frauen veränderte sich unter dem Einfluß der israelischen Besatzung. Sie nahmen zunehmend am Erwerbsleben teil, sicherten unter Umständen erst den Lebensunterhalt der Familie. Schon die Politisierung der Palästinenser während der Jahre vor dem Junikrieg hatte die unterdrückte Situation der arabisch-palästinensischen Frau in Frage gestellt. Zum revolutionären Programm gesellte sich allmählich auch die Vorstellung der Gleichberechtigung der Frau. Das bezog sich allerdings nicht immer auf die gesamte palästinensische Gesellschaft, sondern vor allem auf die Fedayin. Berühmt wurde die Palästinenserin Leila Khalid, die an der Spitze eines Kommandos 1970 ein Flugzeug entführte. In ihrem Buch *Mein Gefängnis hat viele Mauern* beschrieb die Journalistin Raymonda Tawil die Unterdrückung als Frau und als Palästinenserin. Über die Frau im bewaffneten Widerstand gegen die Israelis nach 1967 schrieb sie:

Für eine Palästinenserin war es ein revolutionärer Akt, sich aktiv in den bewaffneten Kampf zu begeben. Waffen sind ein Monopol des Mannes;

der Krieg ist seine Domäne — Frauen haben mit beidem nichts zu schaffen. Aber unter dem Schock der Besatzung schüttelten diese jungen Mädchen — meistens Teenager — die Zurückhaltung und Unterwürfigkeit ab, die der Konvention nach die Tugenden der arabischen Frau sind. Indem sie gegen Israel zu den Waffen griffen, standen sie gleichzeitig gegen die eigene Gesellschaft und ihre unterdrückerischen Traditionen auf. Plötzlich stand der arabischen Konvention das neue, strahlende Bild einer wirklich emanzipierten Frau gegenüber. Die palästinensischen Revolutionsorganisationen legten ein Programm für die Gleichheit der Geschlechter vor, und das war mehr als ein Stück Papier: In den Reihen des Widerstandes wurde die Gleichheit der Geschlechter zur Realität. Ich selber habe junge Männer der Fedajin gesehen — im Prozeß vor dem Militärtribunal von Nablus —, die aufstanden und ihrem Führer den militärischen Gruß entboten: einem Mädchen. Darin symbolisierte sich die Revolution, die unsere Gesellschaftsordnung in ihren Grundfesten erschütterte. Es war eine so weitreichende grundsätzliche Umwälzung, daß es schwer vorstellbar war, die arabische Gesellschaft könnte jemals wieder die alte sein.

Die israelische Politik zielte auf eine allmähliche Befriedung der Situation in den besetzten Gebieten. Der steigende Wohlstand — so glaubte man — werde die Palästinenser von der Nützlichkeit der israelischen Besatzung überzeugen. Das vergleichsweise schnelle Geld und die partiell bessere Versorgung mit Elektrizität und Wasser sollten die ansässige Bevölkerung von ihren nationalen Wünschen abbringen. Das war zweifellos eine Fehleinschätzung des palästinensischen Bewußtseins. An der Hoffnung auf die »Befreiung« ihres Landes hielten die Palästinenser nämlich fest. Allerdings lag eine tiefe Niedergeschlagenheit über den besetzten Gebieten. Die Besatzung war allmählich zum normalen Alltag geworden. Man arbeitete schwer in Israel und wurde ausgebeutet, aber der Verdienst war vergleichsweise nicht schlecht. Allerdings erhielt man als Palästinenser nicht die gleichen Sozialleistungen wie die jüdischen und arabischen Kollegen aus dem Staatsgebiet Israels. Auch ein Urlaubsanspruch oder ein Krankengeld wurde den Palästinensern aus den besetzten Gebieten nicht zugestanden. Es war vor allem die Politik von Mosche Dayan, die die langsame »Gewöhnung« der Palästinenser an den Verlust ihrer Heimat durch die Hebung des Lebensstandards anstrebte. Allerdings war vielen Politikern in Israel klar, daß eine solche Politik nicht erfolgreich sein könne. Der damalige Finanzminister Pinchas Shapir meinte:

Weibliche Mitglieder der El-Fatah beim Training an einer Panzerabwehrwaffe in einem Lager nahe Beirut

»Wer da glaubt, die Hebung des Lebensstandards sei ein Ersatz für die Erfüllung nationaler Forderungen, der hat aus der Geschichte nicht gelernt.« In der Tat hatten die Zionisten selbst ungeachtet wirtschaftlicher Erwägungen oder Vorteile die Errichtung des Staates Israel angestrebt.

Die Palästinenser vergaßen ihre politischen Ziele nicht. Die Anstrengungen, eine gemeinsame organisatorische Struktur für die zersplitterten oppositionellen Widerstandskräfte zu schaffen, führten im August 1973 zur Gründung der *Palästinensischen Nationalen Front* (PNF). Die Organisation war vor allem gegen die israelische Okkupation gerichtet. Da die Sicherheitsbestimmungen der israelischen Militärregierung der besetzten Gebiete jegliche politische Zusammenkünfte oder gar Zusammenschlüsse streng verboten, mußte die Organisation im Untergrund arbeiten.

Die Palästinensische Nationale Front in den besetzten Gebieten hat folgendes Programm erarbeitet:

1. Widerstand gegen die zionistische Besatzung und Kampf für die Befreiung unseres besetzten arabischen Landes.

2. Wiederherstellung der legitimen Rechte des palästinensischen Volkes, insbesondere seines Rechtes auf Selbstbestimmung und Rückkehr.
3. Ablehnung aller Pläne, mittels derer die Sache und die Rechte des palästinensischen Volkes liquidiert werden sollen, ganz gleich, ob es sich um zionistische Projekte einer »internen Autonomie«, den Allon-Plan, den Hussein-Plan, amerikanische Pläne oder irgendwelche andere liquidatorische und kapitulationistische Projekte handelt.
4. Verteidigung des arabischen Landes und Besitzes gegen Beraubung und Judaisierung.
5. Schutz der arabischen Wirtschaft, ihrer landwirtschaftlichen, industriellen und kommerziellen Unternehmen gegen alle Maßnahmen, die sie der zionistischen Wirtschaft dienstbar machen sollen.
6. Verteidigung unserer arabischen Kultur und Geschichte gegen die zionistischen Verletzungsakte, die sich vor allem in den Schulprogrammen manifestieren.
7. Erhaltung unserer heiligen Stätten gegen die zionistischen Manöver der Zerstörung und Annektierung.
8. Die Wiederbelebung unserer nationalen Werte und die Wiedererweckung des Widerstandsgeistes, um den heroischen Kampf des palästinensischen Volkes und seine Verbundenheit mit seinem Vaterland zu fördern.
9. Verstärkung der Unterstützung für jene Kämpferinnen und Kämpfer, die sich in den zionistischen Kerkern befinden, für die Verbesserung ihrer Haftbedingungen, um ihnen den Rücken zu stärken und ihren Familien Hilfe zu leisten.
10. Die Palästinensische Nationale Front verpflichtet sich, die verschiedenen nationalen Vereinigungen (Gewerkschaften, Studentenvereinigungen, Frauenvereinigungen, religiöse und soziale Vereinigungen) in ihrem Kampf um die Verteidigung ihrer Interessen gegen die zionistische Besatzung zu unterstützen. Sie sucht mit all diesen Organisationen zusammenzuarbeiten, um sich den zionistischen Untergrabungsmanövern zu widersetzen, durch die die Jugend korrumpiert und von ihrer nationalen Pflicht abgebracht werden soll.
11. Die Palästinensische Nationale Front betont die Einheit zwischen den brüderlichen jordanischen und palästinensischen Völkern und ihre Verbundenheit und Unterstützung für die nationale jordanische Bewegung in ihrem Kampf zur Umwandlung Jordaniens in eine solide Basis der arabisch-palästinensischen Kampffront gegen die imperialistische Aggression.
12. Die Front bekräftigt ihre unverbrüchliche Zugehörigkeit zur arabi-

schen Befreiungsbewegung. Sie betont weiter, daß die Aufrechterhaltung der zionistischen Besetzung nicht nur die Rechte und Interessen des palästinensischen Volkes verletzt, sondern auch diejenigen aller anderen arabischen Völker bedroht.

13. Die Front unterstreicht die Brüderlichkeit und Solidarität gegenüber allen fortschrittlichen und revolutionären Bewegungen der ganzen Welt, insbesondere jenen der sozialistischen Länder. Sie ist um die Gewinnung weiterer Sympathien und weitere Unterstützung für die gerechte Sache des palästinensischen Volkes im internationalen Rahmen bemüht.

# Grundlegende Veränderungen im Nahen Osten 1973 — 1982

»Nichts wird wieder so sein wie zuvor.«
Israelische Überzeugung nach dem Oktoberkrieg 1973

Am 8. Oktober 1973, dem höchsten jüdischen Festtag *Yom Kippur*, begann der vierte israelisch-arabische Krieg. Ägyptische Truppen überschritten den Suezkanal und drangen in den Sinai ein, während gleichzeitig die Syrer an den Golanhöhen angriffen. Israel zeigte sich vom Kriegsausbruch völlig überrascht. Nach dem Sieg von 1967 rechneten israelische Politiker nicht damit, daß die arabischen Nachbarstaaten noch einmal den Angriff wagen würden. Die ägyptischen Truppen errangen in den ersten Kriegstagen spektakuläre Erfolge: Sie durchbrachen die sogenannte »Bar-Lev-Linie«, eine Festungsmauer benannt nach ihrem israelischen Erbauer, die allgemein als uneinnehmbar galt. Die folgende Panzerschlacht in der Sinaiwüste brachte schwere Verluste an Menschen und Material und der Krieg drohte sich zu einem für Israel verhängnisvollen Stellungskrieg zu entwickeln. Dafür reichten die israelischen Waffenkapazitäten nicht aus. Erst als die amerikanische Regierung sich zu einer großzügigen militärischen Hilfsaktion für Israel entschloß, wendete sich der Kriegsverlauf zugunsten des bedrohten Landes. Nach fünf Tagen gelang es israelischen Verbänden, den syrischen Angriff auf dem Golan abzuschlagen und den ägyptischen Vormarsch zu stoppen. Und zehn Tage nach Kriegsbeginn setzten unter Oberbefehl von General Arik Sharon israelische Panzerverbände auf das Westufer — also die ägyptische Seite — des Suezkanals über und bildeten zwei Brückenköpfe, die sich zu einer »Tasche« vereinigten. Das wurde zum endgültigen Wendepunkt des Kriegsverlaufs. Die III. ägyptische Armee wurde von ihren rückwärtigen Verbindungen abgeschnitten und israelische Streitkräfte waren im Begriff, die Straße von Suez nach Kairo unter Kontrolle zu bringen. Das militärische Debakel für Ägypten nach den Anfangserfolgen wäre nicht aufzuhalten gewesen, wenn sich die beiden Großmächte nicht auf eine gemeinsame Friedensinitiative geeinigt hätten. Der Zeitpunkt schien günstig. Der ägyptische Präsident Sadat hatte dem arabischen Volk durch die Anfangserfolge im Oktoberkrieg nach der schmachvollen Niederlage von 1967 seinen nationalen Stolz wiedergegeben, andererseits war der Frontverlauf inzwischen auch für Israel im Hinblick auf spätere Verhandlungen günstig. Die beiden Großmächte sahen ihre Interessen gewahrt. Auf ihr Betreiben hin faßte der Sicherheitsrat der Vereinten Nationen am 22. Oktober 1973 die Resolution Nr. 338 zur Feuereinstellung im Nahen Osten. Vier Tage später schwiegen die Waffen im Sinai. In den Golanhöhen ging der Abnutzungskrieg zwischen Syrien und Israel zunächst weiter. Der jordanische König Hussein hatte sich aus allen Kriegshandlungen herausgehalten.

Die völlige Überraschung Israels durch den arabischen Angriff war nicht nur auf den Feiertag Yom Kippur zurückzuführen. Zwar ruht an diesem Tag jegliche Aktivität in Israel — es wird nicht gearbeitet, kein Radio gehört oder Fernsehen gesehen, so daß die Mobilmachung nur mit erheblicher Verzögerung durchgeführt werden konnte — doch hatten sich die Israelis einfach vorher zu sicher gefühlt. Sie galten als unbesiegbare Militärmacht im Nahen Osten. Daß sich trotzdem ein arabischer Führer zu Kriegshandlungen entschließen würde, damit hatten sie nicht gerechnet. Es gab allerdings genügend Anzeichen im Vormonat, daß die ägyptischen Truppen sich vor der Grenze zusammenzogen.

Genauso wie Nasser bei der Suezkrise von den Palästinensern als arabischer Nationalheld gefeiert wurde, so galt jetzt Anwar el-Sadat als Revolutionär, Befreier und strahlender Held. Er hatte bewiesen, daß der zionistische Staat nicht unbesiegbar ist, auch wenn faktisch das besetzte Land nicht zurückerobert worden war.

Entscheidend für die arabische Situation war ebenfalls die relative Einmütigkeit und Einigkeit, mit der die arabische Welt die Kriegshandlungen gegen Israel unterstützte. In der zweiten Kriegswoche setzten die erdölexportierenden Länder aus Solidarität mit Ägypten und Syrien die »Ölwaffe« gegen Israel ein. Sie konnte sich allerdings nur indirekt bemerkbar machen, weil Israel selbst kein arabisches Öl bezog, doch der Druck auf die westlichen Länder sollte seine Wirkung zeigen. Die Erdölförderung wurde um 5 % gedrosselt. Daß wirtschaftliche Interessen bei der Entscheidung der arabischen Staaten auch eine Rolle spielten, wurde durch die drastische gleichzeitige Erhöhung des Rohölpreises deutlich. Der Effekt: leere Autobahnen nicht nur in der Bundesrepublik. Die nahöstliche Politik zog in die gute Stube in Europa ein. Sparmaßnahmen und damit eng verbunden das Bewußtsein der Endlichkeit und der Kostbarkeit der Energiequelle Rohöl wurden zum Thema Nr. 1 der siebziger Jahre. Als politischer Machtfaktor gewannen die Araber erheblich an Gewicht.

## Krieg ohne Sieger und Besiegte

Bald nach Beendigung der direkten Kriegshandlungen kam es auf Initiative der beiden Großmächte zur Eröffnung der Genfer Friedenskonferenz. Als erstes erreichte der amerikanische Außenminister und Unterhändler Henry Kissinger, daß man sich auf ein eingeschränktes Teilziel einigte: das Truppenentflechtungsabkommen zwischen Israel und Ägypten vom 18. Januar 1974. Israel zog sich vom Suez-Kanal zurück und UN-Truppen besetzten eine Pufferzone zwischen den Kriegsgegnern. So war Ägypten wieder im Besitz des Kanals und Israel hatte die für das Land strategisch wichtigen Sinaipässe nicht aufgeben müssen. Vier Monate später kam auch zwischen Syrien und Israel ein Truppenentflechtungsabkommen zustande.

Daß sich Sadat auf die Vermittlung eines amerikanischen Delegierten einließ, blieb kurz- und langfristig nicht ohne einschneidende politische Folgen. Die Annäherung Kissingers und Sadats erfolgte relativ schnell. Die von Kissinger eingeleitete »Pendeldiplomatie« zwischen Israel und Ägypten klammerte die Palästinenserfrage systematisch aus. Ziel sollte ein Friedensvertrag zwischen den beiden Ländern werden.

Bald merkten die Palästinenser, daß der Oktoberkrieg nur ein »kurzes Aufleuchten« arabischer Solidarität gewesen war. »Statt den Weg für die Befreiung der besetzten Gebiete zu ebnen, hat er (der Krieg, d.V.) den amerikanischen Einfluß im Nahen Osten nur gefestigt und der Verschwörung zur Vernichtung der palästinensischen Widerstandsbewegung Vorschub geleistet«, schrieb der PLO-Führer Abu Ijad nach dem Krieg. Diese Erkenntnis bewirkte innerhalb der palästinensischen Befreiungsbewegung eine entscheidende Veränderung: Die PLO richtete ihre Politik zunehmend realitätsgerechter aus. Hatte sie vorher »alles oder nichts« gefordert, so näherte man sich jetzt einem konkreten, vielleicht eher erreichbaren Ziel: Palästina sollte nicht »völlig befreit« und dem »rechtmäßigen Besitzer« zurückgegeben werden, vielmehr tastete sich die PLO an die Überlegung heran, ihre Forderungen auf die Errichtung eines palästinensischen Staates *neben* Israel zu konzentrieren. Die Forderung nach der »Befreiung« Palästinas war immer eine »heilige Kuh« innerhalb der palästinensischen Bewegung gewesen. Wer dieses Ziel nicht vertrat, galt oft genug als Verräter der palästinensischen Sache. Allerdings konnte man sich auch nach 1973 noch nicht auf ein konkretes Programm einigen, das auf die Errichtung eines palästinensischen Staates in den von Israel besetzten Gebieten zielte — die Extremisten setzten sich schließlich durch. Aber eine Tendenzwende innerhalb der PLO hatte sich doch angekündigt. Es war in den letzten Jahren schmerzhaft deutlich geworden, daß es nicht realistisch war, darauf zu hoffen, den Staat Israel »auszuradieren«, wie es zumindest Teile der PLO verlangt hatten. Darüber hinaus mußten die Palästinenser einsehen, daß die jüdisch-israelische Nation im Vorderen Orient zwar künstlich geschaffen wurde, aber dennoch heute real existiert. Mit Recht wehrten sich die Palästinenser gegen die brutale Vertreibung durch die israelischen Kräfte und gegen die Errichtung eines Staates in ihrem Land, der sie von maßgeblichen Rechten ausschloß, ganz zu schweigen von Land- und Eigentumsraub. Doch können die berechtigte und existentielle Kritik und die daran anknüpfenden Forderungen und Kämpfe nicht zu der Haltung führen, im Gegenzug sollten die Juden aus Palästina vertrieben werden — versteht man sich als demokratische Bewegung. Die Fraktionskämpfe innerhalb der PLO verhinderten freilich klare Stellungnahmen zu der Tatsache, daß in Nahost eine neue Nationalität entstanden war.

## Das Ende der Gewißheit

Für Israel brachte der Oktoberkrieg einen erheblichen Verlust an Menschen und Material mit sich. Nahezu 5 Milliarden Dollar hatte der Krieg selbst gekostet, und die israelische Wirtschaft erlebte eine schwere Rezession. Das Ende des Booms, den Israel seit dem Sechs-Tage-Krieg erlebt hatte, war gekommen.

Aber die wichtigste Folge des Krieges war die Veränderung der Atmosphäre im Land. Man begann zu begreifen, daß »nichts wieder so sein würde wie zuvor«. Die Vorstellung der eigenen Unbesiegbarkeit war dahin. Zum ersten Mal wurden Zweifel an der Zukunft des Landes laut; andererseits gewannen die Extremisten und Fanatiker des Zionismus mehr Anhänger als jemals zuvor. Beides waren u.a. auch Reaktionen auf die weitere politische Isolation des Landes, die durch das Erdölembargo noch verstärkt worden war. Hatten vor dem Krieg beispielsweise die bundesrepublikanischen Regierungen noch über die »tapferen Pioniere« in Israel gejubelt, so solidarisierte sich nach dem Oktoberkrieg als einziges Land Holland trotz der von den arabischen Regierungen angedrohten Sanktionen mit dem israelischen Staat.

Nachdem das Schicksal der Palästinenser und die israelische Okkupationspolitik so viele Jahre lang kein Stein des Anstoßes gewesen zu sein schienen, formulierten nach 1973 die internationalen politischen Gremien zum ersten Mal unmißverständliche Kritik an der israelischen Politik. Politische Beobachter in Europa und den USA bemerkten, daß der plötzliche Meinungsumschwung nicht immer durch moralische Überzeugung motiviert war, sondern eher die Sorge um pünktliche Öllieferungen auszudrücken schien. Die Kritik hätte eigentlich schon spätestens nach 1967 einsetzen müssen, als Israel trotz der Resolutionen der Vereinten Nationen die besetzten Gebiete nicht räumte. Durch den Oktoberkrieg hatte sich an der Lage in Nahost prinzipiell nichts geändert, weder geographisch noch demographisch, auch politisch hatte sich zunächst nichts Entscheidendes getan. Doch bald schlossen sich internationale Gremien wie UNO und UNESCO erstmalig den seit Jahrzehnten von den Palästinensern gegenüber den Israelis erhobenen Vorwürfen an. Parallel zur Genfer Friedenskonferenz wurde klar gegen die israelische Politik Partei ergriffen. Am 7. Dezember 1973 beschloß die Generalversammlung der Vereinten Nationen folgende Resolution:

Die Generalversammlung. . .äußert ihre große Besorgnis darüber, daß Israel die Genfer Konvention über den Schutz von Zivilpersonen in Kriegszeiten wie auch die anderen anzuwendenden internationalen Konventionen und Regelungen verletzt hat und insbesondere über die folgenden Verletzungen:
a) die Annexion bestimmter Teile der besetzten Hoheitsgebiete,
b) die Gründung israelischer Siedlungen in den besetzten Hoheitsgebieten und die Überführung von fremder Bevölkerung dorthin,
c) die Zerstörung und das Niederreißen von arabischen Häusern, Vierteln, Dörfern und Städten,
d) die Einbeziehung und Enteignung von arabischem Grundbesitz in den

besetzten Hoheitsgebieten und alle anderen Transaktionen für den Erwerb von Land zwischen der Regierung von Israel, israelischen Institutionen und israelischen Staatsbürgern einerseits und den Einwohnern oder Institutionen in den besetzten Hoheitsgebieten andererseits,

e) die Evakuierung, Umsiedlung, Verschleppung und Vertreibung der arabischen Einwohner der seit 1967 von Israel besetzten arabischen Hoheitsgebiete und die Verweigerung ihres Rechtes, zu ihren Heimstätten und zu ihrem Landbesitz zurückzukehren,

f) Festnahmen durch Verwaltungsstellen und Mißhandlungen von arabischen Einwohnern,

g) das Plündern von archäologischem und kulturellem Besitz,

h) die Beeinträchtigung der religiösen Freiheit, religiöser Handlungen, Familienrechte und der Sitten,

i) die widerrechtliche Ausbeutung der Naturschätze, der Bodenschätze und Bevölkerung der besetzten Hoheitsgebiete...

Israel wurde darüber hinaus offiziell vorgeworfen, in den Gefängnissen des Landes werde gefoltert. Nach den Bestimmungen der Genfer Konvention obliegt es dem Internationalen Komitee des Roten Kreuzes, die Haftbedingungen in den besetzten Gebieten zu überprüfen. Israel gestattete den Abgesandten den Besuch von Häftlingen nur zögernd. Und dazu bestand wohl auch guter Grund. Die *Sunday Times* berichtete am 18.9.1977 von den Ergebnissen eines internen Berichts des Komitees.

Einige Häftlinge wurden während der Vernehmung durch die Militärpolizei gefoltert. Aufgrund der vorliegenden Beweise fanden die Folterungen in folgender Weise statt:

1. Aufhängen von Häftlingen an ihren Händen...,
2. Brandwunden durch Zigarettenkippen,
3. Stockschläge auf die Genitalien,
4. Fesselung und Zubinden der Augen für Tage,
5. Bisse von Hunden,
6. Elektroschocks an den Schläfen, dem Mund, der Brust und den Hoden.

## Politische Krise in Israel

Der Krieg, seine Folgen und die internationalen Reaktionen wurden in Israel leidenschaftlich diskutiert. Die offensichtliche Ignoranz der

Regierung der Arbeitspartei gegenüber den Anzeichen, die schon im September auf einen Krieg deuteten, die sprunghaft angestiegene Inflationsrate und die enorme Preissteigerung lösten bei der israelischen Bevölkerung heftige Kritik am regierenden Arbeiterblock aus. So gingen die Vereinigten Arbeiterparteien unter Golda Meir aus der Wahl zum Parlament Ende des Jahres 1973 deutlich geschwächt hervor, konnten allerdings weiterhin die Regierung bilden. Die rechtsoppositionelle Parteiengruppe des *Likud* unter Leitung von Menachem Begin gewann dagegen deutlich an Stimmen dazu. Begin beharrte auf der Priorität der »sicheren Grenzen«, auf einer Politik der Steifnackigkeit und auf der festen Überzeugung, daß sich Israel nur auf sich selbst verlassen dürfe. Die ideologische Begründung der territorialen Ansprüche auf die besetzten Gebiete lieferten die Nationalreligiösen, die aus dem Alten Testament das Recht auf Judäa und Samaria ableiteten (das ebenfalls »von Gott versprochene Land«); dies sind die Gebiete der Westbank! — Solche mit religiöser Rhetorik vorgetragenen und biblisch hergeleiteten Ansprüche, die in der Bevölkerung vor allem in der folgenden Zeit auf großen Zuspruch stießen, sind deutliche Belege für die legitimatorische Indienstnahme der Religion in Israel.

Die Regierungskrise endete im Frühjahr 1974 mit dem Rücktritt der Ministerpräsidentin Golda Meir, die das Amt 1969 übernommen hatte. Abgelöst wurde sie von dem bisherigen Generalstabschef Jizchak Rabin. Mit Rabin trat eine neue Generation von Politikern auf den Plan. Er war in Israel geboren, hatte die typische Karriere von der *Haganah* zur regulären israelischen Armee durchlaufen und war der typische *Sabra*, während die Politikergeneration zuvor im Milieu der osteuropäischen Ghettos aufgewachsen war mit der entsprechenden Angst vor Pogromen. »Unsere Kinder sollen nie wissen, was es heißt, schutzlos zu sein«, hatte Golda Meir oft gesagt. Rabins Politik nach der Devise »Ein Stück Land für ein Stück Frieden« war allerdings für die Palästinenser als Hauptbeteiligte am Nahostkonflikt keine wirkliche politische Diskussionsgrundlage.

## Die Palästinenser nach 1973

Wie schon berichtet, hatten sich Anfang der siebziger Jahre neue politische Ziele der PLO herauskristallisiert. Während zuvor die palästinensische Forderung gewesen war, den zionistischen Staat zu vernichten, und damit Palästina zu »befreien«, gewannen Teile der palästinensischen politischen Führung allmählich die Überzeugung, man solle seine Ziele lieber realistischer stecken. Die Erfahrung mangelnder Solidarität der arabischen Staaten mit dem palästinensischen Kampf — vor allem das Gemetzel gegen die Palästinenser in Jordanien 1970 — hatte dazu geführt, daß manche nun einen eigenen Staat wollten — in Palästina, neben Israel. Auch die Stimmung in den besetzten Gebieten war ausschlaggebend für diese sich anbahnende Veränderung palästinensischer Politik. Für die Araber unter israelischer Besatzung war das Hauptziel, die unerträgliche Besatzung loszuwerden und unter eigener Verwaltung zu leben — selbst wenn der Erzfeind Israel zunächst weiterexistiert. Es ergab sich eine nicht zu übersehende Spannung zwischen der PLO-Führung und der Einstellung der palästinensischen Bevölkerung in den besetzten Gebieten. Immerhin gelang im Jahre 1974 die Verabschiedung eines 10-Punkte-Programms, das von allen Fraktionen der Widerstandsbewegung gebilligt und von der Palästinensischen Nationalversammlung verabschiedet wurde. Darin wurde das Ziel festgelegt, »auf jedem befreiten Teilstück des palästinensischen Territoriums« einen unabhängigen Staat zu gründen. Hinzugefügt wurde noch: »Strategisches Ziel der PLO bleibt weiterhin die Gründung eines demokratischen Staates auf dem gesamten Gebiet des palästinensischen Vaterlandes.«

Das Programm stellte einen Kompromiß zwischen Extremisten und Gemäßigten dar, da es alle Möglichkeiten offen hielt. Und immerhin lag hier zum ersten Mal ein Programm vor, daß ein realistisches, vertretbares Ziel vorsah: die Errichtung eines palästinensischen Staates *neben* Israel. Diese Möglichkeit hatten die Palästinenser bisher immer ausgeschlossen. 1948, als ihnen von den Vereinten Nationen ein großer Teil Palästinas zugesprochen wurde, hatten sie abgelehnt. Damals waren die Palästinenser noch sicher gewesen, die fremden Eindringlinge wieder vertreiben zu können. In den siebziger Jahren war über die neu entstandene israelische Nationalität in Palästina nicht mehr hinwegzusehen und die eigene Macht nicht ausreichend, den Feind zu beseitigen. Das 10-Punkte-Programm schien realistisch, doch Abu Ijads Bericht über das Schicksal dieses Programms machte nicht optimistisch:

Leider war diese schöne Einmütigkeit nur von kurzer Dauer. Gleich nach Beendigung der Parlamentssitzung kam es in den Reihen der einzelnen Organisationen zu erneuten Auseinandersetzungen und Streitigkeiten. Die ganz radikalen Elemente warfen ihren Kameraden vor, sich für eine

Vorlage stark gemacht zu haben, die einem »Ausverkauf« Vorschub leiste. Und natürlich, wie immer in solchen Debatten, siegten die Extremisten über die Gemäßigten. Mit Ausnahme der Fatah, der Demokratischen Front und der Saika, deren Führung eine homogene Gruppe bildete, vollzogen alle anderen Gruppierungen eine totale Kehrtwendung und starteten einen wahren Feldzug gegen die Idee vom »Mini-Staat«. In Beirut erschienen plötzlich an den Hauswänden Plakate, auf denen gegen unsere Politik gehetzt wurde. An ein Plakat erinnere ich mich noch ganz deutlich: Es zeigte eine von zehn Kugeln durchlöcherte Landkarte von Palästina; die zehn Kugeln symbolisierten die zehn Artikel des gemeinsamen Programms das gerade von der Nationalversammlung verabschiedet worden war. Kurz danach schlossen sich die radikalen Organisationen zur sogenannten »Ablehnungsfront« zusammen, die in den nachfolgenden Jahren zu einer gefährlichen Spaltung der Widerstandsbewegung führen sollte.

Die neugebildete Regierung unter Jizchak Rabin in Israel kam nicht umhin, sich zumindest intern mit der Palästinenserfrage zu beschäftigen. Rabin begriff, daß die Lösung des Palästinenserproblems den Schlüssel zu einer Gesamtlösung des Nahostkonflikts bedeutete. Immerhin untersuchte er das Problem, wenngleich sich angesichts der Opposition und der öffentlichen Meinung die Publikation solcher Überlegungen von selbst verbot. In einem internen Bericht vom 25. Oktober 1974 heißt es:

Während das jüdische Volk vor 26 Jahren mit der Gründung des Staates Israel durch den Beschluß der Vereinten Nationen politische Identität erlangte, befanden sich die arabischen Palästinenser in einer völlig anderen Situation.

Ihre überwiegende Mehrheit verblieb in Gebieten des früheren britischen Mandats — ob sie sich nun auf jordanischer oder israelischer Seite befanden.

Die wenigsten zog es in andere arabische Länder, in denen ihnen eine spezifisch politische Entfaltung ihrer palästinensischen Identität nicht ermöglicht und, in der Tat, von ihnen viele Jahre lang nicht einmal gefordert wurde.

Akut wurde das Problem der palästinensischen Identitätsfrage erst während der letzten Jahre und aus folgenden Gründen:
A. Die beharrliche Weigerung arabischer Regierungen, Israels Existenz und Existenzberechtigung anzuerkennen, nährte den Gedanken einer pa-

lästinensischen Identität als Alternative zum Fortbestehen des Staates Israel.

Dies wurde im Jahre 1964 formell zum Ausdruck gebracht, als die Arabische Liga den Beschluß faßte, die PLO zu gründen.

B. Infolge des Sechs-Tage-Krieges leben über 1 Mio. Palästinensische Araber in Gebieten, die unter israelischer Militärverwaltung stehen. Für diese Bevölkerung wirft die Zukunft dieser Gebiete, im Rahmen eines Friedensvertrags, das Problem der politischen Entfaltung ihrer palästinensischen Identität auf.

C. Die Minderheit der Palästinenser — ungefähr 500 000 — befindet sich noch in Flüchtlingslagern. Ein Teil dieser — hauptsächlich diejenigen, die im Libanon und im Gaza-Streifen ansässig sind — ist staatenlos.

Für diese Menschen ist das Problem ihrer Identität gleichsam von praktischer sowie von persönlicher Bedeutung.

Wo befinden sich Palästinenser heute?

1. Palästinenser insgesamt

Westjordanien (seit Juni 1967 v. Israel verwaltet) 670 000
Gaza-Streifen (seit Juni 1967 v. Israel verwaltet) 380 000
Jordanien 643 000
Kuweit 147 000
Libanon 144 000
Syrien 138 000
Saudi-Arabien 60 000
Andere arabische Staaten 20 000
Andere Länder 50 000
Israel (inkl. Jerusalem-Altstadt) 548 000
   2 800 000

2. Palästinenser — in Flüchtlingslagern

Jordanien 159 000
Westjordanien 49 000
Gaza-Streifen 165 000
Syrien 27 500
Libanon 69 500
   470 000

3. Palästinenser — Jordanische Staatsbürger

Jordanien 634 000
Westjordanien 670 000
Jerusalem (Altstadt) 80 000
in anderen Staaten 200 000
   1 584 000

Doch das Palästinenserproblem blieb während der Verhandlungen nach dem Oktoberkrieg von 1973 ausgeklammert. Die Truppenentflechtung zwischen Israel und Ägypten war ohne eine Einbeziehung der Palästinenserfrage vonstatten gegangen. Zudem ließ die Öffnung Ägyptens gegenüber der amerikanischen Regierung schon ahnen, daß ein Kurswechsel in der ägyptischen Politik bevorstand. Nachdem Ägypten mit sowjetischen Waffen Krieg gegen Israel geführt hatte, empfanden es die Palästinenser wie einen Verrat an ihrer Sache, daß sich Sadat der Schutzmacht Israels, den USA, zuwandte. Doch Ägypten versprach sich von den USA wirkungsvolle Wirtschaftshilfe, die es für den Aufbau des eigenen Landes dringend benötigte. Außerdem waren die Kosten für die Kriege gegen Israel eine unerträgliche Belastung für die Wirtschaft. Das Truppenentflechtungsabkommen bewirkte darüber hinaus die Öffnung des Suez-Kanals für die freie Schiffahrt. Seit dem Krieg von 1967 war kein Schiff mehr durch den Kanal gefahren, da sich dort Ägypter und Israelis ständig kampfbereit gegenüberstanden.

Die Palästinenser waren tief enttäuscht von dieser in ihren Augen verräterischen Politik Sadats. Der Wunsch nach einem eigenen Staat, in dem man nicht mehr von den politischen Launen arabischer Politiker abhängig wäre, verstärkte sich noch.

Abu Ijads Schilderung der Situation trifft die Stimmung sehr vieler Palästinenser. Seine Argumentation ähnelt in verblüffender Weise der der frühen Zionisten; schon Herzl hatte argumentiert, daß — hätten die Juden einen eigenen Staat — auch die Juden in Europa würden in Frieden leben können. Abu Ijad schrieb:

Man wird uns besser verstehen, wenn man weiß, daß jeder Palästinenser sich nach einer Zuflucht sehnt, mag sie auch noch so klein sein; nach einem Konsulat, an das er sich wenden kann, wenn er sich benachteiligt oder bedroht fühlt. Sind wir denn weniger wert als die Bürger jedes x-beliebigen Emirats am Golf? Die meisten arabischen Staaten weigern sich, den Palästinensern ihre Staatsbürgerschaft zu verleihen. Nun gut! Wir beklagen uns nicht darüber. Damit leisten sie uns sogar, wenn auch vielleicht unabsichtlich, einen großen Dienst, denn damit tragen sie dazu bei, daß wir uns unsere Authentizität bewahren, und bestärken uns in unserer Entschlossenheit, eine Heimat zu finden. An dem Tag, an dem es uns gelungen sein wird, in den befreiten Gebieten von Zisjordanien und dem Gazastreifen einen Staat zu errichten, werden wir den ersten Personalausweis ausgeben. Es ist durchaus möglich, daß viele Palästinenser sich aus zweckdienlichen Überlegungen entschließen werden, nicht in dem neuen Staat ansässig zu werden. Aber was macht das schon? Es steht ihnen frei, in einem arabischen Land ihrer Wahl zu leben, und zwar ohne Komplexe und ohne Furcht! Und man wird sie endlich genauso behandeln wie diejenigen, die einen Paß vorzeigen können. Und wenn sie sich aus irgendeinem Grund bedroht fühlen, so haben sie immer die Möglichkeit, ihr Bündel zu schnüren und nach Palästina zu ziehen, wo sie nicht Gefahr laufen, wie Parias behandelt zu werden.

Die Meinungsänderung gegenüber Israel in weiten Teilen der Öffentlichkeit in Europa und den USA bescherte der PLO im November 1974 den ersten wirklichen politischen Erfolg auf internationaler Ebene. Jassir Arafat, Vorsitzender der Palästinensischen Befreiungsorganisation PLO, wurde von der Vollversammlung der Vereinten Nationen eingeladen, an den Beratungen im Plenum der Organisation zur Palästinafrage teilzunehmen. Nur Israel, die Dominikanische Republik und Bolivien hatten sich gegen die Resolution ausgesprochen. Endlich — so empfanden die Palästinenser — wurden sie als politischer Faktor anerkannt, wurden sie von dem bedeutendsten internationalen Gremium als Volk mit eigenen Interessen angesehen. Israel empfand es als »unerträglich«, den »Führer einer Terroristenbande« vor die UNO zu laden.

Arafats Begrüßungsrede vor der Vollversammlung wurde ein überwältigender Erfolg: Durch anhaltenden Beifall unterbrachen die meisten Delegierten seine Ausführungen. Arafat sagte unter anderem:

Die Wiederaufnahme der palästinensischen Frage vor der Institution der Vereinten Nationen ist ein bedeutendes Ereignis. Diesen Schritt betrachten wir als einen Sieg für die Welt-Organisation und die Sache unseres Volkes. Er weist auf eine neue Richtung: die UNO von heute ist nicht die von gestern, da die Welt von heute nicht die von gestern ist. Die UNO repräsentiert heute 138 Staaten und spiegelt ziemlich deutlich den Willen der internationalen Gesellschaft wider. Sie ist fähiger geworden, ihre Charta und die Prinzipien der Allgemeinen Deklaration der Menschenrechte in die Tat umzusetzen. Sie ist auch fähiger geworden, die gerechten und friedvollen Interessen zu unterstützen. Dies ist es, was unser Volk und die Völker Asiens, Afrikas und Lateinamerikas heute spüren, es trägt dazu bei, der UNO in unseren und der übrigen Völker Augen größere Achtung zu schenken. Und die Hoffnungen der Völker dieser Erde auf aktive Teilnahme der UNO in der Unterstützung von Frieden, Gerechtigkeit, Frei-

Arafat vor der UNO-Vollversammlung 1974

heit und Unabhängigkeit wachsen, wie auch die Hoffnungen zunehmen für die Errichtung einer neuen Welt ohne Kolonialismus, Imperialismus, Neo-Kolonialismus und allen Formen des Rassismus, einschließlich des Zionismus. (...)

Die zionistische Ideologie, die gegen unser Volk praktiziert wurde, um Palästina mit den aus dem Westen kommenden Eroberern zu besiedeln, wurde gleichzeitig dazu verwandt, um die Juden aus ihren verschiedenen Heimatländern herauszureißen und von den Nationen zu entfremden. Sie ist eine siedlerkolonialistische, auf Trennung bestehende, rassistische, reaktionäre Ideologie, die sich in ihren Grundlagen mit dem Antisemitismus trifft. Ja sie ist sogar die Kehrseite ein und derselben Medaille. Denn wenn wir sagen, daß Anhänger einer bestimmten Religion — hier das Judentum —, gleich in welchem Land, mit dieser Nation nicht identisch sind, und daß sie nicht als gleichberechtigte Bürger mit anderen andersgläubigen Bürgern zusammenleben können, so trifft sich dies direkt mit dem, was Antisemiten vertreten. Und wenn sie sagen, daß die einzige Lösung ihres Problems darin besteht, sich von den Nationen und Gesellschaften, deren Bestandteil sie in langjähriger Geschichte waren, zu lösen, auszuwandern, ein Land, das einem anderen Volk gehört, zu besiedeln und den Platz dieses Volkes mit Gewalt und Terror einzunehmen, vertreten sie die gleiche Haltung wie jene, von denen die Verfechter des Antisemitismus sie einst übernommen hatten.

(...)

Ich erkläre hiermit vor Euch als Vorsitzender der PLO und als Führer der Palästinensischen Revolution, daß, wenn wir von unseren gemeinsamen Hoffnungen für das Palästina von Morgen sprechen, wir in unser Bestreben alle Juden miteinschließen, die heute in Palästina leben und die mit uns gemeinsam auf dem palästinensischen Boden ohne Diskriminierung leben wollen. In meiner Eigenschaft als Vorsitzender der PLO und als Führer der Streitkräfte der Palästinensischen Revolution rufe ich jeden einzelnen Juden dazu auf, noch einmal den Weg des Untergangs zu überprüfen, auf den sie der Zionismus und die israelische Führung leitete, die ihnen nichts anderes bot als ständiges Verbluten und Kriege, in denen sie als Kanonenfutter benutzt wurden.

Wir rufen Euch auf, herauszutreten in freier Entscheidung und weiten Abstand zu nehmen von den Versuchen Eurer Führung, Euch einen Massada-Komplex* einzureden und Euch dies als Euer Schicksal zu oktroyieren. Wir machen Euch ein menschenwürdiges Angebot, daß wir innerhalb eines friedlichen und gerechten Rahmens in unserem demokratischen Palästina gemeinsam leben.

Im Anschluß an Arafats Rede, in der nicht mehr von der »Verschiffung aller Juden, die der Zionismus nach Palästina gebracht hatte, nach Europa« gesprochen wurde, nahm die Vollversammlung der UNO zwei Entschließungen an, die in der Geschichte der Palästinenser seit der Errichtung des Staates Israel einmalig waren: Zum einen wurde die PLO als allein rechtmäßige Vertreterin des palästinensischen Volkes anerkannt; zum anderen wurde der PLO der Status eines Beobachters bei den Vereinten Nationen zuerkannt. Diese Entschließung war äußerst ungewöhnlich. Noch nie hatte eine nationale Befreiungsbewegung Delegierte zur UNO entsenden dürfen.

Fast genau ein Jahr später, am 10. November 1975, wurde den Palästinensern indirekt ein anderer Erfolg durch die UNO zuteil: Die Ge-

* Massada war die letzte Festung der Israeliten im Kampf gegen die römischen Besatzer. Alle dort verschanzten Juden begingen Selbstmord, um nicht in römische Gefangenschaft zu geraten.

neralversammlung verabschiedete die sogenannte »Zionismus-Entschließung«, in der der Zionismus mit Rassismus gleichgesetzt wird. Vor allem die Länder der Dritten Welt stimmten für diese Entschließung, während fast alle europäischen Länder dagegen waren. In Israel und in den jüdischen Zentren in aller Welt wurde diese Resolution als eine Katastrophe empfunden:

Entschließung Nr. 3379 der 30. Generalversammlung der Vereinten Nationen vom 10. November 1975 (Auszug):

Die Generalversammlung,
— in Erinnerung an ihre Entschließung 1904 (XVIII) vom 20. November 1963, welche die Erklärung der Vereinten Nationen über die Beseitigung aller Formen der Rassendiskriminierung verkündete, und im besonderen an ihre Bestätigung, daß »jede Lehre rassischer Unterscheidung oder Überlegenheit wissenschaftlich falsch, moralisch verdammenswert (und) sozial ungerecht und gefährlich« ist, und an ihre ausgesprochene Warnung über »die noch in einigen Teilen der Welt erkennbaren Bekundungen an Diskriminierung aus rassischen Gründen, von denen einige durch gewisse Regierungen mittels gesetzgeberischer, verwaltungsmäßiger oder anderer Maßnahmen erzwungen sind«,
— in Erinnerung ferner daran, daß die Generalversammlung in ihrer Entschließung 3151G (XXVIII) vom 14. Dezember 1973 unter anderem die unheilige Verbindung zwischen südafrikanischem Rassismus und Zionismus verurteilt hat,
— in Kenntnis der Erklärung von Mexiko über die Gleichstellung der Frau und über ihren Beitrag zur Entwicklung und zum Frieden, die auf der Weltkonferenz des Internationalen Frauenjahres, welche in der Stadt Mexiko vom 19. Juni bis 2. Juli 1975 stattfand, verkündet wurde und die den Grundsatz bekannt machte, daß »internationale Zusammenarbeit und Frieden fordern die Erlangung der nationalen Befreiung und Unabhängigkeit, die Beseitigung von Kolonialismus und Neokolonialismus, ausländischer Besetzung, Zionismus, Apartheid, rassischer Diskriminierung in allen ihren Formen sowie die Anerkennung der Würde der Völker und ihr Recht auf Selbstbestimmung«,
— in Kenntnis ferner der politischen Deklaration und Strategie zur Stärkung des Weltfriedens und der internationalen Sicherheit und zur Steigerung der Solidarität und gegenseitigen Unterstützung der Paktfreien Länder, angenommen auf der Konferenz der Außenminister der Paktfreien Staaten, welche in Lima, Peru, vom 25. bis 30. August 1975 stattfand, die auf das schärfste den Zionismus als eine Bedrohung des Weltfriedens und

der internationalen Sicherheit verurteilte und die alle Länder aufforderte, dieser rassistischen und imperialistischen Ideologie entgegenzutreten,

1. legt fest, daß Zionismus eine Form von Rassismus und rassischer Diskriminierung ist.

Abstimmungsergebnis:

dafür: 72: Afghanistan, Ägypten, Albanien, Algerien, Äquatorial-Guinea, Arabische Emirate, Bahrain, Bangla Desh, Brasilien, Bulgarien, Burundi, China, Dahome, DDR, Gambia, Grenada, Guinea, Guinea-Bissao, Guyana, Indien, Indonesien, Irak, Jemen, Jordanien, Jugoslawien, Kambodscha, Kamerun, Kap Verde, Katar, Kongo, Kuba, Kuwait, Laos, Libanon, Libyen, Madagaskar, Malaysia, Malediven, Mali, Malta, Marokko, Mauretanien, Mexiko, Mongolei, Mosambik, Niger, Nigeria, Oman, Pakistan, Polen, Portugal, Rwanda, Sao Tome und Principe, Saudi-Arabien, Senegal, Somalia, Sowjetunion, Sri Lanka, Sudan, Südjemen, Syrien, Tansania, Tschad, Tschechoslowakei, Tunesien, Türkei, Uganda, Ukraine, Ungarn, Weißrußland, Zypern;

dagegen: 35: Australien, Bahamas, Barbados, Belgien, Costa Rica, Deutschland (BR), Dänemark, Dominikanische Republik, Elfenbeinküste, El Salvador, Fidschi-Inseln, Finnland, Frankreich, Großbritannien, Haiti, Honduras, Irland, Island, Italien, Kanada, Liberia, Luxemburg, Malawi, Neuseeland, Nicaragua, Niederlande, Norwegen, Österreich, Panama, Schweden, Swasiland, Uruguay, Vereinigte Staaten, Zentralafrikanische Republik;

Enthaltungen: 32: Argentinien, Äthiopien, Bhutan, Birma, Bolivien, Botswana, Chile, Ecuador, Gabun, Ghana, Griechenland, Guatemala, Jamaika, Japan, Kenia, Kolumbien, Lesotho, Mauritius, Nepal, Obervolta, Papua-Neuguinea, Paraguay, Peru, Philippinen, Sambia, Sierra Leone, Singapur, Thailand, Togo, Trinidad und Tobago, Venezuela, Zaire.

Rumänien, Spanien und Südafrika nahmen an der Abstimmung nicht teil.

Die Resolution zum Zionismus als »einer Form des Rassismus« war ein harter Schlag für Israel, der im ganzen Land als extrem ungerecht empfunden wurde. Viele Israelis hatten das Gefühl, daß der Antisemitismus — vor allem während des Nationalsozialismus — die Juden gezwungen hatte, sich eine Zuflucht, einen eigenen Staat zu suchen, da sich viele potentielle Einwandererländer nicht zu einer großzügigen Aufnahme hatten entschließen können. Niemand hatte den Juden geholfen. Ein eigener Staat sollte in der Zukunft eine ähnliche Katastrophe verhindern. Jetzt, dreißig Jahre nach Beendigung der Nazischreckensherrschaft, wurde dies als »rassistisch« verdammt, wobei doch die Juden vor allem unter dem Rassismus zu leiden gehabt hatten: Der Nationalsozialismus hatte die Juden als »Rasse« definiert und verfolgt. In Israel verstand und wollte man nicht verstehen, daß rassistische Elemente in die eigene Ideologie eingegangen waren.

Zwar waren eine Reihe der Länder, die für die Verurteilung des Zionismus gestimmt hatten, selber nicht frei vom Rassismus, aber dies heißt noch nicht, daß der Zionismus in seiner Erscheinungsform im Vorderen Orient nicht tatsächlich rassistische Züge trägt, wenn auch der Zionismus von seiner Ideologie her noch nicht rassistisch ist, sondern *nationalistisch*: Das Rückkehrgesetz von 1950, das nur Juden die Einwanderung nach Israel gestattet, die Permissivität gegenüber dem Rabbinat, das unter dem Deckmantel der Religion die Vermischung von Juden und Nichtjuden zu verhindern weiß — es gibt viele Äußerungen des Rassismus in Israel. Jeder Fremde in Israel wird sogleich gefragt, ob er Jude ist oder nicht. Dabei geht es nicht nur um ein verständliches Mißtrauen gegenüber eventuellen Antisemiten — auch solche fahren nach Israel — sondern auch um das tiefeingegrabene Gefühl, sich als Volk erhalten zu wollen. Den Juden hat diese Einstellung zweitausend Jahre lang zum Überleben als Volk verholfen. Aber es ist ein Unterschied, ob in der Diaspora aus religiösen Gründen die Eigenart erhalten wird oder ob sich dies als nationalstaatliche Politik manifestiert. Diesen Unterschied vermögen die meisten Israelis nicht zu verstehen. Die Politiker *wollen* ihn nicht verstehen, denn das hätte Konsequenzen für die derzeitige Machtpolitik des israelischen Staates.

Isaac Deutscher hatte sich schon in den fünfziger Jahren mit diesem Problem beschäftigt. Er fragte:

»Und jetzt sollen wir die Vorstellung akzeptieren, daß ausgerechnet rassische Merkmale oder »Blutsbande« die jüdische Gemeinschaft ausmachen? Wäre nicht genau das noch ein weiterer Triumph für Hitler und seine verkommene Philosophie?

Wenn nicht die Rasse, was macht dann einen Juden aus?

Religion? Ich bin Atheist. Jüdischer Nationalismus? ich bin Internationalist. Nach keiner dieser Bedeutungen bin ich daher Jude. Wohl aber bin ich Jude kraft meiner unbedingten Solidarität mit den Verfolgten und Ausgerotteten. Ich bin Jude, weil ich die jüdische Tragödie als meine eigene empfinde; weil ich den Pulsschlag der jüdischen Geschichte spüre; weil ich mit allen Kräften dazu beitragen möchte, etwas für die wirkliche und nicht die trügerische Sicherheit und Selbstachtung der Juden zu tun.«

Die internationale Verurteilung des Zionismus und die Anerkennung der PLO schuf einen größeren Freiraum für die Diskussion innerhalb der palästinensischen Bewegung. Teile der PLO erkannten, daß man sich mit der Losung für ein »säkulares Palästina, in dem Christen, Juden und Moslems friedlich beisammenleben« sollen, mehr verscherzen würde als gewinnen. Denn dieser politische Entwurf unterschlug, daß es sich in Palästina um einen Nationalitätenkonflikt handelte — längst war im Vorderen Orient eine neue Nation entstanden: die israelisch-jüdische, und die Palästinenser betrachteten sich schließlich auch als Volk, ihre Befreiungsbewegung verstanden sie als eine nationale.

Im Rahmen der Auflockerung der starren Strukturen innerhalb der PLO konnten auch differenzierte Gedanken zum Thema der Juden entstehen, die den gesamten historischen Kontext des Nahostkonflikts reflektierten. Als ein Beispiel sei der palästinensische Rechtsanwalt Raja Schehadeh zitiert, der sich gegenüber der israelischen Vorherrschaft als ein *Samid* — einen »Standhaften« — bezeichnet. Er berichtet folgenden Tagtraum:

Die Soldaten stürmen in mein Zimmer, und während sie mich umringten, verschwanden ihre Uniformen und wurden zu gestreiften Fetzen, ihre Wangen und Augen sanken ein, und ihre Gewehre lösten sich auf. Sie entblößten ihre Arme: Jeder von ihnen trug eine KZ-Nummer auf dem Arm. Sie umgaben mich in einem engen Kreis und deuteten mit ihren tätowierten Armen auf mich. Dabei begann ihr Fleisch zu verfallen, bis sie nur noch Skelette waren, die sich unterhakten und mich einkreisten.

»Jetzt bist du an der Reihe«, flüsterten sie.

»Warum, was habe ich getan?«

»Du bist Samid. Wir wissen alles über dich, wir haben dich beobachtet. Niemand, laßt euch das gesagt sein, niemand wird uns je entkommen! Wir sind die Überlebenden unserer sechs Millionen Brüder. Wir sind hier, um den Tod unserer Brüder zu rächen. Dieses Mal werden wir jeden einzelnen vernichten, bevor ihr die Chance habt, uns anzurühren.«

»Aber, was habe ich getan?«

»Was du getan hast? Mach nicht so ein unschuldiges Gesicht! Du willst uns zerstören — wie alle anderen auch. Ihr, die Araber, seid die neuen Nazis. Aber wir werden euch zuvorkommen. Nie wieder! Denk an unser Wort! Nie wieder! Nie wieder! Nie wieder!«

Als ihre Stimmen verklangen, streckte einer die Hand aus und drückte mir eine Nummer in den Arm. Dann waren sie verschwunden. (...)

Ich habe immer Angst gehabt: Angst, mich hier zu verlieren, Angst, der Verzweiflung nachzugeben, Angst, in blindem Haß zu versinken. Angst vor dem Ende, vor dem Blutvergießen am Ende, Angst vor dem, was sie mit uns vorhaben. (...)

Ich weiß, daß meine Ängste irrationale sind. Aber das sind meine Feinde auch. Früher konnte ich sagen, diese oder jene Ansicht von Begin, Levinger und all den Gush-Emunim-Anhängern sei verrückt. Aber inzwischen haben sie mich angesteckt. Was meinen sie eigentlich, wenn sie sagen »Nie wieder«, wenn sie Tag und Nacht wiederholen, jeder von uns sei ein Nazi, und niemandem würde es gelingen, sie noch einmal zu überwältigen.

Manchmal denke ich, ich bin ein Opfer der Opfer der Nazis. Das Schicksal hat bestimmt, daß auch ich für die »Endlösung« bezahle; das Schicksal hat — durch Alpträume, durch das kollektive Unbewußte — bestimmt, daß ich die Erinnerung an Auschwitz und an die dort erlittenen Ängste und Schrecken erben soll. (...) Ich habe den schrecklichen Verdacht, daß ich mir der Konzentrationslager stärker bewußt bin, als der durchschnittliche Israeli meines Alters. Er handelt, und ich träume die Träume, die er haben sollte. Wenn er meine Träume hätte, wäre er ebenso gelähmt wie ich.

In diesem aufgelockerten Klima — was die Reflexionsfähigkeit und -freiheit anging — konnten auch andere Kräfte auf eine politische Lösung des Konflikts dringen. Der folgende Aufruf der kommunistischen Untergrundzeitung *Al-Watan* an die PLO deutete auf denselben Weg, den Arafat in seiner Rede vor der UN-Vollversammlung schon hatte ahnen lassen, — für den sich in der PLO aber noch keine entschlossene Mehrheit gefunden hatte. Und die Zeit für konkrete politische Forderungen schien äußerst günstig:

Das palästinensische Volk hat im letzten Jahr wichtige politische Erfolge errungen. Der bedeutendste war die Anerkennung seines Rechtes auf Selbstbestimmung durch die Vereinten Nationen, die Anerkennung der PLO als der rechtmäßigen Vertreterin des palästinensischen Volkes im Weltsicherheitsrat und in der UN-Vollversammlung.

Im jetzigen Stadium steht der palästinensische Kampf vor einer klar definierten Aufgabe: der Unterbreitung einer realistischen Lösung für das palästinensische Problem, einer Lösung, die breite internationale Zustimmung gewinnen und Unterstützung von den verschiedenen Kräften erhalten kann, die zu den jetzigen palästinensischen Erfolgen und der Erringung der weltweiten Anerkennung der Existenz Palästinas, beigetragen haben.

Unser Volk, das — besonders in den besetzten Gebieten — unter der Schande der Eroberung, unter der Besatzungsmacht und ihrem Terror gelitten hat und noch leidet und die Bitterkeit der Verbannung, der Gefängnisse, der Enteignung von Land, der Errichtung von Siedlungen in der Nähe ihrer Häuser und auf ihrem Land gespürt hat und noch spürt, weiß um die Notwendigkeit, ein solches realistisches Programm vorzustellen. Es ruft die PLO auf, diese Aufgabe ohne Zögern und ohne Verspätung anzugehen.

Jetzt ist der Zeitpunkt für die PLO gekommen, zu sagen, wo sie zustimmen wird und wo sie zu Zugeständnissen bereit ist. Der Kampf der Palästinenser ist an einem Scheideweg angelangt. Die nationale Bewegung der Palästinenser unter der Führung der PLO ist gezwungen, auf die bestehenden Fakten und wahren Elemente des momentanen Stadiums des Kampfes der Palästinenser und Araber und auf die Kräfteverhältnisse — sowohl regional als auch weltweit — einzugehen. Im Interesse des palästinensischen Kampfes erfordert dies die Aufgabe der Parole vom »demokratischen, säkularen Staat«, da sie nicht die Unterstützung jener Kräfte hat, die eine wichtige Rolle bei der Erlangung der Erfolge der Befreiungsbewegung gespielt haben. Zudem konnte diese Parole nicht die Zustimmung breiter Bevölkerungsschichten der Betroffenen, an die sie gerichtet war, erlangen. Das Beharren auf dieser Forderung bedeutet im jetzigen Stadium des Kampfes eine Schwächung der Allianz von wichtigen und einflußreichen Kräften. Außerdem wird dadurch eine gute Möglichkeit verpaßt, die Isolation Israels zu verstärken und die Schlinge um seine expansive, aggressive Politik, die vom amerikanischen Imperialismus abhängt, enger zu ziehen.

Wir sind uns der Tatsache bewußt, daß die Führung der PLO starkem Druck ausgesetzt ist und daß es extremistische Erklärungen der »Ablehnungsfront« gegeben hat. Aber dies rechtfertigt die widersprüchlichen Erklärungen und die gelegentliche Rückkehr zu unrealistischen Parolen, deren Schärfe dem Vorankommen des palästinensischen Kampfes schadet, nicht.

Der Kampf ist in ein Stadium gelangt, wo eine klare Position hinsichtlich des Rechtes auf Selbstbestimmung formuliert werden muß. Die internationale Gemeinschaft, vertreten durch die UNO, hat dieses Recht anerkannt, und es ist jetzt notwendig, dieses Recht als eine politische Realität deutlich zu machen.

## Der historische Besuch

Während die Palästinenser über ihre politischen Vorstellungen stritten und sich die Genfer Friedenskonferenz nur mühsam am Rande des eigentlichen politischen Geschehens im Nahen Osten abspielte, faßte der ägyptische Präsident Anwar el-Sadat einen kühnen Entschluß: Er verkündete seinen Wunsch, auf dem Jerusalemer Tempelberg zu beten. Dieser Wunsch beinhaltete die fast unvorstellbare offizielle Einreise in das feindliche zionistische Land. Journalisten, Politiker, Palästinenser, Juden und Araber standen Kopf, vor allem, da durch einen Regierungswechsel in Israel inzwischen der rechtszionistische Führer des Likud-Blockes, Menachem Begin, an die Macht gekommen war. Begin hatte seinen Wahlsieg im Mai 1977 vor allem dem Überdruß in der Bevölkerung an der seit Gründung des Staates Israel regierenden Arbeitspartei zu verdanken. Das Programm eines »Groß-Israel« in den »historischen Grenzen«, die allerdings nie näher definiert wurden, entfaltete sich unter Begin wesentlich offener als zuvor. Siedlungsprojekte in den besetzten Gebieten, die dort zu vollendeten bevölkerungspolitischen Tatsachen führen sollten (»Wo wir siedeln, werden wir auch bleiben«), wurden von der *Likud*-Regierung offen gefördert und finanziell unterstützt. Die radikalen national-religiösen Gruppen waren begeistert. Sie konnten ungehemmt ihre wilden Siedlungsprojekte verwirklichen, ohne von der Regierung gezügelt zu werden. Sadats Ankündigung seines Wunsches, nach Jerusalem zu fahren, war auf dem Hintergrund dieser verhärteten israelischen Politik besonders erstaunlich.

Am 19. November 1977 traf der ägyptische Präsident auf dem Flughafen von Tel Aviv ein. Kurz darauf schüttelte Sadat die Hände der Erzfeinde, der zionistischen Politiker wie Begin, Mosche Dajan oder Arik Scharon, der später den Libanonfeldzug leitete. Für die Palästinenser bedeutete dieser Besuch »den Inbegriff der Ehrlosigkeit und der Schande«, ein nie wieder gutzumachender endgültiger Verrat an der palästinensischen Sache, eine Kollaboration mit dem Teufel. Am 20. November richtete der ägyptische Präsident sein Wort an das israelische Parlament:

Im Namen Gottes, Herr Präsident der Knesset, meine Damen und Herren. Zuerst bedanke ich mich besonders beim Präsidenten der Knesset, der mir diese Gelegenheit gab, zu Ihnen zu sprechen. Ich beginne meine Ansprache damit, Sie zu begrüßen, und sage, Friede und Gottes Gnade seien mit Ihnen. Friede für uns alle, so Gott es will; Friede für uns alle auf arabischem Boden, in Israel und überall auf dieser großen Welt — auf dieser komplizierten, widersprüchlichen und von Kriegen bedrohten Welt, Kriege, die Menschen führen und ihre Mitmenschen zerstören. Es gibt, am Ende, außer den Zerstörungen keinen Sieger oder Besiegten. Der wirklich Besiegte ist letzten Endes der Mensch...

Ich kann diejenigen verstehen, die meinen Beschluß — als ich vor der ganzen Welt verkündet habe, Ihre Versammlung zu besuchen —, mit Staunen, ja mit Überraschung aufgenommen haben. Einige haben sogar durch diese plötzliche Überraschung die Vorstellung bekommen, daß mein Beschluß ein bloßes Manöver mit Worten für den lokalen Gebrauch sei, vor der Weltöffentlichkeit. Andere bezeichneten ihn als politische Taktik, um meine Absichten zu verdecken, um einen neuen Krieg zu führen...

Meine Damen und Herren, laßt uns offen, frank und frei sprechen, heute verfolgt die ganze Welt — Ost und West — diesen seltenen Augenblick, der ein Wendepunkt in der Geschichte dieses Gebietes und sogar der ganzen Welt sein kann. Laßt uns frei sprechen, wenn wir die große Frage beantworten: Wie kann der dauerhafte und gerechte Friede errichtet werden? Vor allem bin ich zu Ihnen gekommen mit einer offenen und deutlichen Antwort auf diese große Frage, damit das Volk in Israel und damit die ganze Welt sie hört, und damit sie alle hören, die zu mir mit ihren aufrichtigen Wünschen kommen in der Hoffnung, daß letzten Endes die Ergebnisse verwirklicht werden, die die Millionen sich aus dieser historischen Zusammenkunft erhoffen. Bevor ich Ihnen meine Antwort mitteile, möchte ich Ihnen versichern, daß diese offene und deutliche Antwort auf einigen Tatsachen beruht, die unvermeidlich anerkannt werden müssen. Die erste Tatsache besteht darin, daß niemand sein Glück auf Kosten des Unglücks anderer errichtet...

Die Aufgabe, offen zu sprechen, erfordert, daß ich Ihnen folgendes sage:
1.) Ich bin nicht zu Ihnen gekommen, um ein Separatabkommen zwischen Ägypten und Israel abzuschließen. Das ist nicht in der Politik Ägyptens enthalten. Das Problem ist nicht zwischen Ägypten und Israel. Jeder Separatfrieden zwischen Ägypten und Israel oder zwischen irgendeinem Konfrontationsland und Israel wird nicht zum dauerhaften und gerechten Frieden im ganzen Gebiet führen. Mehr noch, sogar wenn der

Friede zwischen allen Konfrontationsstaaten und Israel erreicht wird, ohne eine gerechte Lösung des palästinensischen Problems zu berücksichtigen, dann wird dies niemals den gerechten und dauerhaften Frieden realisieren können, den heute die ganze Welt als dringend betrachtet. Ich bin nicht hierher gekommen, um ein Teilabkommen zu erzielen, im Sinne der Beendigung des Kriegszustands in dieser Phase, denn so würde das ganze Problem auf eine andere Phase verlegt werden. Das ist nicht die radikale Lösung, die zum dauerhaften Frieden führt. Im Zusammenhang damit steht, daß ich nicht zu Ihnen gekommen bin, um ein drittes Truppenentflechtungsabkommen auf Sinai, oder auf Sinai und den Golan-Höhen und dem Westufer zu erzielen, denn das heißt, daß wir die Frage verschieben und daß die Lunte bis auf weiteres an die Zündschnur gelegt wird. Das heißt auch, daß wir keinen Mut haben, dem Frieden ins Auge zu sehen. Das heißt auch, daß wir zu schwach sind, die Belastung und Verantwortung des dauerhaften und gerechten Friedens zu tragen. Ich bin zu Ihnen gekommen, damit wir gemeinsam den gerechten und dauerhaften Frieden errichten, damit kein einziger Tropfen Blut von beiden Seiten vergossen wird, und deshalb habe ich erklärt, daß ich bereit bin, bis ans Ende der Welt zu gehen...

Meine Damen und Herren, in Wirklichkeit, und davon rede ich, wird der Frieden eine leere Formel sein, wenn er nicht auf Gerechtigkeit und Nichtbesetzung des Bodens der anderen basiert. Es darf nicht sein, daß Sie für sich etwas verlangen, was sie anderen verweigern. In aller Offenheit und im Geiste der Hintergründe, die mich zu meiner Anwesenheit bei Ihnen bewegten, sage ich Ihnen: Sie müßten endgültig die Aggressionsbestrebungen aufgeben, und Sie müßten auch von dem Glauben abrücken, daß die Stärke die beste Methode ist für den Umgang mit den Arabern. Sie müßten die Konfrontationsbedingungen zwischen uns und Ihnen gut reflektieren. Die Expansion wird Ihnen nicht nutzen. Damit wir offen reden: Unser Land ist kein Verhandlungsobjekt, und es ist kein Diskussionsgegenstand. Unser nationaler Boden hat für uns den gleichen Rang wie das heilige Tal, in dem Gott mit dem verehrten Propheten Moses gesprochen hatte. Keiner von uns hat das Recht, und keiner will es, auf einen Zentimeter davon zu verzichten. Keiner wird das Prinzip akzeptieren, darüber zu verhandeln und zu beraten. In Wirklichkeit, und darüber rede ich, haben wir heute die günstige Chance für den Frieden. Diese Chance wird sich nicht nochmal ergeben, wenn wir wirklich für den Frieden ernsthaft kämpfen wollen. Wenn wir diese Chance versäumen, dann würden diejenigen, die sich dagegen verschwört haben, von der Menschheit und der Geschichte verdammt. Was bedeutet Frieden für Israel? Daß es mit den benachbarten Arabern in Sicherheit leben will. Zu dieser Logik sage ich ja. Daß Israel in Sicherheit vor jeglichen Angriffen leben will; zu dieser Logik sage ich ja. Daß Israel alle Arten von Garantien, die ihm diese beiden Tatsachen sichern, fordert; zu dieser Forderung sage ich ja. Wir erklären darüber hinaus, daß wir alle internationalen Garantien, die Ihnen vorschweben und diejenigen, die Sie wollen, seien sie von den beiden Supermächten, von einer von ihnen, von den fünf Großmächten oder von einigen von ihnen, akzeptieren. Ich stelle nochmals mit aller Klarheit fest, daß wir mit allen von Ihnen gewünschten Garantien einverstanden sind, weil wir unsererseits dieselben Garantien erhalten würden.

Zusammenfassend kann ich sagen: Wenn wir fragen, was der Frieden für Israel bedeutet, wird die Antwort sein, daß Israel innerhalb seiner Grenzen mit seinen arabischen Nachbarn in Sicherheit und im Rahmen aller von ihm gewünschten Garantien, die auch der anderen Partei zukommen, leben soll. Aber wie können wir dies verwirklichen? Wie können wir zu diesem Ergebnis kommen, um damit zum dauerhaften Frieden zu gelangen? Es gibt Tatsachen, denen man mit aller Klarheit und Mut begegnen muß.

Israel hat arabischen Boden besetzt, der immer noch mit Gewalt gehalten wird. Und wir bestehen darauf, daß der vollständige Rückzug daraus, einschließlich aus dem arabischen Jerusalem, verwirklicht wird; aus Jerusalem, das ich besucht habe, weil es die Stadt des Friedens ist. Jerusalem war und wird auch noch eine lebendige Verkörperung für das Zusammenleben der Gläubigen der drei Religionen bleiben. Es ist unakzeptabel, daß irgend jemand den Sonderstatus Jerusalem in den Rahmen der Expansion mit einbezieht. Vielmehr muß es eine freie und offene Stadt für alle Gläubigen sein. Diese Stadt, und dies ist das wichtigste, darf nicht für diejenigen geschlossen werden, die sie als Sitz für mehrere Jahrhunderte gewählt haben. Wir sollten anstatt der Belebung des Hasses der Kreuzzüge die Haltung des Umar Ibn Al-Khattab und des Saladin, d.h. die Großzügigkeit und die Respektierung der Rechte wieder beleben. Die islamischen und christlichen Gebetshäuser sind nicht lediglich als Häuser für Anbetung zu begreifen, sondern sie sind auch ein ehrlicher Zeuge für unsere stetige politische, geistige und ideologische Anwesenheit in diesem Raum. Von daher darf keiner die Bedeutung und Würde, die wir Christen und Moslems für Jerusalem empfinden, unterschätzen. Lassen Sie mich Ihnen ohne die geringste Verlegenheit sagen, daß ich zu Ihnen, unter diese Kuppel nicht gekommen bin, um Sie darum zu bitten, Ihre Streitkräfte von dem besetzten Gebiet zurückzuziehen. Der vollständige Rückzug aus den nach 1967 besetzten Gebieten ist eine Selbstverständlichkeit, die für uns jede Verhandlung ausschließt. Darum kann keiner bitten. Die Rede über den dauerhaften und gerechten Frieden hat keinen Sinn, und jeder Schritt für die Garantierung unseres gemeinsamen Lebens in Sicherheit ist überflüssig, solange Sie arabischen Boden mit Waffengewalt besetzen. Ein Frieden kann nicht herbeigeführt werden, solange unser Boden besetzt ist. Ja, dies ist eine Selbstverständlichkeit, die eine Diskussion nicht zuläßt, wenn die Absichten ehrlich sind; wenn die Absichten und der Kampf für die Herbeiführung des gerechten und dauerhaften Friedens für unsere Generation und für alle kommenden Generationen ehrlich sind.

## Die Konferenz von Camp David

Durch seinen Besuch in Israel isolierte Sadat sein Land in der arabischen Ablehnungsfront gegen den zionistischen Staat. Obwohl er in seiner Rede vor der Knesset in Jerusalem betont hatte, einen Separatfrieden mit Israel ohne die Zustimmung der anderen arabischen Staaten und der Palästinenser schließe er aus, so wurde er doch dessen verdächtigt. Ein Separatfrieden würde das Ausscheren des bedeutendsten Kriegsgegners Israels bedeuten und damit die palästinensische Position schwächen — so fürchteten die Palästinenser. Und auch andere arabische Staaten wie Syrien oder der Irak gifteten gegen Sadat. Ägypten wurde aus der arabischen Einheit ausgeschlossen.

Die amerikanische Regierung versuchte, Sadats Isolation innerhalb der arabischen Welt durch großzügige materielle Hilfe auszugleichen. Ihr war an einer friedlichen Lösung sehr gelegen, denn die hartnäckige Haltung der israelischen Regierung hatte den USA zunehmend zu schaffen gemacht. Außerdem war die US-Regierung langfristig an einem guten Verhältnis zur arabischen Welt interessiert. Schließlich liegen dort unschätzbare Rohstoffe wie zum Beispiel das Öl; Absatzmärkte warten auf ihre Erschließung. Andererseits war die Regierung auch nicht an einer Stärkung der palästinensischen Position mit ihren sozialistischen Tendenzen gelegen. Ein Separatfrieden zwischen Israel und Ägypten schien ein annehmbarer Mittelweg zu sein. Dazu mußte aber erst die ägyptische Regierung überredet werden. Sadat hatte bisher einen Separatfrieden ausgeschlossen und auf einer Gesamtlösung der Palästinafrage bestanden. Der damalige amerikanische Präsident Jimmy Carter rief die sogenannte Konferenz von *Camp David* ein. Dort versammelten sich bedeutende Vertreter Ägyptens und Israels, um eine Lösung auszuarbeiten. Zwischendurch nahmen auch Sadat und Begin persönlich an den Verhandlungen unter Vorsitz von Jimmy Carter teil. Nach zweijährigen, zähen Bemühungen um Formulierungen, Paragraphen, Termine und Verträge war das Unerwartete zustande gekommen: ein Friedensvertrag zwischen Israel und Ägypten. Zur Erfüllung gehörte die Räumung des gesamten Sinai durch Israel innerhalb von vier Jahren und die Anerkennung von Israels Souveränität durch Ägypten und die Wahrung des Friedens von beiden Seiten. In beiden Ländern wurde das Ergebnis der Verhandlungen zwiespältig aufgenommen. Sadat galt als Verräter der arabischen Sache, Begin wurde von den National-Religiösen der Vorwurf gemacht, heiliges Land für einen unsicheren Frieden zu verkaufen.

## Begins Autonomieplan: ein Etikettenschwindel?

Während der Verhandlungen von Camp David war die israelische Regierung in einen Zugzwang geraten. Sadat hatte durch seinen Besuch in Jerusalem eine so offensichtliche Friedensgeste getan, daß nun auch Israel zu Zugeständnissen für den Frieden gezwungen war. So legte der israelische Ministerpräsident seinem Parlament einen Autonomieplan vor, der dann auch gebilligt wurde. Sadat bestand nämlich auf einer Lösung der Verwaltungsorganisation in den besetzten Gebieten, ohne aber eine direkte Teilnahme der PLO an den Verhandlungen zu verlangen.

Politische Beobachter stellten allerdings schnell fest, daß Begins Autonomieplan nur eine *kulturelle* Autonomie der Bewohner »Judäas, Samarias und des Bezirks Gaza« vorsah. Schon die Sprachregelung aus dem Wortschatz der Bibel, die im Plan verwandt wurde, zeigte, zu welchem Land Begins Meinung nach diese Gebiete gehören sollten. Eine territoriale Autonomie, die dann auch eine politische hätte sein können, war in der Regelung nicht vorgesehen. Die Verfügungsgewalt über die natürlichen Ressourcen des Landes — vor allem das Wasser —, den staatlichen Boden und dessen Verwendung sollte wie bisher in israelischer Hand liegen, und dies bedeutete nichts anderes als die Festschreibung der Besatzung. »Sicherheit und öffentliche Ordnung« in den besetzten Gebieten sollte weiterhin der israelischen Hoheit unterliegen. Die in Punkt 24 festgelegte Souveränität auf fünf Jahre ließ die weitere Zukunft dieser Gebiete offen, und die Palästinenser gingen davon aus, daß mit dieser Regelung nur eine Hinhaltetaktik verfolgt wird.

Im 26-Punkte-Plan »für die palästinensischen Araber — Bewohner Judäas, Samarias und des Bezirks Gaza« von Ministerpräsidenten Begin heißt es:

1. Die Verwaltung durch eine Militärregierung in Samaria, Judäa und im Bezirk Gaza wird aufgegeben.
2. In Judäa, Samaria und im Bezirk Gaza wird eine administrative Autonomie der Bewohner von ihnen selbst und für sie selbst eingerichtet.
3. Die Bewohner von Judäa, Samaria und dem Bezirk Gaza werden einen Verwaltungsrat wählen, der aus elf Mitgliedern besteht. (...)
10. Der Verwaltungsrat wird die folgenden Abteilungen unterhalten: Erziehung, Religion, Finanzen, Transportwesen, Bauwesen, Industrie, Handel und Tourismus, Landwirtschaft, Gesundheitswesen, Arbeits- und Sozialfragen, Rehabilitierung von Flüchtlingen, Rechtswesen und Überwachung der einheimischen Polizei.
11. Sicherheit und öffentliche Ordnung in den Gebieten Judäa und Samaria sowie im Bezirk Gaza wird der Verwaltung der israelischen Behörden unterstellt sein. (...)
14. Die Bewohner (...) werden die freie Wahl zwischen der israelischen und jordanischen Staatsbürgerschaft haben. (...)
19. Man wird ein Komitee von Vertretern Israels, Jordaniens und des Verwaltungsrates ernennen, welches die in Judäa, Samaria und dem Gaza-Bezirk bestehende Gesetzgebung prüfen und festsetzen wird, welche Gesetzgebung weiterhin in Kraft bleibt, welche aufgehoben wird und was die Zuständigkeit des Verwaltungsrates zur Bekanntgabe von Verfügungen sein wird. Die Entscheidungen des Komitees werden durch einstimmigen Beschluß angenommen werden.
20. Bewohner Israels werden das Recht haben, in Judäa, Samaria und im Bezirk Gaza Land zu erwerben und sich dort niederzulassen. Arabische Bewohner Judäas, Samarias und des Gaza-Bezirkes, die aufgrund der ihnen freigestellten Entscheidung israelische Staatsbürger werden, werden berechtigt sein, in Israel Land zu erwerben und sich dort niederzulassen.
21. Man wird ein Komitee aus Vertretern Israels, Jordaniens und des Verwaltungsrates ernennen, welches Einwanderungsbestimmungen für Judäa, Samaria und den Bezirk Gaza festsetzen wird. Das Komitee wird die Bestimmungen ausarbeiten, nach denen arabischen Flüchtlingen, die außerhalb Judäas, Samarias und dem Gaza-Bezirk leben, die Einwanderung in diese Gebiete in annehmbarer Zahl gestattet wird. Die Entscheidungen des Komitees werden durch einstimmigen Beschluß angenommen werden. (...)

24. Israel besteht auf seinem Recht und seinem Anspruch auf die Souveränität über Judäa, Samaria und den Bezirk Gaza. Im Bewußtsein dessen, daß andere Ansprüche existieren, schlägt es zwecks Übereinkunft und um des Friedens willen vor, daß die Frage der Souveränität über diese Gebiete offenbleibt. (...)
26. Diese Grundsätze werden nach Ablauf von fünf Jahren einer erneuten Prüfung unterzogen.

Die Reaktion der Palästinenser war heftig und erbittert. »Ist es Autonomie, die Kläranlagen zu kontrollieren?«, fragte die palästinensische Journalistin Raymonda Tawil:

Diesem unschuldigen Wort »Autonomie« sind viele gutwillige Leute auf dem Leim gegangen; sie sind der ehrlichen Meinung, daß die Palästinenser mit dieser »Autonomie« die nationale Unabhängigkeit genießen können, die das unveräußerliche Grundrecht jedes Volkes ist.
   Aber die Realität sieht anders aus. Die »Autonomie« ist ein Schwindel.
   Was für eine Freiheit wird das sein, die wir auf der West Bank und im Gaza-Streifen unter dem »Autonomie«-Plan genießen werden? Israelische Truppen werden als Besatzung bleiben; die Kontrolle über die innere Sicherheit wie auch über das Kommen und Gehen unseres Volkes über die Jordan-Brücken wird weiterhin in der Hand Israels liegen; die seit 1967 errichteten israelischen Siedlungen werden bestehen bleiben, und neue werden hinzukommen. Ist das »palästinensische Unabhängigkeit«?

Alle palästinensischen Organisationen lehnten die Vereinbarungen von *Camp David* ab. In einer Erklärung von Vertretern aller Gewerkschaften, Berufsverbände und Vereine, die Ende September 1978 in Ost-Jerusalem stattfand, wurde diese Ablehnung begründet: »Die Vereinbarung hat Israel nicht dazu verpflichtet, sich aus dem arabischen Jerusalem, dem Westufer, dem Gazastreifen und den restlichen Territorien zurückzuziehen.« Ferner war die PLO als Vertreterin des palästinensischen Volkes in der Autonomieregelung nicht einmal erwähnt. Sie wurde in ihrer Existenz ignoriert. Das paßte zur Regierungspolitik Begins, die er bereits in den Jahren zuvor vertreten hatte. Die PLO als Organisation, die Palästinenser als eigenes Volk und die palästinensischen Territorien sollten schon durch eine gezielt verfälschende Sprachregelung aus dem öffentlichen Bewußtsein verschwinden. Am 23. September 1977 hatte der Berater für Information in Übersee beim Ministerpräsidenten folgende Regelung bekannt gegeben:

Wir müssen mit der Verwendung der Bezeichnung »Westbank« Schluß machen. Diese Territorien haben Namen und nur diese Namen dürfen verwendet werden: »Judäa und Samaria«. Dieser Gebrauch muß sowohl gegenüber Nicht-Israelis im Ausland wie in Israel selbst strikt eingehalten werden. Der Begriff »Annexion«, wie er auf die Idee des Anschlusses dieser Territorien an den Staat Israel Anwendung findet, muß verschwinden. Man kann nur Land annektieren, das einem anderen gehört. Die Verwendung des Begriffes »Annexion« bestärkt nur falsche und verlogene Forderungen der Araber und ihrer Freunde bezüglich eines arabischen Eigentums von Erez Israel und kann sogar so erscheinen, als ob die jordanische Eroberung legitimiert würde.

Wenn von der Idee des Anschlusses Judäas, Samarias und Gazas an den Staat Israel die Rede ist, sind die Begriffe »Anschluß« und »Anwendung israelischen Rechts« — je nach den Umständen — anzuwenden, keinesfalls aber »Annexion«!

Die Bereitschaft und die Verwendung der Bezeichnung »Rückgabe« von Territorien selbst haben das arabische Argument unterstützt, daß das in Frage stehende Territorium ihnen gehört, da man offensichtlich nicht davon sprechen kann, irgend etwas zurückzugeben, es sei denn an seinen Besitzer. Jedenfalls hat sich die Idee, daß Judäa, Samaria und Gaza (ganz zu schweigen von Sinai und Golan) den Arabern gehört, bei vielen Leuten in der Welt eingenistet (sogar bei Leuten guten Willens). Die Mehrheit von ihnen, unter Einschluß von Journalisten und Politikern, sind keine Berufshistoriker oder Zionismus-Experten. Da die Friedensverhandlungen nach ihrem Verständnis zuallererst den Gebieten gelten werden...erscheint ihnen die Besiedlung...unnötig und herausfordernd...Kurzum: Der Konflikt ist nicht das Ergebnis der »territorialen Eroberung«, sondern liegt in der Weigerung der Araber begründet, unser Recht auf unser Vaterland anzuerkennen.

Die planmäßige Siedlungspolitik zur schleichenden Annexion der Westbank wurde durch die sprachlichen Feinheiten verschleiert. Der Begriff »Palästina«, den die Araber weiterhin für Israel und die besetzten Gebiete verwendet hatten, war schon lange ein Tabu. Aus den Erdkundebüchern der palästinensischen Schulen war der Begriff gestrichen worden, als wenn dadurch die Hoffnung der Palästinenser auf einen eigenen Staat zunichte gemacht werden könnte.

Die mit großer Intensität vorangetriebene Siedlungspolitik vor allem in der Westbank — oft unter der Vorhut von sogenannten »wilden Siedlern« — wurde von Ministerpräsident Begin als Chance zur friedlichen Koexistenz hingestellt. Das Zusammenleben jüdischer Siedler mit der ansässigen arabischen Bevölkerung könne zwischen beiden Gruppen vermitteln, hieß es.

Großangelegte Siedlungsprojekte von Kirjat Arba oder Elon Moreh versetzten aber die arabische Bevölkerung der Region verständlicherweise in große Unruhe. Die Siedler waren meist militante, religiös-fanatische Juden, die durch ihre Anwesenheit — selbst wenn sie nach Israel zum Arbeiten fuhren — Stärke und Besitzansprüche demonstrieren wollten. Unter solchen Umständen war es ein Hohn, von friedlicher Koexistenz zu sprechen, fanden die Palästinenser. Ruhe wurde nur durch den starken Arm der Militärregierung aufrecht erhalten.

In einem Interview gegenüber deutschen Publizisten äußerten sich 1979 drei Bürgermeister aus der Westbank zu dem Thema. Die Politiker Fahad Kawassme und Mohammed Milhem wurden von den israelischen Behörden später — nachdem ein Anschlag auf jüdische Siedler in Hebron/Westbank verübt worden war — deportiert und ins Ausland abgeschoben. Bassam Schakaa verlor genau ein Jahr später, im Juni 1980 bei einem vermutlich von jüdischen Extremisten verübten Bombenanschlag, beide Beine.

Schakaa (Bürgermeister von Nablus): Ich kann keinerlei Beziehungen zwischen den jüdischen Siedlern und den arabischen Einwohnern feststellen. Die Siedler kommen mit ihren Gewehren und dringen gewaltsam in die Gebiete ein. Sie zerstören Eigentum und umgeben sich mit Stacheldraht und elektrischen Zäunen. Auf diese Weise kann keine Koexistenz entstehen. Die Feindschaft der Siedler gegen die arabische Bevölkerung sitzt tief und zeigt sich in ihrem Benehmen. Sie sind die fanatischsten unter den Zionisten. In Elon Moreh, der Siedlung vor den Toren von Nablus, haben sie gerufen: »Hängt Bassam Schakaa!« Ich habe Verteidigungsminister Weizman gesagt, daß die Siedlungen nur Haß hervorrufen. Kein Einwohner von Nablus arbeitet in den jüdischen Siedlungen für die zionistischen Siedler.«

Milhem (Bürgermeister von Halhul): »Dayan und seine Siedlungen haben bewiesen, daß Siedlungen die Friedenschancen mindern, denn die Siedler haben in den letzten zwölf Jahren deutlich gemacht, daß sie hierher gekommen sind, nicht um mit uns friedlich zusammenzuleben, sondern um unser Land zu nehmen, um uns Angst einzujagen. Das Mädchen, das im März ermordet wurde, wurde von einem Siedler aus Kiryat Arba erschossen. Im Oktober 1976 wurden sieben Bürger von Halhul durch jüdische Siedler aus den nahe gelegenen Siedlungen verletzt. Ist das Koexistenz, wenn sie sich hinter doppelten elektrischen Zäunen verbarrikadieren?«

Kawassme (Bürgermeister von Hebron): »Die Siedler nehmen sich hier das Land mit Gewalt. Wie sollen wir ihnen vertrauen, wenn sie unser Land nehmen? Offiziell bestehen keinerlei Beziehungen zwischen den Einwohnern von Hebron und den Siedlern in Kiryat Arba vor den Toren der Stadt. Ich habe niemals etwas mit ihnen zu tun gehabt. Ich habe dem Militärgouverneur gesagt, daß wir Juden in Hebron akzeptieren werden, wenn sie unserem arabisch-palästinensischen Volk erlauben, nach Ramleh, Jaffa oder Haifa zurückzukehren.«

Die »wilden Siedler« zogen auch innerhalb Israels viel Kritik auf sich. Ihre Art, sich mit Gewalt in den besetzten Gebieten niederzulassen, war mit der trügerischen Selbsteinschätzung, eine liberale Besatzungspolitik zu betreiben, nicht vereinbar. Vor allem die rechtszionistische Gruppierung *Gush Emunim* (»Block der Getreuen«) tat sich wiederholt durch spektakuläre Projekte hervor. In einem Interview mit der israelischen Zeitung *Ha'arez* offenbarte der politische Sekretär Gershon vom *Gush Emunim* die besondere Ethik seiner Organisation:

»Gerschon: Es ist unmöglich, daß zwei Personen das Recht auf dasselbe Stück Land haben können. Wir haben ein absolutes Recht auf dieses Land und die Araber haben überhaupt keines darauf.
Frage: Gibt ihnen die Tatsache, daß sie seit Jahrhunderten auf diesem Land leben, kein Recht darauf?
Gerschon: Nein, im Verhältnis zur Bedeutung unseres Rechts nicht.
Frage: Befürchten sie nicht, daß diese Ethik uns schaden könnte und zum Beispiel die totale Isolierung des israelischen Staates in der Welt bewirken würde?
Gerschon: Ich ziehe die israelische Ethik der Ethik der Welt vor.«

Von friedlicher Koexistenz kann schon deshalb nicht gesprochen werden, weil den Palästinensern politische Aktivitäten schlichtweg verboten sind. Nur der israelischen Regierung genehme gemäßigte palästinensische Politiker haben die Chance, nach einer rechtmäßigen Kommunalwahl auch Bürgermeister zu bleiben. Es sind keine freien Kommunalwahlen, wenn unbequeme, der PLO nahestehende Volksvertreter kurzerhand abgeschoben werden. Über politisch relevante Themen darf gar nicht erst beraten werden, wie zum Beispiel die Energieversorgung der Westbank, die die israelische Regierung unter ihrer Kontrolle behalten will. Als Druckmittel könnte sie einfach auf der gesamten Westbank das Licht ausschalten.

Der Sprecher der israelischen Militärregierung hatte unmißverständlich klargemacht, daß über die politischen Ziele der Palästinenser nicht geredet werden darf:

»Versammlungsgenehmigungen werden den Bürgermeistern, Gewerkschaftlern und anderen gegeben, wenn diese Treffen dem Frieden dienen und helfen, Brücken zu unseren Nachbarn zu bauen. Wenn sie aber nur über die Siedlungen, über Landesenteignungen und die Elektrizitätsgesellschaft reden und uns sagen wollen ‚Wir unterstützen die PLO und ihr, Israel, müßt mit der PLO reden, nicht mit uns', dann dient das nicht dem Frieden. Wenn sich also die Versammlungen gegen die Normalisierung aussprechen und nur über Politik geredet wird, dann werden wir solche Treffen nicht genehmigen.«

Auf dem Hintergrund dieser Politik von Bevormundung, Enteignung und Demütigung konnten sich die Palästinenser kaum mit einer Autonomieregelung zufrieden geben, wie sie auf der Konferenz von *Camp David* ausgehandelt worden war. Begin hatte durch diesen Plan seine bisherige Politik von Ägypten und den USA absegnen lassen. Mit anderen Worten: Das Palästinaproblem war durch den Friedensvertrag und die Autonomieregelung von Camp David nicht gelöst worden.

Zwischen Ägypten und Israel ist im April 1982 der Friedensvertrag vollständig erfüllt worden. Israel hat gegen den Widerstand militanter jüdischer Siedler den gesamten Sinai geräumt. Eine UN-Sicherheitstruppe garantiert jetzt die Neutralität des nun wieder ägyptischen Territoriums. Für Israel bedeutete die Rückgabe des Sinai nicht nur den Verzicht auf strategische Sicherheit, sondern auch, daß es seine dort angelegten Erdölfelder nicht mehr nutzen kann. Zu fast zwei Drittel hatte es zuvor seinen Bedarf an Rohöl durch die Quellen in dem fremden Territorium decken können. Einen großen Teil seiner Devisen muß Israel jetzt wieder auf dem Weltmarkt ausgeben, um die Energieversorgung im Land zu sichern. Ägypten hat den Sinai zurückbekommen. Ein tödliches Attentat auf den ägyptischen Präsidenten Sadat durch islamische Fundamentalisten brachte den bisherigen Vizepräsidenten Mubarak an die Spitze des Staates. Die Politik seines Vorgängers gegenüber Israel führt er bisher fort. Die Schwächung der arabischen Ablehnungsfront durch den Friedensvertrag nutzte die israelische Regierung seit der endgültigen Rückgabe des Sinai geschickt aus. Die Annexion der Golanhöhen, die zu Syrien gehören, hatte Begin sogar einige Monate vor dem April lauthals verkündet. Und noch im Frühjahr wurde offenkundig, daß die vereinbarte »Autonomie« für die Palästinenser keine Bedeutung für den israelischen Ministerpräsidenten hat. Die Einwohnerzahl von Juden (1982 30000 Siedler) wurde forciert gesteigert. Eine schleichende Annexion der Westbank deutete sich an. Auf dem Jordan-Westufer brachen daraufhin die schwersten Unruhen der fünfzehnjährigen Besatzungszeit aus. Von Nablus im Norden über Jerusalem bis Hebron im Süden protestierten die Palästinenser gegen die Besatzer, die mit Repression und Gewehren reagierten. Innerhalb von zwei Monaten kamen dabei mehr Araber ums Leben als in den zehn Jahren davor. Der vehemente Widerstand gegen die endgültige sich ankündigende Enteignung palästinensischen Territoriums wird der israelischen Regierung deutlich gemacht haben, daß sie mit einer schleichenden Annexion alle politischen Kräfte der Region gegen sich auf den Plan rufen würde. Die amtliche Annexion hielt die israelische Regierung offensichtlich noch für verfrüht. Erst galt es, den politischen Gegner auszuschalten: die PLO.

# Der Krieg gegen die Palästinenser

Schon seit 1948 leben palästinensische Flüchtlinge im Libanon. Damals wurden Flüchtlingslager angelegt, in denen sich die Familien unter ärmlichen Bedingungen niederließen. Nach 1967 kamen weitere palästinensische Flüchtlinge hinzu. Das jordanische Gemetzel im »Schwarzen September«, das 20 000 Palästinensern das Leben kostete, brachte eine dritte Flüchtlingswelle in den Libanon. In der Mitte der siebziger Jahre lebten dort ca. 150 000 Palästinenser, davon etwa 65 000 in Flüchtlingslagern. Doch auch jene Palästinenser, die offiziell nicht als Bewohner von Flüchtlingslagern registriert waren, hausten oft in den Slums der Städte Libanons, zum Beispiel in Tyros, in Sidon oder Beirut. Dort unterschieden sich die Bedingungen nicht wesentlich von jenen der Lager.

Trotzdem war die Situation der Palästinenser im Libanon günstiger als in anderen arabischen Staaten. Im *Kairoer Abkommen* von 1969, das hauptsächlich durch die Vermittlung des damaligen ägyptischen Ministerpräsidenten Nasser zustande gekommen war, hatten sich der PLO-Chef Arafat und der Führer der libanesischen Armee El Bustani auf die Situation der Palästinenser im Libanon geeinigt: Den Palästinensern wurde verboten, sich in die innerlibanesischen Angelegenheiten einzumischen; dafür garantierte das Abkommen innerhalb der palästinensischen Lager völlige Autonomie einschließlich freien Zugangs zur israelischen Grenze und außerdem das Recht auf Bewaffnung. Doch der Libanon war und ist politisch keine Einheit, sondern völlig zersplittert in verschiedene religiöse, gesellschaftliche und politische Gruppen. Die linksgerichteten Christen und Moslems betrachteten die PLO als Verbündete, während die rechtsgerichteten Gruppen, wie die einflußreiche maronitisch-christliche *Kataib*-Partei (»Falangisten«) die Bewaffnung der Palästinenser ablehnten.

Nach Jahren ständig eskalierender politischer und sozialer Unruhen, die durch die sich verschlechternde wirtschaftliche Situation noch verstärkt wurden, entzündete sich 1975 der libanesische Bürgerkrieg: Die Falangisten hatten einen Angriff auf einen mit Palästinensern besetzten Bus gestartet. Die wachsende Macht der Palästinenser im Libanon (»Staat im Staate«) sowie das anhaltende gesellschaftliche, politische und wirtschaftliche Chaos der Jahre zuvor bewirkte nun den rapiden Zerfall von Staat und Armee in einzelne Fraktionen. Viele verschiedene Gruppierungen bewaffneten sich, wobei manchmal unklar blieb, wer im Bürgerkrieg auf wen schoß. Nach libanesischen Schätzungen kamen im ersten Jahr des Krieges 65000 Menschen ums Leben. Nachdem im Jahre 1976 die linksgerichtete *Nationale Bewegung* mit Hilfe der PLO-Kommandos praktisch das ganze Land kontrollierte, marschierte zur »Aufrechterhaltung des Gleichgewichts« die syrische Armee in den Libanon ein. Der syrische Präsident wollte eine linke Machtübernahme im Libanon nicht dulden. Von der Gruppe der christlichen Maroniten als »Befreier« begrüßt, drängten die Syrer die *Nationale Bewegung* zurück, beendeten den Bürgerkrieg und besiegelten die Teilung des Landes in maronitische und palästinensisch-nationalistische Einflußsphären. Befriedet wurde die Situation im Libanon durch diese Besetzung nicht. Bis 1982 kamen noch weitere 10000 Menschen durch die Kämpfe der Milizen ums Leben. Die syrische »Friedensstreitmacht«, wie Assad seine Truppen bezeichnete, wurde im Land zunehmend als Besatzungsmacht empfunden.

## Israel und der Libanon

Von südlibanesischem Territorium aus hatten die Palästinenser die Nordgrenze Israels wiederholt unter Beschuß genommen. Die israelische Luftwaffe hatte jeweils in »Vergeltungsanschlägen« Angriffe auf palästinensische Stellungen im Südlibanon geflogen. Im Jahre 1979 entschloß sich die israelische Regierung zur Invasion des südlichen Libanon. In der »Operation Litani« sollte der Südstreifen des Libanon von palästinensischen militärischen Stellungen und Kämpfern »gesäubert« werden. Damals bildete der Fluß Litani die nördliche Grenze

Israelische Luftangriffe auf Beirut 1982

für die israelische Invasion. Nach dieser Aktion blieb die Nordgrenze Israels verhältnismäßig ruhig. Die Israelis und die PLO hatten sich auf einen Waffenstillstand geeinigt.

Israel betrachtete dabei allerdings »jeden Angriff von Palästinensern gegen Bürger und Einrichtungen des Landes als Bruch des Waffenstillstandes im Libanon«. Am 5. Juni verübte die Gruppe des von der PLO zum Tode verurteilten Terroristen Abu Nidal ein Attentat auf den israelischen Botschafter in London. Obwohl sich die PLO sogleich nachdrücklich von der Bluttat distanzierte, nahm Israel dies zum Anlaß, als »Vergeltung« Palästinenserlager, Munitionsdepots und das Hauptquartier der PLO in Beirut zu bombardieren. Einen Tag später eröffnete die israelische Regierung die »Operation: Frieden für Galiläa«, die nichts anderes als einen neuen Nahostkrieg bedeutete — den fünften innerhalb von fünfunddreißig Jahren. Unter dem Deckmantel der »Friedenssicherung« für den Nordteil Israels begann die israelische Armee unter dem Oberbefehl von Arik Sharon die Invasion des Libanon.

Zu Beginn des Krieges sah es so aus, als beschränke sich das strategische Ziel der israelischen Truppen auf die Liquidierung der Palästinensersiedlungen im Südlibanon und den Städten Tyros und Sidon. Doch schon wenige Tage nach dem Einmarsch der israelischen Armee würde das eigentliche Kriegsziel sichtbar, das die israelische Regierung nicht nur vor der Weltöffentlichkeit, sondern auch vor der eigenen Bevölkerung sowie vor dem eigenen Parlament geheimgehalten hatte. Nicht die Vertreibung der Palästinenser in den Norden Libanons und das Zurückdrängen der Syrer war Zweck des Einmarschs, sondern die Vernichtung der PLO, buchstäblich die Enthauptung der palästinensischen Widerstandsbewegung. Wie sich im Verlauf des Krieges zeigen sollte, sah die israelische Regierung auch eine politische »Neuordnung« des Libanon vor, um mit diesem Land — ähnlich wie mit Ägypten — einen Separatfrieden zu schließen. So rückten die Israelis bis zur Hauptstadt des Libanon vor, nach Beirut, um den inzwischen im Westteil der Stadt konzentrierten palästinensischen Widerstand zu liquidieren. Nach elf Wochen andauernder Belagerung und grausamer Bombardierung, bei der auch tausende libanesischer und palästinensischer Zivilisten ihr Leben verloren, gelang es den israelischen Truppen, die erbitterte Gegenwehr — die bisher längste von Kriegsgegnern Israels — der sechstausend in Westbeirut verschanzten PLO-Kämpfer zu brechen. Sonderbotschafter Habib, von den USA als Vermittler geschickt, gelang es nach unzähligen Verhandlungen und gebrochenen Waffenstillständen, Aufnahmeländer für die abzugsbereiten Palästinenser zu finden. Algerien, Tunesien, der Sudan, Jordanien, die Volksrepublik Jemen, der Südjemen, Irak und Syrien wurden zu den neuen Exilländern der PLO-Kämpfer. Kurz vor der Evakuierung, die in Absprache mit den Israelis vorgesehen war, benutzte Kriegsherr Sharon noch einmal die Gelegenheit, einen Tag lang in Westbeirut hineinzubomben, was die Flugzeuge tragen konnten. Allein 250 Menschen fanden an jenem Tag, dem 12. August 1982, einen grausamen Tod.

Dieser fünfte Nahostkrieg, der längste, den Israel bisher führte, brachte große Veränderungen mit sich. Obwohl Israel militärisch die Oberhand behielt — es hatte schließlich eine gut ausgerüstete Armee und stand keiner regulären Streitkraft gegenüber — erreichte es sein Kriegsziel nicht. Der palästinensische Nationalismus ist durch Israels militärischen Sieg nicht zerschlagen worden. Im Gegenteil: Die moralische Aufwertung der PLO-Kämpfer unter der Führung von Jassir Arafat in den Augen der Palästinenser in aller Welt, aber auch in der Weltöffentlichkeit, ist genau das Gegenteil von dem, was Israel erreichen wollte: nämlich den Palästinensern unmißverständlich einzubrennen, daß ihr Traum von einer nationalen Selbstbestimmung vergeblich sei und sie Israel widerspruchslos die Herrschaft über ganz Palästina — vor allem die Westbank — überlassen müßten.

Die Hoffnungen der Palästinenser konnten die israelischen Waffen nicht zerstören. Zerstört hat der Krieg im Libanon aber die Einheit im eigenen Land. Dieser so offensichtliche Angriffskrieg nagte am nationalen Konsens des Landes. Zum ersten Mal in der Geschichte des jüdischen Staates stand die Bevölkerung nicht einheitlich hinter der Kriegspolitik der Regierung. Schon nach den ersten Kriegswochen demonstrierten in Tel Aviv bis zu vierhunderttausend Menschen gegen diesen brutalen Krieg. Das entspricht von der Bevölkerungszahl her einer bundesrepublikanischen Großdemonstration von sieben Millionen Menschen. Und nicht nur dies: Offiziere ersuchten um ihre Versetzung, da sie es nicht mit ihrem Gewissen vereinbaren konnten, in den von zehntausenden Zivilisten bewohnten Stadtteil Westbeirut wahllos Bomben zu werfen. Und auch viele Juden in der Diaspora, die in den vorherigen Kriegen — wenn nicht ihre Solidarität, so doch ihre Duldung zum Ausdruck gebracht hatten — erhoben diesmal die Stimme. In den USA, in Frankreich, in Italien, der Schweiz und in der Bundesrepublik fanden Demonstrationen von Juden statt. Sogar der ehemalige Vorsitzende des Jüdischen Weltkongresses Nahum Goldmann fragte: »Israel, wohin gehst Du?« und sagte über die Kriegsherren Begin und Sharon: »Ihr Israel ist nicht mein Israel«.

Der hebräische Schriftsteller Mordechai Avi-Shaul sei als einer von vielen zitiert, die sich in der israelischen Presse vehement gegen diesen Krieg aussprachen. Er ist Mitbegründer der israelischen Liga für Menschen- und Bürgerrechte. Am 6. Juli 1982 veröffentlichte er in der israelischen Tageszeitung *Yediot Achronot* folgenden Appell zur Rettung der Palästinenser:

Was heute im Libanon geschieht, kann man nur als Massenmord, als gewollten Mord an einem Volk von Vertriebenen bezeichnen. Der Libanesen erinnert sich die Welt wenigstens noch, ihr Schicksal wird von Führern diskutiert und auch verkauft. Aber wer erinnert sich an die über eine halbe Million palästinensischen Vertriebenen im Libanon? Wo sind sie jetzt — wurden sie ins Meer getrieben, von der Erde verschlungen, am hellen Tage oder in ihren Verstecken erschlagen? Die israelischen Medien kennen nur »Terroristen«. »Terroristische« Frauen gebären »terroristische«

Kinder, denen man Bomben oder Bonbons bieten kann. Sie werden gejagt und gefangen wie Tiere. Premierminister Begin zufolge sind sie »zweibeinige Tiere«. Das israelische Rabbinat gab seinen offiziellen Segen, indem es diesen Krieg als gottgesandt und heilig bezeichnete. Da Begin keinem »Terroristen« das Überleben im Libanon gestatten will, und da Palästinenser nicht als Menschen gelten, können sie erschossen, verbrannt, ausgehungert oder dem Durst ausgesetzt werden.

Bevor diese Pläne zur Liquidation vollendet werden können, appelliere ich an alle, insbesondere an all jene, die die Erfahrung der Okkupation gemacht haben, sich zu erinnern: Seit 1948 wurden die verfolgten Palästinenser gezwungen, von Staat zu Staat zu wandern, von Ort zu Ort — zuerst von israelischem Gebiet, dann von den West-Banks, dann aus Jordanien, dann — und heute? Aus dem Libanon? Wohin nun? Ist die Welt taub, blind und stumpf? Ich rufe alle jene, die das menschliche Leben hochhalten, ihre Stimme zu erheben, das Gewissen aller Menschen zu mobilisieren: Rettet unsere, rettet ihre Seelen: und laßt es nicht zu, daß rassistische Kriegsverbrecher ungestraft bleiben.

Begin zeigte sich unbeeindruckt von dem massenhaften Protest gegen den Krieg im Libanon. Er verglich die Zerstörung von Beirut mit einem Angriff auf den Bunker Hitlers in Berlin.

»Ich fühle mich wie ein Ministerpräsident, der bevollmächtigt worden ist, eine mutige Armee zu kommandieren, die vor Berlin steht, wo sich — unter unschuldigen Menschen versteckt, — Hitler und seine Bande in tiefen unterirdischen Bunkern versteckt halten. Das jüdische Volk hat sich geschworen, daß derjenige, der das Volk Israel vernichten will, seinem Schicksal nicht entkommen darf.«

Man mag politisch oder militärstrategisch denken, was man will, aber eins steht fest: in den vorausgegangenen kriegerischen Auseinandersetzungen hatten sich die jüdischen Israelis immer von Vernichtung bedroht gefühlt. Deshalb hatte sich das israelisch-jüdische Volk auch immer wie ein monolithischer Block hinter seine Regierung gestellt. Im Krieg rückte man zusammen, stellte innenpolitische Differenzen zurück. Man hatte »keine Wahl«, es galt, so wurde es zumindest erlebt, das eigene Überleben zu sichern. Dieses Gefühl stellte sich während des Libanonkrieges nicht ein. Zu offensichtlich war, daß vom Libanon keine Gefahr für Israel ausging. Der Journalist Boaz Evron schrieb im Juni 1982 in den *Yediot Achronot*:

Sie sagen, wenn ein Krieg andauert, sollten sich die Leute mobilisieren und keine Fragen stellen. Sie sollten unsere Söhne unterstützen, die für den Sieg kämpfen. Aber ich denke, das Gegenteil ist wahr. Wenn Leute geschickt werden, ihr Leben zu riskieren — und das gilt für uns alle — dann ist es Zeit, solche Fragen zu stellen, so grausam und bohrend sie auch sein mögen, und nicht im Namen der Moral zu schweigen.

Diese Fragen müssen gestellt werden, weil dieser Krieg (vielleicht zum ersten Mal in unserer Geschichte, außer dem Sinai-Feldzug, um den es bis heute eine Kontroverse gibt) nicht einer ist, bei dem das Gefühl »keine Wahl« zu haben notwendig das Volk eint. Erinnern wir uns an die jüngsten Ereignisse. Es steht jetzt fest, daß jene, die den Botschafter Argov attackierten, nicht der PLO angehörten. Angriffe der Terroristen auf Galiläa begannen erst nach unseren Luftangriffen auf Beirut, deren Vorwand der Mordversuch an Argov war. Jeder weiß, daß die Armee monatelang auf diesen Angriff vorbereitet war und die Regierung nur auf einen günstigen Vorwand wartete, um das Signal zum Vormarsch zu geben.

Denn was ist das wirkliche Ziel dieses Krieges (und ich bezweifle keinen Moment den politischen Scharfsinn oder die militärische Effektivität, die ihn charakterisieren)? Das ist kein Krieg gegen die PLO, die nie eine wirkliche Gefahr für die Sicherheit Israels darstellte. Es ist auch nicht ein Krieg, um im Libanon »Ordnung zu machen« (eine Ordnung, die uns nichts angeht). Das Ziel sind die Palästinenser der Westbank und Gazas. Ein zentrales Ziel dieser Operation ist es, das Rückgrat des palästinensischen Volkes dadurch zu brechen, daß die einzige Region unter PLO-Kontrolle zerstört wird. Auf diese Weise könnte die Autonomie nach Begin-Sharon erfolgreich in den besetzten Gebieten durchgeführt werden: d.h. die Annexion der Westbank und Gazas, ohne den Einwohnern die israelische Staatsbürgerschaft zu geben, was ihnen ein gewisses Maß an Einfluß durch ihre gewählten Vertreter zum Schutz ihrer Bürgerrechte bringen könnte. Stattdessen werden sie »autonom« sein, d.h. es wird möglich sein, ihr Land zu enteignen, sie zu unterdrücken, sie als billige Arbeiter auszubeuten — und sie werden das Recht haben, ihre eigenen munizipalen Dienstleistungen zu betreiben. Das wird unsere Version von »Bantustan« nach der Art unseres großen Freundes und Verbündeten Südafrika. Wenn sie es wagen, die Stimme zu erheben, dann gibt es die einfache Lösung einer Vertreibung ins »wirkliche Palästina«: Jordanien. Das sagen die »Liberalen« unter uns. Die's genauer nehmen treten für die Vertreibung aus »demographischen« Gründen ein — auch wenn die Palästinenser kapitulieren und am Boden liegen. Das sind die Umrisse von Sharon's Lösung der Palästinensischen Frage. Der Krieg wird im Namen dieser Lösung ausgetragen.

Aber es ist keine Lösung. Bei dieser »militärischen Lösung« wird eine fundamentale Sache übersehen, etwas was jeder Offizier in seiner Offiziersschule lernt. Ein wichtiges taktisches Prinzip besteht darin, den Gegner nie in eine Lage zu bringen, wo er keine Alternative hat. In einem solchen Fall führt das dazu, daß man ihm einen Verzweiflungskrieg aufzwingt. Man muß ihm eine Alternative und einen Ausweg bieten. Totale Unterdrückung wird zu totaler Rebellion führen. Und selbst wenn hunderttausende über die Grenze getrieben werden, werden sie nicht ihre Bemühungen von dort her verstärken? Von wo kommen all die PLO-Kämpfer im Libanon, wenn nicht von Flüchtlingslagern? Der Krieg wird weitergehen, man kann über längere Zeit das Streben nach menschlicher Würde und Gleichheit nicht unterdrücken. Wenn all Eure Vorzüge in Euren Fäusten konzentriert sind, werden sich immer wieder Fäuste gegen Euch erheben, und wer kann sagen, daß Eure immer stärker sein werden? Wir behaupten, das Land 2000 Jahre nicht vergessen zu haben — warum sollen dann die Palästinenser ihr Land vergessen, in dem und in dessen Nähe sie leben?

Blut wird vergossen. Unseres und ihres. Wieder ziehen wir in den Krieg. Wieder wird es Errungenschaften und Erfolge geben und jede Generation wird dazu aufgerufen, drei oder viermal getötet zu werden, denn die Kriege brechen alle paar Jahre aus und jedes Mal heißt es, es ist das letzte Mal. Das ist so bis zum nächsten, die müde Hand umfaßt das blutige Schwert und Du siehst kein Ende oder den Sinn all dieses Tötens.

Und das Ergebnis? Mehr und mehr Israelis halten diese Realität nicht mehr aus und wandern stillschweigend aus. Dieses Jahr gab es 11000 mehr Aus- als Einwanderer und das nach Jahren entweder unerheblicher oder negativer Wanderungsbilanz. Man dachte, Siege brächten mehr Einwanderer. Aber sie tun's nicht. Man dachte, die Arbeitslosigkeit im Ausland würde die Auswanderer abhalten. Aber sie tat's nicht. All das zeigt, daß, was uns besiegt, ein zugrundeliegender historischer Prozeß ist — trotz unserer oberflächlichen Siege. Das Gesicht eines Staates, dessen einziges Talent das Schlachtfeld ist, für den alle Lösungen in der Reflexion eines Panzers und eines Bulldozers enthalten sind: Das ist unser größter Feind.

Israels einstiger »Kriegsheld« Chaim Bar-Lev, nach dem die beinahe legendäre *Bar-Lev*-Linie am Suezkanal benannt war, die im Nahostkrieg von 1973 von den Ägyptern überrannt wurde, jetzt Generalsekretär der israelischen Arbeitspartei, zog im israelischen Parlament eine Zwischenbilanz der Libanon-Invasion. Bar-Lev sagte in der Knesset unter anderem:

Die Zerstörung Beiruts, der Hauptstadt Libanons, die Vernichtung von Zivilisten, die nicht unsere Feinde sind und mit denen wir keinen Krieg haben, ist für die Welt nicht hinnehmbar...

Der Vergleich, den der Ministerpräsident mit der Bombardierung deutscher Nazi-Städte im Zweiten Weltkrieg oder mit der Bombardierung von Hiroshima und Nagasaki durch die Amerikaner zog, hat keine Gültigkeit. Es gibt einen Unterschied zwischen dem Weltkrieg, der ein umfassender totaler Krieg um Leben oder Tod zwischen Völkern und Nationen war, und der Kampagne »Frieden für Galiläa«. Wir sind weder mit dem libanesischen Volk noch mit dem Land Libanon im Krieg. Die Situation zwischen Großbritannien und Nazi-Deutschland war eine andere, ebenso die zwischen den Vereinigten Staaten und Japan. Daher, Herr Vorsitzender, kann dieser Vergleich nicht das Problem lösen — nicht das Problem des israelischen Images vor den Augen der Welt und nicht die Frage des nationalen Bewußtseins sehr vieler Menschen in Israel...

Der Einsatz der ungeheuren Macht der israelischen Verteidigungsstreitkräfte muß der heiligen Aufgabe gewidmet sein, Israels unmittelbare Sicherheit zu garantieren, nur Israels unmittelbare Sicherheit zu garantieren, und hier besteht eine breite nationale Übereinstimmung. Der Libanon-Feldzug geht über unsere direkten Sicherheitsbedürfnisse hinaus, und hierum geht es auch bei den Auseinandersetzungen und bei der Kritik...

Ein Fanal setzte der israelische Publizist Uri Avneri. Im Juli 1982 traf er mitten im verwüsteten Beirut den Führer der Palästinenser, Jassir Arafat. Dem Herausgeber des bekannten politischen Magazins *Ha'olam Ha'seh* drohte die israelische Regierung sofort mit einer Anklage wegen »Hochverrats«. Die Ostjerusalemer Zeitung *Al Fajr* führte kurz nach dem Zusammentreffen von Avneri und Arafat ein Gespräch mit dem Publizisten:

Al-Fajr: Welche Wirkung zeitigte Ihr Gespräch mit Jassir Arafat in Israel?
Avneri: Es hatte eine extrem starke Wirkung. Nichts während meiner 32-jährigen Tätigkeit bei »Ha'olam Ha'seh« hatte jemals eine derartige Wirkung. Jedermann erkennt die historische Bedeutung. Einige verabscheuten meinen Schritt, andere begrüßten ihn. Mehr Menschen, als ich erwartete, begrüßten ihn. Jene, die die PLO und die Araber hassen und das palästinensische Volk zerstören wollen, verabscheuten mein Interview. Die, die einen Ausweg suchen, lasen es wahrscheinlich mit größtem Interesse. Jassir Arafat hat die unmißverständlichsten Erklärungen abge-

geben, die er jemals machte — er ist bereit, Israel anzuerkennen und einen Palästinenserstaat in einem Teil von Palästina zu gründen. Daß er bereit war, mich überhaupt zu treffen, ist bereits ein Anzeichen von größter Wichtigkeit. Es war das erste Mal, daß Arafat einen Israeli empfing.

Al-Fajr: Meinen Sie, daß dies die israelische Friedensbewegung veranlassen wird, ein für alle Male die Position der PLO anzuerkennen?

Avneri: Es gab da eine Reihe von Vieldeutigkeiten über die PLO. Ich meine, daß es als Resultat meines Interviews weniger geben wird. Die 100 000 Leute bei der »Peace-Now«-Demonstration (3. Juli 1982) versammelten sich eine Stunde nachdem der israelische Rundfunk verlautbart hatte, daß mich Jassir Arafat empfangen hat. Wir wissen nicht, wieviele deswegen gekommen sind.

Frage: Hatten Sie mit der Regierung Kontakte über das Gespräch?

Avneri: Keine. Niemand, weder von der Opposition, noch von der Regierung, hat mich kontaktiert. Ich sage dies mit großem Bedauern, weil es den totalen Mangel an Friedensinteresse, sowohl bei der Regierung als auch bei der Arbeitspartei, zeigt. Die Arbeitspartei hat sich während des Krieges erbärmlich und unehrenhaft verhalten. Shimon Peres erwies sich nicht nur als ein Sprecher Begins, er war auch sein bedeutendster Lügner. Er hat alle jene Lügen vorbereitet, die sich innerhalb von 24 bis 48 Stunden als totale Lüge herausgestellt haben.

Frage: Kann es eine Annäherung zwischen der Friedensbewegung und der Bevölkerung in den besetzten Gebieten geben?

Avneri: Im Moment gibt es wirklich wenig Kontakt. Ich meine, daß die Bevölkerung in der Westbank mit einer schrecklichen Gefahr konfrontiert ist, denn in diesem Krieg im Libanon geht es nicht um den Libanon — es geht um die Westbank. Das wichtigste Ziel des Krieges war es, die PLO zu zerstören und den Weg für eine Annexion der Westbank und des Gazastreifens vorzubereiten. Ich glaube das nicht, ich weiß das. Ich habe die Pläne über diesen Krieg vor Monaten publiziert, in denen genauesten Details, und ich habe damals nicht geraten, ich wußte es.

## Die Massaker von Sabra und Shatila

Nur wenige Tage nach dem Abzug der palästinensischen Kämpfer aus Westbeirut nutzten die rechtsgerichteten Milizen des Majors Haddad und der *Kataib*-Falangisten die Schutzlosigkeit der zurückgebliebenen palästinensischen Zivilisten, um ein verheerendes Blutbad in den beiden Palästinenserlagern Sabra und Shatila anzurichten. Unter den

Augen der israelischen Besatzer metzelten die libanesischen Milizen fast eintausend Frauen, alte Männer und Kinder nieder. Der Spiegelkorrespondent Henri Zoller berichtete aus Westbeirut:

»Leichen verwesen in der grell-glühenden Sonne. Ein alter Mann, nur mit einem blutbefleckten Pyjama bekleidet, lag tot in den Ruinen seiner zerbombten Lehmbaracke. Unweit von ihm, in den Armen der Mutter, ein Kleinstkind, beide von einem Bulldozer zermalmt und teilweise verschüttet. Wenige Meter weiter, im Schatten der Moschee, drei Männer, die Hände hinter dem Rücken gefesselt, durch Genickschüsse niedergemacht. In einer verwüsteten Nebenstraße acht fliegenbedeckte Leichen, Männer, Frauen, Kinder, auf einem tristen Haufen. In einer armseligen Werkstatt ein Tischler, einen Beitel in der Hand, erschossen unter seiner Werkbank.«

Ausgelöst wurden die Morde durch einen anderen Mord: Mitte September wurde auf den inzwischen gewählten Präsidenten des Libanon, Beschir Gemayel, ein tödliches Attentat verübt. Für die Israelis war dies der Vorwand, auch noch den moslemischen Teil Beiruts zu besetzen — entgegen den mit dem amerikanischen Unterhändler Habib getroffenen Verabredungen. Um eine Ausrede waren die Israelis nicht verlegen: die Palästinenser hätten zweitausend Kämpfer in Beirut zurückgelassen. Das israelische Hauptquartier gab der Falange-Führung Order, in den beiden Lagern »untergekrochene PLO-Aktivisten aufzuspüren«. Schon da warnten israelische Abwehroffiziere ihre Vorgesetzten: »Laßt die Bluthunde nicht in die Lager.«

Für die Durchführung der Aktion feuerten die Israelis in den Nächten Leuchtraketen, bisweilen im 30-Sekunden-Rhythmus, während die sogenannten Christen mordend und marodierend durch die Lager zogen, ausgerüstet mit israelischen Waffen, alles tötend, was sich bewegte, die Haustiere eingeschlossen. Die rechten Falangisten und die Gefolgsleute des faschistischen Majors Haddad ließen ihren Jähzorn an den verhaßten Palästinensern aus nach der Devise: Nur ein toter Palästinenser ist ein guter Palästinenser.

Nachdem bekannt wurde, was sich in den Lagern in den zwei Tagen vom 16. bis 18. September 1982 ereignet hatte, bestritt die israelische Regierung jede Verantwortung. Der Auftrag an die rechten Milizen habe gelautet, PLO-Kämpfer aufzuspüren, nicht die Zivilbevölkerung zu massakrieren. Doch zu Recht forderte Oppositionsführer Peres in der Knesset die Regierung zum Rücktritt auf: »Sogar ein einfacher Dorfpolizist hätte gewußt, welche Dummheit es war, die Falangisten in die Lager zu lassen.«

Eine in Israel eingeleitete Untersuchung über die Massaker von Sabra und Shatila brachte ans Tageslicht, daß die israelische Regierung schon während der ersten Stunden des Gemetzels Nachrichten erhielt, sich aber eine Reaktion versagte. Beide Milizen, die unter Haddad, sowie die Falangisten, vormalig unter der Führung des ermordeten Beschir Gemayel, gehörten zu den Stützpfeilern der israelischen Invasoren im Libanon. Den Milizen wie der israelischen Regierung ist an der Vertreibung, an der Auslöschung palästinensischer Existenz im Libanon gelegen. Die israelische Opposition, die Vereinten Nationen, und auch viele Juden in aller Welt gaben ihrem Entsetzen über die brutalen Massaker Ausdruck. In der Bundesrepublik etwa veröffentlichte der »Halterner Kreis«, ein loser Zusammenschluß von in Deutschland lebenden Juden und Arabern sowie anderen folgende Erklärung:

Am Samstag, dem 18. September 1982, erfuhr die Welt von dem entsetzlichen Massaker an weit über tausend palästinensischen Flüchtlingen in Beirut — an wehrlosen und hilflosen Kindern, Frauen und Männern. Das Massaker in den Lagern Sabra und Shatila wurde grausam und kaltblütig von den Milizen der Falange und den Söldnern Saad Haddads verübt. Beide Gruppierungen wurden von Israel bewaffnet, beide von Israel finanziert.

Die israelischen Truppen haben Tage vor dem Massaker an den schutzlosen Palästinensern Westbeirut — entgegen eigener Zusicherung — eingenommen. Die Regierung begründete dies mit der angemaßten Pflicht, dort für Ruhe und Ordnung zu sorgen, Blutvergießen zu vermeiden. Die linken Milizen wurden entwaffnet, die letzte Barriere für die Bluthunde der Falange und des Majors Haddad beseitigt.

Zugegebenermaßen haben die Israelis diese Milizen — Todfeinde der Palästinenser — in die Lager gelassen. Warum, fragen wir, wozu?

Israel, das sich während des Krieges in Libanon damit brüstete, alles von der gegnerischen Seite zu wissen; die israelische Armee, die sich rühmte, aufgrund ihres vorzüglichen Geheimdienstes Gebäude von Beteiligten und Unbeteiligten für ihre Luftwaffe angeblich unterscheiden zu können; die israelische Regierung, die sofort zu wissen vermeint, wer hinter Anschlägen und Attentaten steht — Israels Verantwortliche wollen überrascht sein, seine sich am Ort befindlichen Organe wollten bis fast zum Schluß des Massakers nichts gewußt, nichts gehört haben!

Über 36 Stunden hat nach Angaben aus Israel das Massaker angedauert — die Schüsse, die Schreie, das Flehen, das Kettengerassel der Bulldozer,

Das Massaker in Sabra und Shatila

die die Leichen unter das Gemäuer schoben, um die Spuren der Schandtat zu tilgen.

Die Oppositionsbewegung in Israel lastet ihrer Regierung die volle Schuld an — mit Recht. Die israelische Regierung trägt die volle Verantwortung für das Massaker. Die israelischen Demonstranten in Jerusalem und Tel Aviv riefen: Deir Jassin, Deir Jassin und machten damit klar: Begin, der 1948 das Massaker von Deir Jassin zu verantworten hat, mit dem die Palästinenser zur Massenflucht aus Palästina getrieben wurden — seine Regierung, sein Minister Sharon, tragen mit ihrer Politik dazu bei oder wollen gar, daß unter den Palästinensern in Libanon ein schauerliches Blutbad angerichtet wird. Die sollen dann in einen weiteren verzweifelten Exodus gehetzt werden — nach Syrien, Jordanien.

Die Einschätzungen außenstehender Beobachter glichen sich, und die Ergebnisse der Untersuchungskommission bestätigten den von Beginn an gehegten Verdacht, daß diese Massaker mit Duldung der israelischen Regierung verübt worden waren. Selbst der amerikanische Präsident Reagan reagierte mit »Empörung und Abscheu« auf die Berichte und forderte den sofortigen Abzug der israelischen Truppen aus Westbeirut. Ägypten rief seinen Botschafter in Tel Aviv nach Kairo zurück.

Unmittelbar nach den Massakern von Sabra und Shatila hatte die israelische Regierung nach einer Kabinettssitzung folgende Erklärung abgegeben — die freilich durch die Ergebnisse der unabhängigen Untersuchungskommission in Israel Lügen gestraft wurde:

»Am (jüdischen) Neujahrstag wurden der jüdische Staat und seine Regierung sowie die israelischen Verteidigungsstreitkräfte (IVS) verleumderisch einer Bluttat bezichtigt. An einem Ort, wo es keine Stellungen des israelischen Heeres gab, betrat eine libanesische Einheit ein Flüchtlingslager, wo sich Terroristen versteckten, um sie zu ergreifen. Diese Einheit verursachte viele Verluste unter unschuldigen Opfern. Wir stellen diese Tatsache mit tiefem Kummer und Bedauern fest.«

## Die Folgen des Krieges

In diesem Krieg ist wie kaum in einem anderen der Nahostkriege der Konflikt zwischen dem arabisch-palästinensischen und dem jüdisch-israelischen Volk zum Ausdruck gekommen. Erstmalig standen sich die Hauptkontrahenten direkt gegenüber, im Gegensatz zu den vorherigen Kriegen, als die arabischen Nachbarstaaten Israels am Kriegsgeschehen teilnahmen. Es ging der israelischen Regierung um die Vernichtung der PLO, um die endgültige Zerstörung des palästinensischen Widerstands gegen die Besetzung und Annexion der Westbank und um die Auslöschung der Hoffnung des palästinensischen Volkes, seine nationale Selbstbestimmung durchzusetzen.

Allerdings sahen die Folgen des Krieges anders aus, als Israel es sich vorgestellt hatte. Dies betraf vor allem die Haltung der US-Regierung, aber auch den Versuch, im Libanon eine politische Neuordnung herbeizuführen, sowie die Reaktion der Araber.

Der amerikanische Präsident Reagan trat zur Verärgerung der israelischen Regierung mit neuen Friedensvorschlägen auf den Plan. Die Kernpunkte waren:
— Kein unabhängiger Palästinenserstaat in Westjordanien und Gaza, doch auch keine israelische Annexion der besetzten Gebiete;
— sofortiges Einfrieren der jüdischen Siedlungstätigkeit;
— Selbstregierung der Palästinenser im Westjordan-Gebiet und dem Gazastreifen in Verbindung mit Jordanien;
— ein ungeteiltes Jerusalem, dessen Zukunft in Verhandlungen zu regeln ist;
— US-Garantie für die Sicherheit Israels.

Israels Begin-Regierung reagierte auf den Reagan-Plan wie auf eine Kriegserklärung. Die spärlichen Rechte, die Reagan den Palästinensern einräumen wollte, waren der israelischen Regierung schon zu viel. Demgegenüber antworteten die Araber mit einem gemeinsamen Plan zur Regelung der Nahostfrage, der — so US-Außenminister Schultz — »Abwandlungen zu unseren Vorschlägen« enthält. Das sogenannte *Fes-Kommuniqué*, das in Abstimmung mit den Palästinensern verabschiedet worden war, erstaunte vor allem aufgrund der Geschehnisse der jüngsten Vergangenheit. Jahrzehntelang hatten die Staatsmänner der arabischen Länder die Unterstützung der Palästinenser im Kampf gegen Israel zu ihrem wichtigsten außenpolitischen Ziel erklärt und die Palästinenser-Organisation mit Waffen unterstützt. Als die PLO-Kämpfer in Beirut in Bedrängnis gerieten und eine militärische Niederlage erlitten, als es für die libanesische und palästinensische Zivilbevölkerung in der eingeschlossenen Stadt wochenlang um Leben und Tod ging, beschränkten sich die arabischen Regimes vom Atlantik bis zum Golf auf Erklärungen, Proteste und diplomatische Schritte. Auf große Worte beschränkte sich auch der Libyer Gaddafi. Der Irak, Saudi-Arabien und die Kleinstaaten am Golf blickten gebannt nach Osten, von wo ihnen Gefahr durch das Regime des Ajatollah Khomeini in Iran droht. Nicht einmal die Ölwaffe wurde von diesen Ländern ins Spiel gebracht. Als Aufnahmeländer für die abzugsbereiten PLO-Kämpfer gesucht wurden, öffneten die arabischen Länder nur unwillig ihre Grenzen für die so hochgelobten »arabischen Brüder«. Trotzdem einigte sich der arabische Gipfel in Fes auf die sogenannte *Charta von Fes*, die sich ziemlich genau mit einem *8-Punkte-Plan* des saudischen Prinzen Fahd deckte. Dieser Plan war zehn Monate zuvor von den arabischen Ländern in Bausch und Bogen abgelehnt worden. Grund war damals gewesen, daß im Fahd-Plan indirekt die Existenz des Staates Israel anerkannt worden war.

In der *Charta von Fes* vom September 1982 heißt es unter anderem:

Angesichts der ernsten und bedenklichen Verhältnisse, die die arabische Nation zur Zeit durchmacht, und angesichts des Gefühls einer historischen nationalen Verantwortung haben ihre Majestäten und Exzellenzen, die Könige, Präsidenten und Emire der arabischen Staaten, die dem Gipfel unterbreiteten wichtigen Fragen geprüft und folgende Beschlüsse gefaßt:
1. Rückzug Israels aus allen im Jahr 1967 besetzten arabischen Gebieten einschließlich El Kuds (Jerusalems).

2. Entfernung der von Israel nach 1967 errichteten Siedlungen.
3. Garantie der Freiheit des Gottesdienstes und der Ausübung religiöser Riten für alle Religionen an den heiligen Stätten.
4. Bekräftigung des Rechtes des palästinensischen Volkes auf Selbstbestimmung und Ausübung seiner unverletzlichen und unveräußerlichen Rechte unter der Führung der Palästinensischen Befreiungsorganisation (PLO), seiner einzigen und rechtmäßigen Vertretung, und auf eine Entschädigung all jener, die nicht zurückkehren möchten.
5. Unterstellung des Jordan-Westufers und des Gaza-Streifens unter die Aufsicht der Vereinten Nationen für eine Übergangszeit, die einige Monate nicht überschreitet.
6. Schaffung eines unabhängigen palästinensischen Staates mit El Kuds (Jerusalem) als Hauptstadt.
7. Der Sicherheitsrat garantiert den Frieden zwischen allen Staaten in dem Gebiet des unabhängigen palästinensischen Staates.
8. Der Sicherheitsrat garantiert die Beachtung dieser Grundsätze.

Bahnbrechend an der *Charta von Fes* war vor allem, daß in Punkt 7 Frieden für alle Staaten garantiert wurde, das hieß: auch für Israel. PLO-Chef Arafat hatte den arabischen Gipfel zu einer kompromißbereiten Haltung gegenüber der Nahostinitiative Präsident Reagans gedrängt. Erstmals — so berichteten die Konferenz-Teilnehmer — habe der PLO-Vorsitzende auch davon gesprochen, daß über die Möglichkeit irgendeiner Art der gegenseitigen Anerkennung zwischen der PLO und Israel diskutiert werden könne.

Die israelische Regierung zeigte sich allerdings unfähig, die Reichweite des arabischen Friedensplans zu erkennen. Als »unbrauchbar« und »nicht ernstzunehmen« schätzten israelische Regierungsvertreter die Vorschläge ein. In einer Erklärung des Außenministeriums hieß es, Israel lehne die vorgeschlagene Gründung eines Palästinenserstaates im Westjordanland »total« ab:

»Israel kann diesen Plan, der kein einziges von den traditionellen arabischen Positionen abweichendes Element enthält, nicht ernsthaft in Erwägung ziehen. Anstatt derart nutzlose Vorschläge zu unterbreiten, wäre es viel besser, wenn die arabischen Staaten sofort mit uns in Verhandlungen einträten, um der ganzen Region durch die Unterzeichnung von Friedensverträgen zwischen jedem von ihnen und Israel Frieden und Wohlstand zu bringen«. Genau dies versuchte Israel im Libanon. Durch die Einsetzung einer Marionettenregierung wollte die israelische Regierung einen Separatfrieden mit seinem nördlichen

Nachbarstaat erzwingen. Beschir Gemayel, der dafür vorgesehen war, erlag freilich einem Attentat. Sein Nachfolger und Bruder Amin Gemayel soll die Fortführung dieser Politik garantieren.

Während die israelische Regierung weiterhin ihre Politik von Macht und Herrschaft verfolgte, wurden israelische Anhänger der Friedensbewegung aktiv. Im Januar 1983 kamen drei Persönlichkeiten der israelischen Linken in Tunis mit Jassir Arafat zusammen. Uri Avneri, Mattijahu Peled, Generalmajor im Ruhestand und Jaakov Arnon, früher hoher Beamter des Finanzministeriums leiten den »israelischen Rat für israelisch-palästinensischen Frieden«, der sich für eine gegenseitige Anerkennung Israels und der PLO sowie für einen palästinensischen Staat im Westjordan-Land und im Gazastreifen einsetzt. Bei dem historischen Treffen erörterten die vier die »Möglichkeiten einer gemeinsamen Arbeit für einen dauerhaften und gerechten Frieden im Nahen Osten«, wie sie hinterher berichteten. Die israelische Regierung wies eine gemeinsame Perspektive allerdings gleich von sich. Noch immer sehen Israelis die Palästinenser als gefährliche Terroristen an, die im Grund doch nur »die Juden ins Meer werfen« wollen.

Daß sich im Libanonkrieg, und überhaupt in den Nahostkonflikt, immer wieder Bilder aus der nationalsozialistischen Vergangenheit drängen, geht nicht nur aus dem Vergleich Begins zwischen der Belagerung Beiruts und Hitler in Berlin hervor. Auch in der Bundesrepublik vermischt sich der Blick auf Israel allzu leicht mit der deutschen Vergangenheit. Im Zusammenhang mit der Libanoninvasion sprach man bei Demonstrationen und teach-ins, aber auch in vielen Medien in Begriffen, die die israelische Politik mit der nationalsozialistischen Massenvernichtung der Juden gleichsetzten. Die »Endlösung der Palästinenserfrage« würden die Israelis im Libanon anstreben; sie veranstalteten dort einen »Völkermord« und deshalb erlebe das palästinensische Volk einen »Holocaust«. Die nicht zutreffende und völlig unhistorische Verwendung solcher Begriffe suggeriert, daß das Opfer heute dasselbe tue wie die ehemaligen Henker. Mit der Wirklichkeit und den Interessengegensätzen im Nahen Osten hat das nur sehr wenig zu tun, dafür allerdings wohl viel mit der Wunschvorstellung, die Opfer mögen genauso schlecht wie die ehemaligen Mörder sein. Das, was dem palästinensischen Volk im Libanon von den Israelis angetan wurde, war entsetzlich, unmenschlich und ist scharf zu verurteilen. Die israelische Armee führte einen brutalen Krieg, um die PLO zu vernichten — ohne daß sich die Armee um die vielen libanesischen und palästinensischen Zivilopfer geschert hätte. Aber im Prinzip gibt es einen Interessenkonflikt zwischen Juden und Palästinensern im Vorderen Orient. Die fabrikmäßige Vergasung von sechs Millionen war aber etwas völlig anderes; zwar hatte es immer wieder Auseinandersetzungen um die »Judenfrage« gegeben, aber vom vorhandenen Antisemitismus — latent oder offen — führte kein geradliniger Weg in die Vernichtungslager. Die Juden mußten erst projektiv zu »Feinden des deutschen Volkes« stilisiert werden, damit sie schließlich als »Ungeziefer« in der Todesfabrik vernichtet werden konnten. Ebenso falsch wie die unhistorischen Vergleiche waren Aktionen in verschiedenen Ländern gegen Juden. In Frankreich verübte etwa die sich als links verstehende *Action directe* Anschläge gegen jüdische Einrichtungen in Paris und bewies damit, daß sie noch weniger verstanden hatte als die Führer militanter zionistischer Organisationen, deren Ideologie es ist, die Juden in aller Welt als dem Staat Israel zugehörig zu betrachten.

# Israel und Palästina nach dem Krieg im Libanon

Nachdem der Höhepunkt des israelischen Krieges im Libanon überschritten war, zeichnete sich bald ab, daß Israel zwar die PLO als politischen Faktor nicht hatte auslöschen können, aber seinen Zielen auf der Westbank und dem Gazastreifen langfristig nähergekommen war. Dies gelang einerseits durch die Schwächung der PLO aufgrund deren eigener interner Probleme, aber auch durch ein geschicktes Ausnutzen der Konflikte zwischen den arabischen Nachbarländern Israels. Aber zunächst zur innenpolitischen Situation in Israel.

Begin trat nicht lange nach der Bombardierung Beiruts von seinem Amt zurück — offensichtlich aus gesundheitlichen Gründen. Jizchak Shamir trat die Nachfolge an, ein Mann, der für seine politische Härte bekannt war und ebenso wie Begin vor der Staatsgründung Israels im Untergrund gearbeitet hatte. Vorgezogene Neuwahlen vom 23. Juli 1984 bescherten dem jüdischen Staat eine große Koalition zwischen dem *Likud* und dem Arbeitsparteienblock. Regierungschef wurde für die ersten zwei Jahre der Legislaturperiode Shimon Peres von der Arbeitspartei, um 1986 von Shamir im Sinne einer Rotation abgelöst zu werden. Erstmals waren auch militante rechtsradikale Kräfte ins Parlament eingezogen. Zum Beispiel gelang dem berühmt-berüchtigten, aus den USA eingewanderten Rabbiner Meir Kahane mit seiner Partei *Kach* (So!) der Sprung ins Parlament. Der als faschistisch geltende Kahane hatte zuvor durch kriminelle Übergriffe auf Araber traurige Berühmtheit erlangt. Anliegen ist ihm u.a., mit Hilfe einer Gesetzesänderung den Geschlechtsverkehr zwischen Juden und Arabern unter Strafe zu stellen. Gleich nach seiner Wahl kündigte er an, im Schutz der Immunität als Knesset-Abgeordneter weiterhin durch Gewalttaten die Palästinenser zur Emigration zwingen zu wollen. Weite Teile der israelischen Öffentlichkeit waren entsetzt und beschämt, daß dieser Fanatiker und Faschist ins Parlament einziehen konnte. Das israelische Wahlrecht sieht nur eine Ein-Prozent-Hürde für Parteien vor, so daß die einigen zehntausend Stimmen für Kahane ausreichten. In dem Einzug insgesamt fünf kleiner rechtsradikaler Parteien manifestiert sich ein Rechtsruck in der israelischen Gesellschaft, über den der erstmalige Einzug kleiner neuer Parteien auf dem linken Spektrum nicht hinwegtäuschen kann. Shulamith Aloni gelang mit ihrer stark feministisch engagierten Bürgerrechtspartei der Einzug ins Parlament, auch die arabisch-jüdische Friedensliste nahm die Ein-Prozent-Hürde. Alternativ zur Bildung einer großen Koalition hätte Peres mit den kleinen linken Parteien koalieren können, doch diese Gruppen fordern die Errichtung eines Palästinenserstaates neben Israel; dies ist aber für die Arbeitspartei kein Thema.

Auch die israelische Öffentlichkeit unterstützte das Zusammengehen der beiden großen Blöcke. Grund dafür war zum einen die anstehende vollständige Räumung des Libanon, zum anderen aber vor allem auch die erforderliche Sanierung der maroden israelischen Wirtschaft mit galoppierender Inflation, Auslandsverschuldung und Handels- und Zahlungsbilanzdefiziten. Von einer Regierung der »nationalen Einheit« versprach man sich eine wirkungsvolle Wirtschaftspolitik mit der Macht, auch »unpopuläre« Entscheidungen treffen zu können. Im Rahmen der Koalitionsregierung wurde deutlich, daß Shamir zwar die Aktivitäten der wilden Siedler in der Westbank zügelte, aber die Bemühungen Peres' um Verhandlungen für eine friedliche Lösung des Palästinaproblems hintertrieb. Niemand hätte 1984 zu prophezeien gewagt, daß diese Koalition sich als tragfähig erweisen würde. Die merkwürdige Einigkeit stand übrigens in scharfem Kontrast zu den Entwicklungen auf der Seite der Palästinenser.

## Die Palästinenser nach dem Abzug der Israelis aus Beirut

Die Palästinenser richteten nach ihrem Abzug aus Beirut ihr Hauptquartier in Tunis ein. Eine halbe Million Palästinenser verblieb im Libanon. Dieses Land, halb so groß wie Hessen, existierte als geordnetes Staatswesen längst nicht mehr. Vom Staatspräsidenten Amin Gemayel sagt man, daß seine Macht nicht über die Tore seines Palastes hinausreiche, einen großen Teil seines Landes könne er nicht einmal betreten. Um den Einfluß in Libanon kämpfen vor allem die folgenden Gruppen: die nationale libanesische Armee *Amal* (»Hoffnung«), die freilich in mehrere Teile zersplittert ist; die von Israel eingesetzte und kontrollierte südlibanesische Armee *SLA*; die syrischen Truppen; die Christen und Drusen; die am iranischen System orientierten fanatischen Schiiten mit ihrer *Hizbollah* (Partei Gottes) und nicht zuletzt die Palästinenser. Israel hatte sein erklärtes Kriegsziel, nämlich die Grenzen im Norden seines Landes sicherer zu machen, nicht erreicht. Die *Amal*-Miliz und die *SLA* kämpfen um die Hegemonie im Süden Libanons, die Angehörigen der *Hizbollah* wollen vom südlichen Libanon aus den »heiligen Krieg« gegen die »zionistischen Falschgläubigen« führen. Arafat und der syrische Präsident Assad entzweiten sich im Laufe der syrischen Intervention im Libanon. Der syrienorientierte Flügel der PLO rückte daraufhin von Jassir Arafat ab. Die Palästinenser beteiligten sich zwar an dem Abnutzungskrieg gegen Israel, der den jüdischen Staat nicht nur viel Geld, sondern auch viele Tote kostete, aber die Auflösungserscheinungen der PLO machten die partiellen Schläge gegen Israel zunichte. Auf der einen Seite stehen in der PLO gemäßigte Gruppierungen unter Arafat, dazu gehört etwa die Fatah. Auf der anderen Seite stehen Gruppen wie die *Volksfront zur Befreiung Palästinas* (PFLP) unter Georges Habash, der den Staat Israel mit allen Mitteln vernichten will. Die für die Kaperung des Passagierdampfers *Achille Lauro* im Oktober 1985 verantwortlich gemachte *Palästinensische Befreiungsfront* (PLF) gehört der *Revolutionären Allianz* mit Syrien an, der sich auch ein abgespaltener Teil der Fatah angeschlossen hat. Ferner existieren noch Gruppen wie die *Demokratische Front für die Befreiung Palästinas* (DFLP) unter Najif Hawatmeh, die *Volksfront für die Befreiung Palästinas/Generalkommando* unter Ahmed Jibril oder die von Syrien gesteuerte *Saika* (»Blitzstrahl«) unter Salaedin Maani. Abu Nidal, dem zahlreiche Anschläge auf jüdische Einrichtungen und Arafat-treue Palästineser in Europa zugeschrieben werden, erhält seine Unterstützung ebenfalls aus Syrien. Die PLO sei die einzig legitime Vertreterin des palästinensischen Volkes, so haben Palästinenser immer wieder festgestellt. Welche PLO?, so wird heute den Palästinensern entgegengehalten — oft genug triumphierend. Zu den inneren Konflikten gesellte sich Bedrohung von außen. Am 1. Oktober 1985 flogen israelische Piloten einen Angriff auf das Hauptquartier der PLO in Tunis. Zwar wurde diese die tunesische Souveränität verletzende Aktion weltweit verurteilt, doch war für die Palästinenser die Folge, daß sie sich wieder einmal nach neuen Quartieren umsehen mußten. Die tunesische Regierung fürchtete, über die Beherbergung der Palästinenser mitten in den Nahostkonflikt hineingezogen zu werden.

Arafat drohte weitere Isolation, als er durch spektakuläre Schritte die verfahrene Situation im Nahen Osten in Bewegung zu bringen versuchte. Eine Annäherung an König Hussein von Jordanien fand ihren beredtesten Ausdruck in der Verabschiedung der gemeinsamen Erklärung vom 11. Februar 1985, die einen palästinensischen Staat auf der Westbank in Föderation mit dem haschemitischen Reich vorsah. »Land gegen Frieden« mit Israel war eine der Implikationen dieser Erklärung. Sie hatte folgenden Wortlaut:

Die Regierung des Haschemitischen Königreiches Jordanien und die Palästinensische Befreiungsorganisation sind, ausgehend vom Geist der von den arabischen Staaten gebilligten Beschlüsse der Gipfelkonferenz von Fes sowie von Beschlüssen der Vereinten Nationen bezüglich der Palästinafrage, in Übereinstimmung mit dem internationalen Recht und aufbauend auf einem gemeinsamen Verständnis vom Bestehen eines besonderen Verhältnisses zwischen dem jordanischen und dem palästinensischen Volk, übereingekommen, mit dem Ziel der Erreichung einer friedlichen und gerechten Beilegung der Nahostkrise und der Beendigung der israelischen Besetzung arabischer Gebiete einschließlich Jerusalems auf Grundlage folgender Prinzipien zu handeln:
1. Vollständiger Abzug Israels aus den 1967 besetzten Gebieten für einen umfassenden Frieden, wie in Resolutionen der Vereinten Nationen und des Sicherheitsrates festgelegt.
2. Selbstbestimmungsrecht für das palästinensische Volk: Die Palästinenser werden ihr unveräußerliches Recht auf Selbstbestimmung ausüben, wenn sie in der Lage sein werden, dies im Zusammenhang mit der Bildung der vorgeschlagenen Konföderation der arabischen Staaten Jordanien und Palästina zu tun.
3. Lösung des Problems der palästinensischen Flüchtlinge in Übereinstimmung mit Beschlüssen der Vereinten Nationen.
4. Lösung der Palästinafrage in all ihren Aspekten.
5. Auf dieser Basis werden Verhandlungen geführt werden unter dem Schirm einer internationalen Konferenz, an der die fünf Ständigen Mitglieder des Sicherheitsrates und alle Parteien des Konflikts teilnehmen, einschließlich der Palästinensischen Befreiungsorganisation, der einzi-

gen legitimen Vertretung des palästinensischen Volkes, innerhalb einer gemeinsamen Delegation (gemeinsame jordanisch-palästinensische Delegation).

Die implizite Annahme der Resolution 242 der Vereinten Nationen war in den Augen vieler Palästinenser ein Verrat an ihrer Sache. Die Resolution spricht von dem Palästinenserproblem als einem Flüchtlingsproblem, ein Selbstbestimmungsrecht der Palästinenser ist nicht formuliert. Die Kritiker des PLO-Chefs trafen sich daraufhin in Damaskus, um über die Bildung einer »Nationalen Front« innerhalb der PLO zu beraten. Abu Nidal kündigte in einem Interview zur gleichen Zeit an, »alle diejenigen zum Tode zu verurteilen, die mit dem zionistischen Staat (...) verhandeln wollen, seien sie Palästinenser oder Araber«. Wie angegriffen Arafats Position ist, zeigte sich auch bei den Wahlen von 1985 an der linksorientierten Universität von Bir Zeit auf der Westbank. Dort erhielten die Moslem-Bruderschaften und andere Gegner Arafats erstmals die Mehrheit der Stimmen.

Ende 1985 leistete Arafat einen »Gewaltverzicht« in der sogenannten *Kairoer Erklärung*: die PLO werde außerhalb Israels und der besetzten Gebiete in Zukunft auf Gewaltanwendung verzichten, sowie Zivilopfer vermeiden. Arafat wollte das Ansehen der PLO wieder heben, nachdem die PLO der Entführung der *Achille Lauro* verdächtigt worden war, bei der der jüdische, an einen Rollstuhl gefesselte Passagier Klinghoffer brutal ermordet worden war.

Das einzige Attentat, für das die PLO in der Zeit danach offiziell die Verantwortung übernahm, war dann auch ein Anschlag auf eine Gruppe von Rekruten, die sich an der Westmauer in Jerusalem zum feierlichen Eid für die israelische Armee zusammengefunden hatten.

In Israel wurde freilich Arafats »Gewaltverzicht« kein Glauben geschenkt.

Die Erklärung von Amman durch Arafat und Hussein hatte auf die israelische Regierung und vor allem die USA Eindruck machen sollen. So weitgehende Zugeständnisse an Israel hatte es bis zu diesem Zeitpunkt nicht gegeben. Aber die Politik Husseins wirkte sich für die Palästinenser verheerend aus. Dies lag an den Zielen, die Hussein mit der Erklärung von Amman verfolgte.

In Jordanien stellen die Palästinenser über sechzig Prozent der Bevölkerung. Hussein ist an einer Entwicklung der Wirtschaft im Westjordanland und an einer umfassenden friedlichen Lösung schon deshalb gelegen, weil er den Einfluß der Palästinenser im eigenen Land zurückdrängen will. Er kann also auch kein Interesse daran haben, das Westjordanufer wieder dem jordanischen Staat einzuverleiben, andererseits rechnet er mit wirtschaftlichen Möglichkeiten in der Westbank, die Jordanien durchaus zugute kommen könnten, wenn es sich bei einem möglichen Staatengebilde für die Palästinenser um eine palästinensisch-jordanische Föderation handeln würde. Die USA würden Hussein sicherlich einige Kapitalhilfe zukommen lassen, wenn es der König fertigbringen würde, den Konflikt um die Westbank beizulegen.

Arafat nun bestand im Rahmen des Abkommens von Amman auf einer Anerkennung des Selbstbestimmungsrechts der Palästinenser *bevor* es zu konkreten Verhandlungen im Sinne des Abkommens kommen sollte. Als sich nun abzeichnete, daß die PLO noch weit davon entfernt war, sich als Ganze überhaupt hinter die Erklärung von Amman zu stellen, und überdies die amerikanische Regierung zu verstehen gab, daß eine Delegation von Palästinensern, die nicht unbedingt der PLO angehören müssen, doch auch genügen würde, brach Hussein die Verhandlungen mit dem geschwächten Führer der Palästinenser ab. Nun bahnt sich eine Entwicklung an, die die Palästinenser in ärgste Bedrängnis bringt. Hussein will sich für Friedensverhandlungen mit Israel nach anderen Palästinensern umsehen, die seine Politik mittragen. Dies kommt den israelischen Interessen entgegen; die Israelis hatten immer wieder abgelehnt, mit Vertretern der PLO zu verhandeln. Im Februar 1986 stieß Hussein die PLO öffentlich ins Nichts: Er forderte die Palästinenser auf zu bedenken, ob sie die PLO noch als ihre einzige legitime Vertreterin anerkennen könnten, wie der arabische Gipfel in Rabat 1974 beschlossen hatte. Die Frage traf die PLO an ihrem aktuell wundesten Punkt. Die PLO hatte der Frage Husseins nicht viel entgegenzusetzen, zumal nicht nur auf der Westbank andere Kräfte inzwischen großen Einfluß haben, sondern auch in Israel selbst unter den palästinensischen Arabern Bestrebungen deutlich werden, sich mit den linken Kräften im Land selbst zu verbünden. Sowohl die Palästinenser in Israel wie auch diejenigen in der Westbank haben vor allem ein Ziel: ihre ganz konkrete Lebenssituation zu verbessern. Die israelischen Araber kämpfen für gleiche Rechte im Land, die von der Westbank wollen die unerträgliche Besatzung loswerden. Nur eine starke, geeinte PLO, die die Bedürfnisse aller Palästinenser wahrnimmt und im Rahmen des Machbaren durchsetzen will, könnte die Hoffnung der Palästinenser in Israel und den besetzten Gebieten aufrecht erhalten, eine wirklich gerechte Lösung der Palästinafrage erreichen zu können. Wenn Hussein sich mit seiner Politik über die Interessen der PLO hinwegsetzen kann, dann wird im Rahmen einer palästinensisch-jordanischen Föderation den Menschen auf der Westbank eine Art Autonomie zuerkannt werden, die freilich die Probleme einer überaus großen Anzahl von Palästinensern nicht lösen wird. Die Palästinenser innerhalb des israelischen Staatsgebietes etwa werden aus ihrem Status als Bürger zweiter Klasse nicht herauskommen. Jene, die im Gazastreifen leben, werden ebenfalls nicht mit einer Verbesserung ihrer Situation rechnen können. Familienzusammenführung in dem Sinne, daß Palästinenser wieder zu ihren Familien in Israel ziehen können, wird die israelische Regierung kaum dulden, denn dann würde sich der arabische Bevölkerungsanteil im Land vergrößern, was wiederum den exklusiv jüdischen Charakter des Staates gefährden würde. In der Angst vor einer Arabisierung des Landes liegt ja auch der Grund, warum Israel die Westbank nicht einfach annektierte, denn dann müßte der Staat seine demokratische Struktur aufgeben. Den Palästinensern müßte das Wahlrecht eingeräumt werden, was die Mehrheitsverhältnisse zugunsten der Palästinenser verschieben würde. Schon aus diesem Grund wird auch Israel an einer »Autonomie« der Palästinenser in der Westbank liegen dürfen, wie sie schon im *Camp David* Abkommen schwammig genug formuliert war. Die Palästinenser wären für Israel als politischer Faktor mehr oder weniger ausgeschaltet, ohne daß Israel dies viel kosten würde. Bedeutende Siedlungen würden bestehen bleiben, viele andere sicherlich auch geräumt. Wenn die Palästinenser dann noch nicht zufrieden wären, hätte die Weltöffentlichkeit sicher nicht mehr viel Verständnis. Diese sich abzeichnende Entwicklung ist mit ein Grund für die schweren Zusammenstöße zwischen der israelischen Armee und Palästinensern auf der Westbank im Winter 1986, nachdem bei einer Demonstration drei palästinensische Studenten erschossen worden waren. Über die Palästinenser wird zwischen Hussein und Israel verhandelt, ohne daß sie durch ihre Führer repräsentiert werden. Wieder einmal werden sie zwischen verschiedenen Parteien aufgerieben, obwohl es ausschließlich um ihre Rechte geht.

# Intifada – Zwei Gesichter einer Revolution

Israel hat 1988 seinen 40. Geburtstag gefeiert. Aber der Beginn des neuen Lebensjahrzehntes ist überschattet von einer dramatischen Zuspitzung der Konflikte zwischen Juden und Palästinensern in Israel und den besetzten Gebieten.

Die Entwicklungen des Nahost-Konfliktes in den achtziger Jahren hatten sehr deutlich gemacht, daß die Palästinenser selbst ihre Rechte einklagen müssen, daß es offensichtlich sinnlos ist, auf eine von außen kommende Lösung zu warten. Die PLO veränderte im Laufe der zweiten Hälfte der achtziger Jahre ihre Strategie: sie konzentrierte den Kampf der Palästinenser auf die Gebiete ihrer angestammten Heimat, in denen sie (noch) die Mehrheit der Bevölkerung bilden, also auf die besetzten Gebiete (einem Fünftel des ursprünglichen Siedlungsgebiets). Und niemand hatte mit einem so zähen, ausdauernden und unerschrockenen Aufstand der dort ansässigen Palästinenser gerechnet, wie er nunmehr seit drei Jahren andauert. »Krieg der Steine« oder »Intifada« (arabisch: abschütteln) wird der im Dezember 1987 begonnene Widerstand genannt. Die erste Steine flogen im Gaza-Streifen, dort, wo die Probleme der palästinensischen Bevölkerung am drückendsten sind. Die dort lebenden Menschen sind seit 1948 staatenlos. Weder Ägypten vor 1967 noch Israel haben jemals ernsthaft daran gedacht, dieses Gebiet formell dem eigenen Staat einzugliedern. Sie hätten sich mit einem unabsehbaren sozialen Problem belasten müssen. Im Gaza-Streifen leben 630 000 Menschen. Um die Jahrhundertwende – so schätzt man – wird die Millionengrenze überschritten sein. Der Gaza-Streifen zählt zu den am dichtesten besiedelten

Gebieten der Erde, aber eine demgemäße moderne Infrastruktur fehlt gänzlich.

Im Dezember 1987 waren es zunächst einige Jugendliche, die mit Steinen und mitunter auch Molotowcocktails den Anschein erweckten, es gäbe wieder einmal die gewohnten »Unruhen«, an die sich Israel schon gewöhnt hatte. Aber zur großen Überraschung nicht nur der israelischen Regierung und des Militärs, sondern auch der PLO entwickelten sich diese Unruhen zu einer wahren Revolution. Innerhalb weniger Monate verloren Männer, Frauen und Jugendliche in den Dörfern und Flüchtlingslagern ihre Angst vor der Besatzungsmacht und bauten neue Strukturen der Selbstorganisation (»Volkskomitees«) auf, um möglichst weitgehend unabhängig vom israelischen Markt zu werden. Mit den Kollaborateuren in den eigenen Reihen wurde häufig kurzer Prozeß gemacht: Auf Rat der PLO-Führung hin wurden nach Schätzungen bereits zwischen fünfzig bis hundert von ihnen kurzerhand ermordet.

Erste politische Erfolge stellten sich wenige Monate nach Beginn der Intifada ein: König Hussein von Jordanien, dieser »Überlebenskünstler« des Nahen Ostens, gab im Juli 1988 offiziell jeglichen Anspruch auf die West-Bank auf, für die – nach seinen Worten – nun die PLO zuständig sei. Die ihm von Israel zugedachte Rolle als Verhandlungspartner unter Ausschaltung der Palästinenser hat er damit abgelehnt. Im November proklamierte die PLO in Algier ihren eigenen, vorläufig von Israel besetzten, unabhängigen Staat Palästina. Im Dezember 1988 schließlich begann ein schwieriger, aber notwendiger politischer Dialog zwischen der PLO und der Regierung der Vereinigten Staaten.

Aber die Palästinenser zahlen einen hohen Preis für ihren Kampf gegen die israelische Besatzung. Im Sommer 1990 waren es über eintausend Palästinenser, die ums Leben gekommen waren, meist junge Leute, ebenso jung übrigens wie die israelischen Soldaten, die ihnen gegenüberstehen. Zum ersten Mal fechten Angehörige einer Generation, die nach 1967 geboren wurde, die Kämpfe aus. Über einhundertfünfzig Kinder sind unter den Opfern, die meist durch Tränengas oder Gummigeschosse getötet wurden.

Die Kette blutiger Zusammenstöße seit Beginn der »Intifada«:

8. Dezember 1987: Bei einem Unfall zwischen einem israelischen Militärlastwagen und zwei Autos werden vier Palästinenser getötet. Im von Israel besetzten Gazastreifen brechen Unruhen aus.

Junge Palästinenser im Kampf gegen israelische Sicherheitskräfte (März 1990)

9. Dezember 1987: Israelische Soldaten erschießen einen palästinensischen Demonstranten im Gazastreifen. Die Unruhen greifen auf das von Israel besetzte Westjordanland über. Fast alle 250 000 arabischen Arbeitskräfte in Israel schließen sich einem Generalstreik an.

8. Januar 1988: Die israelische Armee interniert ohne Gerichtsverfahren mehrere Dutzend Palästinenser für die Zeit von sechs Monaten. Die »Administrativhaft« trifft in der Folge Tausende Palästinenser.

11. Januar 1988: Ein jüdischer Siedler tötet einen sechzehn Jahre alten Palästinenser; von nun an greifen Siedler in die Auseinandersetzung ein.

12. Januar 1988: Israel verhängt eine Ausgangssperre über einen Teil der besetzten Gebiete; mehrere Hunderttausend Menschen können ihre Wohnungen nicht verlassen. Ausgangssperren gehören seither zum Instrumentarium der israelischen Armee.

2. Februar 1988: Auf Anweisung der israelischen Regierung werden alle palästinensischen Schulen und Universitäten geschlossen.

5. März 1988: Anführer der Intifada rufen im Untergrund zu Repressalien gegen Palästinenser auf, die mit Israel kollaborieren. In der

Folge werden immer wieder Palästinenser unter diesem Vorwurf von ihren Landsleuten getötet.

7. März 1988: Palästinensische Terroristen entführen einen Bus und töten eine israelische Geisel. Zwei weitere Geiseln kommen ums Leben, als der Bus gestürmt wird.

8. April 1988: Bei einer Auseinandersetzung zwischen jüdischen und arabischen Jugendlichen im Dorf Beita unweit von Nablus wird eine 15 Jahre alte israelische Schülerin nicht, wie zunächst behauptet, von den Arabern »zu Tode gesteinigt«, sondern von einem bewaffneten Begleiter der Gruppe versehentlich erschossen. Bei ihrer Vergeltungsaktion sprengt die Armee die Häuser von 14 Familien des Dorfes. In der Folge werden immer wieder Häuser im Zuge von Strafmaßnahmen zerstört.

16. April 1988: Bei Demonstrationen gegen die Ermordung des Palästinenserführers Abu Jihad in Tunesien werden 13 Palästinenser von der israelischen Armee getötet.

31. Juli 1988: König Hussein von Jordanien gibt die Souveränität über das Westjordanland auf.

31. Oktober 1988: Bei einem Bombenanschlag auf einen Bus in Jericho werden vier Israelis getötet.

15. November 1988: Der palästinensische Nationalrat proklamiert einen unabhängigen Staat Palästina. Israel weist die Erklärung zurück.

8. Dezember 1988: Am Jahrestag des Beginns der Erhebung rufen die Palästinenser einen zweitägigen Generalstreik aus. Soldaten erschießen einen 17 Jahre alten Araber bei Demonstrationen im Westjordanland.

13. Dezember 1988: Der Vorsitzende der Palästinensischen Befreiungsorganisation (PLO), Arafat, appelliert in Genf an die israelische Regierung, gemeinsam eine gerechte Friedensordnung im Nahen Osten zu schaffen. Er versichert, die Unabhängigkeit eines palästinensischen Staates allein mit friedlichen Mitteln herbeiführen zu wollen, und spricht mehrfach von einer »friedlichen Koexistenz« in der Region.

16. Dezember 1988: Bei Auseinandersetzungen werden acht Palästinenser getötet.

13. März 1989: Der israelische Ministerpräsident Schamir bietet den Palästinensern im Westjordanland und im Gazastreifen Wahlen an, unter der Bedingung, daß die Bevölkerung den Aufstand in den besetzten Gebieten beende. Die Palästinenser lehnen ab.

13. April 1989: Eine Einheit der israelischen Grenzpolizei tötet bei

einem Vorstoß in die Siedlung Nahalin bei Bethlehem fünf Palästinenser.

19. Mai 1989: In einem westjordanischen Dorf sterben bei einer Schießerei drei Palästinenser und ein Soldat. Erstmals seit dem Ausbruch der Intifada werden automatische Schußwaffen gegen israelische Soldaten eingesetzt.

20. Mai 1989: Bei Auseinandersetzungen im Westjordanland und im Gazastreifen sterben zehn Palästinenser und ein Siedler. Die Führung der Intifada ruft dazu auf, in Zukunft für jeden getöteten Palästinenser einen israelischen Soldaten oder Siedler zu töten.

10. August 1989: Israel verlängert die mögliche Dauer einer Internierung ohne Prozeß von sechs auf zwölf Monate.

20. November 1989: Die israelische Armee legt eine Bilanz vor, der zufolge seit Beginn der Intifada 525 Palästinenser, elf israelische Zivilisten und acht israelische Soldaten getötet wurden. Nach Angaben der PLO wurden seit Beginn der Intifada 1 003 Palästinenser getötet.

28. Dezember 1989: Nach einem Bericht der israelischen Bank Hapoalim hat die Intifada die israelische Wirtschaft fast eine Milliarde Dollar gekostet.

20. Mai 1990: Ein offenbar geistig verwirrter Israeli erschießt unweit von Tel Aviv acht arabische Tagelöhner. Bei Unruhen in den besetzten Gebieten werden weitere Palästinenser getötet. Palästinensische Organisationen rufen einen dreitägigen Generalstreik aus. Die israelische Armee verhängt eine Ausgangssperre.

Die Intifada ist nicht nur eine absolute Herausforderung des israelischen Staates, sondern sie hat auch das traditionelle Selbstverständnis der palästinensischen Gesellschaft in Frage gestellt. Dieses war lange Zeit geprägt von dem bequemen Vertrauen auf die eigene Führung, die fern von Palästina ihre Hauptquartiere eingerichtet hatte; von dem Beharren auf einer Art »Endlösung« der Palästina-Frage in dem Sinne, daß die Juden irgendwann endgültig geschlagen würden; aber auch geprägt von starren Familienstrukturen mit einer eisernen Unterdrückung der Frauen und einer lähmenden Korruption. Statt dessen entwickeln sich heute eigene Initiative und Solidarität. Ohne diese könnten die Palästinenser vor allem im Gaza-Streifen gar nicht mehr existieren. Dort ist die Arbeitslosigkeit auf 90 Prozent gestiegen, teils weil die Palästinenser die Arbeit im israelischen Kernland nicht mehr ausführen wollen, teils aufgrund der israelischen »Aussperrungspolitik«, die israelische Unternehmen allerdings teuer zu stehen kommt.

Im Juni 1989 gab die Armee bekannt, daß die Bewohner des Gaza-Streifens einen neuen computerlesbaren Ausweis brauchten, um über die Grenze zur Arbeit nach Israel zu fahren. Mit dieser Maßnahme sollte Druck auf die Palästinenser ausgeübt werden. Die 40 000 in Israel arbeitenden Bewohner des Gaza-Streifens wurden erst einmal nach Hause geschickt. Die Untergrundführung der Intifada rief zum Boykott dieser Karten auf, der teils befolgt, teils mit Gewalt durchgesetzt wurde.

International hat sich durch den zähen Aufstand und die nicht abreißenden Nachrichten über Zusammenstöße in den besetzten Gebieten der Druck auf Israel verstärkt. Ministerpräsident Schamir, dessen Position innerhalb der großen Koalition gestärkt wurde durch den Wahlsieg der rechten und nationalistisch-religiösen Parteien am 1. November 1988, legte Anfang 1989 einen Friedensplan vor, der Wahlen in den besetzten Gebieten vorsah, selbstverständlich unter Ausschluß der PLO. Ziel Schamirs war, für Israel akzeptable Nicht-PLO-Gesprächspartner zu finden, mit denen dann zu einem späteren Zeitpunkt, nach einer mehrjährigen »Periode der Vertrauensbildung«, Verhandlungen über eine Autonomieregelung in den besetzten Gebieten geführt werden könnten. Schamir knüpfte mit diesen Vorschlägen an das Camp-David-Abkommen an. Sein Friedensplan wurde von zwei weiteren ergänzt: Der amerikanische Außenminister James Baker und der ägyptische Präsident Hosni Mubarak präzisierten Schamirs teilweise allgemein gehaltene Vorschläge auf eine in den Augen der israelischen Regierung gefährlich konkrete Weise.

Mubaraks Zehn-Punkte-Plan sah unter anderem vor: Israel muß das Ergebnis der vorgesehenen Wahlen in jedem Fall akzeptieren; internationale Beobachter werden die Durchführung der Wahlen überwachen; gewählte Palästinenser genießen Immunität; während der Kampagne herrscht völlige Propagandafreiheit; die Ost-Jerusalemer Palästinenser dürfen ebenfalls wählen; die israelische Armee verläßt für den Wahltag die besetzten Gebiete.

Die Vorschläge Mubaraks entsprachen der Position der PLO, die »freie Wahlen« unter einer militärischen Besatzung ablehnt. Die Furcht, daß erfolgreiche Kandidaten nach den Wahlen des Landes verwiesen werden könnten, ist begründet. Nach den letzten von Israel veranstalteten Wahlen in den besetzten Gebieten im Jahre 1976, als PLO-Kandidaten beeindruckende Mehrheiten erzielten, ist genau dies geschehen. Nach israelischem Militärgesetz sind in den besetzten Gebieten politische Versammlungen jeglicher Art, Verbreitung von politischer Propaganda wie auch Mitgliedschaft in den politischen Parteien, die zur PLO gehören, gänzlich verboten. Ohne Änderung dieses Gesetzes wäre es unmöglich, auf der Westbank und im Gaza-Streifen einen Wahlkampf nach westlich-demokratischem Muster zu führen. Auch Baker präzisierte Schamirs Vorschläge in einer Weise, die sich gegen dessen eigentliche Intentionen kehrte, außerdem ließ die US-Administration verlauten, daß sie Mubaraks Vorschläge unterstütze.

Rasch wurde deutlich, daß Schamir vor allem auf Zeitgewinn aus war. Durch seinen Friedensplan konnte er Israels Image zwischenzeitlich wieder ein wenig aufbessern, der Druck der Amerikaner ließ erst einmal nach. Die Intifada, so sein Kalkül, würde allmählich versiegen, die Palästinenser würden sich weiter zerstreiten.

Dieses Kalkül ist im Laufe des Nahostkonflikts oft aufgegangen. So hat Schamir beispielsweise die Anerkennung Israels durch die PLO erzwungen, ohne auch nur eine einzige Konzession zu machen. Hätte Schamir den Vorschlag seines politischen Rivalen Peres zu Beginn der großen Koalition akzeptiert und einer Teilnahme Israels an einer internationalen Friedenskonferenz zugestimmt, wäre das Existenzrecht Israels einer der schwierigsten Verhandlungspunkte gewesen. Heute steht es nicht mehr zur Debatte.

Die Anerkennung des Existenzrechts Israels hat den Palästinensern auf internationaler Ebene viele Türen geöffnet. So empfing beispielsweise der französische Staatspräsident François Mitterrand im Mai 1989 den PLO-Chef. Dieser erste Empfang bei einem Präsidenten eines westlichen Landes, das zu den ständigen Mitgliedern des Sicherheitsrates der Vereinten Nationen gehört, stellte einen bedeutenden diplomatischen Erfolg dar. Bei dieser Gelegenheit bezeichnete Arafat die PLO-Charta von 1968 als »caduque« (hinfällig). In der Charta war die Schaffung eines israelischen Staates als ungültig bezeichnet und die »Eliminierung der zionistischen Präsenz« gefordert worden. Aber für eine rechtlich relevante Abschaffung der Charta von 1968 müßte es eine Abstimmung des palästinensischen Nationalrates geben, und zwar mit einer Zweidrittelmehrheit. Maßgeblich für die Politik der PLO, so Arafat, sei die Deklaration vom 15. November 1988 in Algier. Damals hatte die PLO den Staat Palästina proklamiert, realisierbar in den besetzten Gebieten, und damit den Anspruch auf Gesamt-Palästina aufgegeben. Über einhundert Staaten hatten in der Folge »Palästina« anerkannt. Bei den Vereinten Nationen ist es nun nicht mehr die

PLO als Organisation, sondern der Staat Palästina, der einen Beobachterstatus innehat. Aber Proteste seitens radikaler Palästinenser wie George Habash und Achmed Jibril gegen Arafats »caduque« folgten umgehend.

Noch ist die PLO nicht überall international hoffähig. Kurz nach dem Besuch in Paris stand das Begehren der PLO zur Abstimmung, Mitglied in der Weltgesundheitsorganisation zu werden. Die US-amerikanische Regierung drohte an, der Organisation im Falle einer positiven Entscheidung die Mittel zu streichen.

Die Fatah-Fraktion in der PLO unter Arafat scheint einen weiteren politischen Schritt in eine realistische Richtung gemacht zu haben, aber die Fatah ist nicht identisch mit der PLO. Die Anzeichen häufen sich, daß radikale, international nicht akzeptable Kräfte unter den Palästinensern an Einfluß gewinnen. So gibt es eine erkennbare Annäherung zwischen wichtigen Flügeln der PLO und dem syrischen Präsidenten Assad. Besonders im Gaza-Streifen hat die islamisch-fundamentalistische Hamas-Bewegung sehr an Einfluß gewonnen. Ihre Politik ist nicht identisch mit, aber auch nicht unabhängig von der islamischer Fanatiker in Teheran. Rafsandschani reagierte auf Arafats »caduque« mit dem Gegenvorschlag, für jeden von den Israelis getöteten Palästinenser fünf Amerikaner, Briten oder Franzosen zu ermorden. Die PLO hat diesen, nach ihren Worten »vergifteten« Rat zurückgewiesen.

## Der Aufstand und die israelische Gesellschaft

Die Palästinenser haben die Besatzung bisher nicht »abschütteln« können. Aber die Intifada hat doch wichtige Resultate gezeitigt. So haben sich beispielsweise viele Lebensgewohnheiten der jüdischen Israelis geändert. Die täglichen Nachrichten über Zusammenstöße mit Toten und Verletzten haben trotz eines Gewöhnungseffekts dazu geführt, daß Ausflüge in die besetzten Gebiete unterbleiben, Besuche im Bazar Ost-Jerusalems oder in dort gelegenen, früher beliebten Restaurants selten geworden sind.

In gleichem Maße wie die Palästinenser ihr Selbstwertgefühl entwickeln konnten, wurde dasjenige der Israelis in Frage gestellt. Prozesse gegen Soldaten und Offiziere aus Eliteeinheiten, die sich besonderer Brutalität schuldig gemacht haben, sowie Exzesse schießwütiger Siedler haben die Öffentlichkeit aufgerüttelt.

»Eine Armee kann eine Armee schlagen, aber eine Armee kann kein Volk schlagen.« Diese Einsicht hat sich bei vielen israelischen Soldaten nach Zusammenstößen mit palästinensischen Kindern und Jugendlichen durchgesetzt. Unzählige Dokumente zeugen davon, daß sehr viele unter ihnen die Einsätze unerträglich finden. Trotz der andauernden Kämpfe wird innerhalb der Gesellschaft weiterhin unerbittlich Kritik geübt. Die *Jerusalem Post* veröffentlichte am 24. September 1988 Auszüge aus dem Tagebuch des Soldaten Jonathan Kestenbaum, der im Zivilleben als Erziehungswissenschaftler tätig ist. Wie andere Israelis auch muß er jedes Jahr seinen Reservedienst leisten, und das heißt meist: in den besetzten Gebieten Dienst tun. Er beschreibt, wie er selbst zum brüllenden, Kinder jagenden Soldaten wird, obwohl er, wie so viele israelische Reservisten, die Brutalität der Einsätze, die drückenden Ausgangssperren in den palästinensischen Dörfern und Lagern eigentlich ablehnt. Daran wird deutlich, welche Eigendynamik die Auseinandersetzungen in den von Israel besetzten Gebieten annehmen.

»Glühende, mit Abfall übersäte Straßen. Eine Geisterstadt, wo verängstigte Gesichter aus den Fenstern schauen. Der Bataillonkommandant erklärt uns, daß das Ausgehverbot so lange aufrecht erhalten wird, bis sie gebrochen sind, was auch immer das bedeuten mag. Stunde um Stunde betäubende Patrouillen. Es ist ein widerlicher Anblick, wie ich hinter einem Neunjährigen herjage, der auf der Straße ein Stück Brot erspäht hat. Die Versuchung, den Arabern die Schuld dafür zuzuschieben, daß man hier ist, ist äußerst groß, und auch meine Sinne werden spürbar stumpfer. Die schroffen Kommandos; wie Wahnsinnige brüllen wir den Frauen zu, ihre Vorhänge zuzuziehen. Elftausend Einwohner, durchschnittlich zehn Personen pro Familie, eingesperrt in kochend heiße, überfüllte Wohnstätten – vierundzwanzig Stunden am Tag. Auch unter uns kommt es (...) zu Reibereien. Ich bin als weichherzig verschrien und werde von einem ansehnlichen Teil der Einheit geschnitten. Bemerkenswerte Augenblicke, als Soldaten Gemüse von arabischen Feldern stehlen und mich nicht verstehen wollen, wenn ich sage, daß man das nicht tun dürfe. Man kann nicht Zwölfjährige einsperren, weil sie zur Zeit der Ausgangssperre Tomaten pflücken (ihre eigenen Tomaten), und sich dann selbst bedienen.«

Aber trotz der scharfen Kritik, die in Israel selbst an der Regierungspolitik geübt wird, fällt auf, daß eine vergleichbare Massenprotestbewegung wie anläßlich des Libanon-Krieges derzeit im Lande nicht existiert. Aber der Libanon, das war ein anderes Land. Man konnte gegen die Invasion dieses Nachbarlandes protestieren, ohne sich zur Zukunft Israels äußern zu müssen. Das ist diesmal anders. Die Frage, ob es einen Palästinenserstaat neben Israel geben soll, berührt die gesamte Konfliktgeschichte im Vorderen Orient. Selbst wer der Überzeugung ist, daß es mit der Besatzung so nicht weitergehen kann, daß der israelische Staat sich selbst verliert, wenn er über Jahre ein anderes Volk militärisch niederhalten muß, wird die Frage beantworten müssen, ob die Gründung eines palästinensischen Staates in den besetzten Gebieten nicht nur »einen ersten Schritt« für die Palästinenser darstellt. Schließlich sind die Palästinenser keine Einheit, dies wurde zuletzt bei der Terroraktion seitens der Palästinensischen Befreiungsarmee am Strand bei Tel Aviv deutlich. Die Forderung nach der »Befreiung Gesamtpalästinas« wird in der palästinensischen Bevölkerung durchaus erhoben.

Die Standpunkte innerhalb der israelischen Bevölkerung sind extremer geworden. Während die Friedensbewegung »Schalom Achschaw« zum Beispiel der Überzeugung ist, die Gründung eines palästinensischen Staates in den heute von Israel besetzten Gebieten sei bloß eine Frage der Zeit, finden immer mehr Israelis, daß eine unabdingbare Voraussetzung zur Lösung des Konflikts die Niederschlagung des Volksaufstandes um jeden Preis sei. Die gängige Meinung der meisten Israelis – auch derjenigen, die eine politische Lösung als einzigen Ausweg betrachten – ist, daß der palästinensischen Gewalt die Stirn geboten werden muß. Dieser als Abnützungskrieg bezeichnete Konflikt könne noch einige Jahre durchgehalten werden.

Aber es gibt auch eine ganze Reihe von Protestbewegungen. Die Gruppe »Das 21. Jahr« wurde einen Monat vor Beginn der Intifada gegründet. Sie organisiert Demonstrationen gegen die Ausweisung von Palästinensern, hält Mahnwachen gegen Massenverhaftungen, setzt sich für eine Verbesserung der Haftbedingungen ein und solidarisiert sich mit den Besitzern von Häusern, die von der Armee gesprengt wurden. »Jesh Gwul« unterstützt weiterhin Soldaten, die den Dienst in den besetzten Gebieten verweigern, und informiert sie über ihre Rechte und ihre – übrigens militärgesetzlich verankerte – Pflicht, illegale Befehle nicht auszuführen. Die »Frauen in Schwarz« halten jeden Freitag Wache in Jerusalem, unweit der Wohnung des Premierministers, um gegen die Besatzung zu protestieren. Das »Komitee der Friedensbewegung« sammelt Lebensmittel für palästinensische

Dörfer und Flüchtlingslager, die wegen anhaltender Ausgangssperren mit Versorgungsschwierigkeiten zu kämpfen haben. Die »Zeugen der Besetzung« besuchen Palästinenser in der Westbank und im Gaza-Streifen, sie beobachten und protokollieren die Unterdrückungsmaßnahmen der Besatzungsarmee vor Ort. Religiöse Juden gründeten die »Rabbinische Menschenrechtswache«, um gegen die »Demütigung und Erniedrigung« der palästinensischen Bevölkerung »im Namen Israels« als unvereinbar mit der jüdischen Religionslehre zu protestieren.

Auf der rechten Seite der israelischen Gesellschaft ist ohne Zweifel eine Radikalisierung zu verzeichnen. Die jüdischen Siedler der Westbank haben sich durch Selbstjustiz in der Vergangenheit wiederholt hervorgetan. In der politischen Landschaft sind neue nationalistisch-religiöse Kleinstparteien auf den Plan getreten, die ein »Groß-Israel« in biblischen Grenzen fordern und die israelische Gesellschaft in religiöse Fesseln legen wollen. Ihr Einfluß auf die israelische Regierungspolitik ist aufgrund des Koalitionszwanges erheblich größer als es dem Wählerwillen entspricht. Das israelische Verhältniswahlrecht hat sich spätestens 1982 und noch mehr beim Urnengang am 1. November 1988 als unbrauchbar erwiesen. Zur Wahl standen 28 Listen, die um die Stimmen von rund 2,8 Millionen wahlberechtigten Bürgern warben. In Israel müssen Parteien lediglich eine Einprozenthürde nehmen, um den Sprung ins Parlament zu schaffen. In der Knesset gibt es, neben Likud und Arbeitspartei, mehr als ein Dutzend Fraktionen mit durchschnittlich drei Volksvertretern. Obwohl in Israel Einigkeit darüber besteht, daß das Wahlsystem reformiert werden müßte, vermeiden die beiden großen Parteien, die Arbeitspartei und Likud, entsprechende Maßnahmen. Beide fürchten, der politische Gegner könnte bei späteren Koalitionsbildungen davon profitieren. In der Folge verlieren das Parteiensystem, das Parlament und letzten Endes die Demokratie im Land an Glaubwürdigkeit.

Mitte 1990 kündigte die Arbeitspartei die große Koalition mit dem Likud auf. Zu offensichtlich war die Kluft zwischen Schamirs Versprechen, in den besetzten Gebieten Wahlen durchführen zu wollen, und seinen realen politischen Handlungen. Der Arbeitspartei gelang keine neue Regierungsbildung, und schließlich formierte sich unter der Federführung vom Likud die bisher »rechteste« Regierung in Israels Geschichte. Nationalistisch-rechte Parteien wie Tsomet, Tehiya, Moledet und religiöse Parteien wie Shas, Degel Hatora sowie die National-religiöse Partei sind jetzt an der Regierung beteiligt. Daß der

Scharfmacher Ariel Sharon zum Wohnungsminister ernannte wurde, kann die palästinensischen Ängste vor einer Ansiedlung der massenhaft aus der Sowjetunion einwandernden Juden in den besetzten Gebieten nicht beruhigen. Die nationalistisch-religiösen Kleinstparteien haben sich ihre Koalitionsbereitschaft teuer bezahlen lassen. Aus ihren Reihen wurden berufen: die Minister für Erziehung, Wissenschaft und Energie, für Landwirtschaft und für Inneres, schließlich für Einwanderung und Kommunikation.

Die Zeichen des Niedergangs demokratischer Strukturen in Israel im Verlauf der Intifada mehren sich. So wird etwa »Administrativhaft« praktiziert. Der prominente, der PLO zugerechnete Aktivist Feisal el-Husseini beispielsweise wurde ohne Anklage oder Prozeß 21 Monate inhaftiert. Unzählige Palästinenser sitzen in israelischen Gefängnissen in Administrativhaft, ohne einem Haft- oder Untersuchungsrichter vorgeführt worden zu sein, ohne formelle Anklage und selbstverständlich ohne Gerichtsurteil. Nach Meldungen der israelischen Menschenrechtsorganisation »Betselem« werden junge Gefangene gefoltert. Die Jugendlichen würden bei Verhören »regelmäßig geschlagen (Ohrfeigen, Fußtritte, Schläge mit der Faust, mit Schlagstöcken und Eisenstangen), die Hände mit Handschellen hinter dem Rücken in unbequemer Stellung an Kanalisationsrohre angebunden, und in bestimmten Fällen über Stunden in sogenannte Strafzellen gesperrt«. In demselben Bericht heißt es, Jugendliche würden gezwungen, »Geständnisse« in hebräisch zu unterschreiben, ohne dieser Sprache mächtig zu sein.

Wenn Palästinenser Straftaten verdächtigt werden, wird überdies weiterhin eine unsägliche Sippenbestrafung praktiziert; ohne vorhergehende gerichtliche Ermittlung wird das Haus der Familie in die Luft gesprengt. Gesetzliche Grundlage dafür sind Bestimmungen, die noch aus der Zeit des britischen Mandats stammen. Allein in den ersten achtzehn Monaten der Intifada wurden 806 Häuser in den besetzten Gebieten dem Erdboden gleich gemacht, über 8 000 Palästinenser wurden damit obdachlos.

## Die sowjetischen Juden kommen frei

Im Zuge der Perestroika erhielten ausreisewillige Juden in der Sowjetunion erstmals großzügiger die notwendigen Ausreisevisa. Der in der UdSSR und in anderen osteuropäischen Staaten aufflammende Antisemitismus macht nur allzu verständlich, daß sehr viele Juden emigrieren wollen. Und jeder vernünftig denkende Mensch wird es begrüßen, daß es Israel gibt, den jüdischen Staat, der bereit ist, diese Juden aufzunehmen, ohne zu fragen, was es kostet, für diese Menschen Wohnungen zu bauen, Arbeitsplätze zu schaffen, sie die hebräische Sprache zu lehren, sie umzuschulen und ihre Kinder auszubilden. Die Welt hat sich Ende des zwanzigsten Jahrhunderts nicht so verändert, daß ein jüdischer Staat überflüssig geworden wäre, so wie es zionismus-kritische Stimmen immer wieder gehofft hatten. Fünfundvierzig Jahre nach dem Zweiten Weltkrieg und der Judenvernichtung haben nicht nur in der östlichen Welt Juden wieder Grund, Angst zu haben. Die Rechte erstarkt weltweit, nicht nur in Israel. Aber nur dort haben Juden die Gewähr, nicht ausschließlich aufgrund ihres Jude-Seins Nachteile in Kauf nehmen zu müssen oder verfolgt zu werden. Dies ist ein Grund mehr, warum der Konflikt in Palästina zu einer Lösung kommen muß, nicht nur wegen der unterdrückten Palästinenser, sondern auch, weil ein jüdischer Staat in wirklich sicheren, durch einen Friedensvertrag garantierten Grenzen vielleicht in Zukunft wieder wichtiger werden könnte, als man es sich wünschen möchte. Die Fundamentalisierung in der israelischen Politik und Gesellschaft erfüllt deshalb viele Juden in der ganzen Welt mit großer Sorge. Einmal wegen der steigenden Kriegsgefahr, aber zum anderen auch, weil ein sich in religiöser Richtung fundamentalisierender jüdischer Staat für die große Masse assimilierter, laizistischer Juden schlichtweg unbewohnbar würde. In den USA ist eine Initiative entstanden, die mit dem Slogan »Israel gehört allen Juden, nicht nur den Orthodoxen« eine Million Unterschriften für eine Petition an Schamir sammeln will.

Über 50 000 sowjetische Juden sind bis Mitte 1990 in Israel eingetroffen. In den nächsten fünf Jahren könnten fünfhunderttausend bis eine Million Juden kommen. Für den jüdischen Staat ist dies zwar eine große Herausforderung wirtschaftlicher Art, aber auch eine große Chance. Denn dann spielte die nicht unbeträchtliche Abwanderung israelischer Juden demographisch keine Rolle mehr, und das Land könnte durch die möglicherweise massenhafte Einwanderung neue Impulse erhalten, ähnlich wie während der früheren großen Einwanderungswellen in der Geschichte Israels.

Die von palästinensischer Seite geäußerte Befürchtung liegt nahe, die israelische Regierung werde diese Massen in den besetzten Gebieten ansiedeln, um weiterhin »vollendete Tatsachen« zu schaffen. Schamir hat sich im Laufe der letzten zwölf Monate widersprüchlich geäußert. Tatsache ist, daß sich bisher knapp dreihundert sowjetische Juden in den besetzten Gebieten niedergelassen haben. Im Juni ließ Gorbatschow auf einer Pressekonferenz in Washington verlauten, daß die Sowjetunion möglicherweise die Gewährung von Ausreisevisa für Juden neu überdenken könne, falls Israel keine Garantien dafür gebe, daß die Neueinwanderer nicht in den besetzten Gebieten angesiedelt würden. Daß die israelische Regierung unter Druck gesetzt wird, ist angemessen; andererseits darf dies kein Grund dafür sein, Menschen im eigenen Land gefangen zu halten, so wie Gorbatschow androhte. Auch die US-amerikanische Regierung hat Druck auf Israel ausgeübt: die Streichungen von Geldmitteln für die Integration der sowjetischen Juden in Israel wurde angedroht.

In den Augen vieler Palästinenser ist die mögliche Masseneinwanderung von Juden aus der Sowjetunion eine Katastrophe von enormem Ausmaß. Zum einen, weil sie davon überzeugt sind, daß Israel trotz der Proteste aus dem Ausland die neuen Bürger in Siedlungen in den besetzten Gebieten unterbringen will, zum anderen, weil sie sich von ihren bisher besten Freunden verlassen sehen: von der UdSSR und den ehemaligen Ostblockstaaten. In der Tat haben seit dem Fall des Eisernen Vorhangs eine ganze Reihe osteuropäischer Staaten mit Israel diplomatische Beziehungen aufgenommen.

## Erez Israel / Erez Palästina – Was bringt die Zukunft?

Seit Beginn der Intifada sind über eintausend Menschen ums Leben gekommen, und doch muß hervorgehoben werden, daß es angesichts der Entschlossenheit beider Seiten und der Dauer der Auseinandersetzungen wenige Todesopfer sind. Keine palästinensische und keine jüdische Familie, die Angehörige im jüdisch-palästinensischen Konflikt verloren hat, wird das tröstlich finden. Und diese Feststellung kann selbstverständlich auch kein politisches Argument darstellen. Aber sie ist wichtig für die Analyse des Konfliktes. Israel – und das ist wesentlich für die Entwicklung in der Zukunft – kann es sich nicht leisten, so wie andere Armeen in der Welt in vergleichbaren Konfliktsituationen vorzugehen, und zwar wegen der nach wie vor in Israel weit verbreiteten Überzeugung, daß Waffen und Munition eingesetzt werden dürfen, wenn es um Selbstverteidigung geht, um das Überleben des jüdischen Staates, aber nicht, um auf Dauer eine Art Soweto zu schaffen. Jede Regierung, egal welcher Couleur, hat deshalb ein vitales Interesse, eine Krise innerhalb der israelischen Gemeinschaft zu vermeiden. Diese würde entstehen, wenn es wesentlich mehr Todesopfer gäbe, wenn die wirtschaftlichen Nachteile fühlbarer würden und der außenpolitische Druck wüchse. Insofern gibt es Einflußmöglichkeiten auf die israelische Politik. Die Chancen, daß etwa die USA aktiv werden, sind seit dem Ende des Kalten Krieges besonders günstig.

Auf der anderen Seite ist auch richtig, daß eine vorsichtige Nahost-Diplomatie, so wie US-Außenminister James Baker sie bisher betrieben hat, die Palästinenser offenbar so enttäuscht, daß sie sich erneut radikalisieren. Am augenfälligsten wurde dies durch die breite Unterstützung des irakischen Diktators Saddam Hussein seitens der Palästinenser, als dieser im August nicht nur Kuweit überfiel und annektierte, sondern Tausende von Ausländern als Geiseln nahm und die Zerstörung Israels durch Einsatz von Giftgas androhte. Auch Arafat stellte sich auf Husseins Seite. Israels schon historisches Mißtrauen in die Verläßlichkeit der Palästinenser und ihrer Führung erscheint wieder berechtigter als noch vor wenigen Monaten. Allerdings wurden auch da bereits – und nicht nur von israelischer Seite – Zweifel geäußert, inwieweit die Radikalisierung der palästinensischen Bevölkerung von der PLO-Führung noch kontrolliert werden kann: Abu Sharif, einer der engsten Vertrauten von Arafat, stellte selbst die Frage, wie lange die PLO-Führung noch von den Palästinensern akzeptiert werden wird. Er sagte zur Frage der Nicht-Bewaffnung der aufständischen Palästinenser in den besetzten Gebieten: »Die Anordnung von Präsident Arafat, keine Waffen zu gebrauchen, ist bislang strikt befolgt worden. Meine Frage ist vielmehr: Wenn die Israelis weiterhin auf Demonstranten schießen, weiterhin Palästinenser umbringen, wird dann die PLO den Widerstand weiterhin kontrollieren können?«

Nach der Annexion von Kuweit und den Kriegsvorbereitungen im arabischen Golf ist die arabische Welt neuerlich gespalten. Es scheint, als verliefen die entscheidenden Trennlinien weniger zwischen dem Irak und seinem ehemaligen Kriegsgegner Iran auf der einen Seite und den übrigen arabischen Staaten auf der anderen, sondern zwischen den arabischen Herrschern und den jeweiligen Bevölkerungen. Der jordanische König Hussein beispielsweise (nicht zu verwechseln mit seinem irakischen Namensvetter Saddam Hussein) hat die irakische Annexionspolitik verurteilt und sich dem vom Weltsicherheitsrat verhängten Embargo gegen den Irak im Prinzip angeschlossen. Aber die

Bevölkerung Jordaniens demonstriert massenhaft für den irakischen Gewaltherrscher.

Es ist davon auszugehen, daß große strukturelle Umwälzungen in den Staaten des Vorderen und Mittleren Orients bevorstehen, die sich verheerend für Israel auswirken könnten. Das wäre etwa dann der Fall, wenn der westliche Einfluß auf die Politik in dieser Großregion stark zurückgedrängt würde.

Israel ist am Golf-Konflikt indirekt beteiligt. Saddam Hussein hat die Räumung Kuweits mit der Freigabe der israelisch besetzten Gebiete verkoppelt. Außerdem hat er alle Araber zum »Heiligen Krieg« aufgerufen; dieser zielt auf die »Befreiung« der heiligen Stätten des Islam – neben dem in Saudi-Arabien gelegenen Mekka vor allem der Tempelberg von Jerusalem.

Abzuwarten bleibt ebenfalls, wie sich die arabischen Israelis in Zukunft verhalten werden, also jene Palästinenser, die innerhalb des israelischen Staates leben. Nach dem Attentat eines vermutlich geistig verwirrten Israeli auf acht arabische Tagelöhner in Rishon-Le-Zion bei Tel Aviv im Mai 1990 wurden in Nazareth, der größten arabischen Stadt in Israel, Barrikaden errichtet. Zum ersten Mal kamen im israelischen Kernland Tränengas und Plastikgeschosse gegen Araber zum Einsatz.

Zu der sich abzeichnenden internationalen Isolierung Israels sagte der Schriftsteller Amos Oz:

»Noch immer gibt es viele Menschen, für die Israel entweder ganz oben steht – wie der Fiedler auf dem Dach – oder sonst besser gar nicht existiert. Es gibt sie auf der rechten wie auf der linken Seite, unter den Tauben wie unter den Falken – vor allem unter den Moralpredigern im Ausland. Manche wollen uns verbieten, was anderen Völkern erlaubt ist: Wir dürfen keine Demonstrationen auflösen, weil man uns einst in Ghettos gesperrt hat. Wir dürfen nicht über ein anderes Volk herrschen, weil wir in den Gaskammern gewesen sind. Muß sich ethischer verhalten, wer in Gaskammern war, als der ohne diese Erfahrung? Die Gaskammern werden für ihre Opfer gewissermaßen zu ›moralischen Duschen‹ stilisiert.

An den ursprünglichen Träumen gemessen, hat es noch nie einen größeren Fehlschlag gegeben als den Zionismus. Abgesehen vom Christentum natürlich, das eine pazifistische, allein auf die Liebe gegründete Welt zu schaffen träumte.

Vergleicht man Israel nicht mit den Träumen seiner Gründer, sondern mit den 159 Mitgliedsstaaten der Vereinten Nationen, dann befindet es sich in der rund 30 Länder umfassenden Liga der mehr oder weniger anständigen Staaten, in denen der Bürger seine Regierung in freien Wahlen zum Teufel jagen, über sie schimpfen, den Staatschef parodieren und noch einiges mehr tun kann. Man darf nicht vergessen, daß unter den 100 Staaten, die nach dem Zweiten Weltkrieg – oft als Demokratien – gegründet wurden, heute nur noch einer oder eineinhalb in diesem sympathischen Klub verblieben sind: Israel und vielleicht auch in gewissem Umfang Indien. Auf dieser Vergleichsbasis ist Israel sogar ein moralpolitischer Erfolg.«

Man mag Amos Oz' Einschätzung Israels als »ein moralpolitischer Erfolg« seltsam oder gar abstoßend finden angesichts der brutalen Einsätze in den besetzten Gebieten. Aber man darf auch nicht vergessen, daß die meisten der fünf Kriege in den letzten vierzig Jahren in der Region dem jüdischen Staat von den Arabern aufgezwungen worden sind. Die arabische Seite hatte bereits 1947 die Teilung Palästinas in einen jüdischen und in einen palästinensischen Staat abgelehnt. Sie hat 1948, 1967 und 1973 Kriege provoziert – und sie jedesmal verloren, in den beiden ersten sogar Territorien, die den Palästinensern von den Vereinten Nationen zugeteilt worden waren. Daß Israel heute fast doppelt so groß ist wie nach dem UN-Teilungsplan, geht hauptsächlich zu ihren Lasten. Das darf kein Grund dafür sein, die Palästinenser in den besetzten Gebieten heute für diese historischen Fehler bezahlen zu lassen, was die Politik der derzeitigen Regierung Israels offensichtlich anvisiert. Aber vor dem Hintergrund der Konfliktgeschichte in der Region Israel/Palästina wäre es auch unrealistisch, von Israel zu erwarten, sich ohne Argwohn und Mißtrauen auf neuere Äußerungen palästinensischer Führer zu verlassen.

Beiden Völkern ist noch nicht tief genug ins Bewußtsein gedrungen, daß im Laufe des Nahostkonflikts zwei neue Nationalitäten entstanden sind, nämlich die palästinensische und die jüdisch-israelische. Beide Völker sind heute angewiesen auf Israel/Palästina, angewiesen auf ein Land, in dem sie leben, arbeiten und ihren kollektiven Bedürfnissen gemäß existieren können. Insofern ist die Region auch beiden »Erez« – *das* Land.

# Zeittafel

1879-1881 Politische Organisierung der judenfeindlichen Bewegungen unter dem neuen Begriff »Antisemitismus«
1881 Judenpogrome in Rußland; Beginn der Massenauswanderung von dort nach Westeuropa und Amerika
1882 Beginn der organisierten jüdischen Einwanderung nach Palästina (Erste Aliyah). Leon Pinsker veröffentlicht seine Schrift »Autoemancipation«
1890 Erster Gebrauch des Wortes »Zionismus« durch Nathan Birnbaum in der Wochenschrift »Selbstemancipation«
1891 Baron Moritz v. Hirsch gründet die »Jewish Colonisation Association« zur Massenansiedlung russischer Juden in Argentinien
1896 Theodor Herzl veröffentlicht in Wien seine Schrift: »Der Judenstaat — Versuch einer modernen Lösung der Judenfrage«
1897 Tagung des ersten Zionistenkongresses; Gründung der Zionistischen Organisation mit »Baseler Programm«
1905 Revolution und Pogrome in Rußland
1908 Beginn der systematischen Siedlungsarbeit in Palästina durch die Zionistische Organisation unter der Leitung von Arthur Ruppin
1909 Gründung der ersten Kollektivsiedlung (Kibbuz) »Degania« in der Jordan-Ebene
1914-1918 Erster Weltkrieg
1917 Bolschewistische Revolution in Rußland
Balfour-Deklaration der britischen Regierung zur »Errichtung einer Heimstätte für das jüdische Volk in Palästina«
1919 Judenpogrome in der Ukraine und in Polen
1920 Arabische Aufstände in Palästina
1925 Eröffnung der Hebräischen Universität in Jerusalem
1929-1933 Weltwirtschaftskrise
1929 August: 16. Zionistenkongreß: Gründung der erweiterten »Jewish Agency for Palestine«.
Unruhen in der arabisch-palästinensischen Bevölkerung bedrohen die zionistische Besiedlung
1933-1945 Hitlers nationalsozialistische Herrschaft in Deutschland
1933-1939 sogenannte 5. Aliyah (Einwanderung) nach Palästina mit 50 000 Juden aus Deutschland
1933 1. April: »Judenboykott« in ganz Deutschland
4. April: Robert Welschs Artikel in der »Jüdischen Rundschau«: »Tragt ihn mit Stolz, den gelben Fleck«

7. April: Gesetz zur Wiederherstellung des Berufsbeamtentums — Entlassung aller im Staatsdienst tätigen Juden
11. April: Protestbrief des Schriftstellers Armin T. Wegener an Hitler, der einzig bekannte offene Protest eines Deutschen gegen die Judenpolitik der Nationalsozialisten in Deutschland
1935 15. September: Reichbürgergesetz; Gesetz zum Schutze des deutschen Blutes: der Rassen-Antisemitismus ist zum Staatsgesetz erhoben
1936-1939 Arabischer Aufstand in Palästina gegen die Juden und die britische Mandatsregierung
1938 13. März: »Anschluß« Österreichs an das Deutsche Reich; Ausdehnung der antijüdischen Gesetzgebung auf Österreich
Juli: Erfolglose Konferenz in Evian über Aufnahme jüdischer Flüchtlinge
August: Adolf Eichmann Leiter der Zentrale für jüdische Auswanderung in Wien
28. Oktober: Ausweisung von 15 000 bis 17 000 Juden mit polnischen Pässen in ein »Niemandsland« an der polnisch-deutschen Grenze
9./10. November: Zentral organisierte »spontane« Ausschreitungen gegen die Juden in ganz Deutschland (»Reichskristallnacht«): Niederbrennung der Synagogen, Zerstörungen an Geschäften und Wohnungen, Verhaftung von 26 000 Juden
12. November: Verordnung über »Sühneleistung« der deutschen Juden (1 Milliarde Mark) und ihre Ausschaltung aus dem deutschen Wirtschafts- und Kulturleben
1939 15. März: Besetzung der Tschechoslowakei: Einführung der im Reichsgebiet geltenden antijüdischen Gesetze und Verordnungen
17. Mai: Britisches Weißbuch mit einschneidenden Beschränkungen der jüdischen Einwanderung und Siedlung in Palästina
1. September: Deutsche Truppen fallen in Polen ein: Beginn des 2. Weltkriegs
12. Oktober: Erste Deportationen von Juden aus Österreich und dem »Protektorat« Böhmen und Mähren nach dem »Generalgouvernement« Polen
1940 30. April: Erstes bewachtes Zwangsghetto in Lodz eingerichtet
10. Mai: Beginn der deutschen Westoffensive
1941 22. Juni: Beginn des deutschen Angriffs auf die Sowjetunion
31. Juli: Heydrich und Göring mit der Evakuierung aller europäischen Juden beauftragt (»Endlösung«)
1942 20. Januar: Wannseekonferenz zur Koordinierung und Systema-

tisierung der Ausrottung des europäischen Judentums (Durchführung der »Endlösung«)
Juni: Beginn der Massenvergasungen in Auschwitz und der Deportation deutscher Juden nach Theresienstadt. Schließung der jüdischen Schulen im Reich
Juli: Errichtung des Vernichtungslagers Treblinka
3. November: Schlacht von El Alamein; Rückzug des Rommelschen Nordafrikakorps, das Palästina bedroht hatte
1943 19. April bis 16. Mai: Warschauer Ghettoaufstand
Juni bis Dezember: »Liquidierung« der polnischen und russischen Zwangsghettos
1944 April: Beginn der Massendeportation griechischer und ungarischer Juden nach Auschwitz
6. Juni: Landung der Alliierten in Nordfrankreich
Ende Oktober: letzte Vergasungen in Auschwitz
1945 8. Mai: Bedingungslose Kapitulation der deutschen Wehrmacht
1946 Verstärkter Kampf der jüdischen Bevölkerung Palästinas gegen die englische Einwanderungspolitik
29. Juni: »Schwarzer Sabbat« — Verhaftung jüdischer Führer in Palästina durch die Engländer
1947 29. November: Die UN-Vollversammlung beschließt die Teilung Palästinas in einen jüdischen und einen arabischen Staat. Damit flammen in Palästina wieder Kämpfe auf zwischen zionistischen Juden und palästinensischen Arabern, die seit 1939 geruht hatten
1948 9. April: Das arabische Dorf Deir Jassin bei Jerusalem wird von rechtszionistischen Kampforganisationen zerstört. Deir Jassin gilt als das Fanal der Flucht bzw. der Vertreibung der Araber aus Palästina
14. Mai: Mit dem Ablauf des Palästinamandats wird der Staat Israel proklamiert. Damit beginnt offiziell der erste Palästinakrieg
1950 24. April: Transjordanien annektiert das restliche, von Israel nicht eroberte Gebiet Palästinas (Westbank), daß von der UN als arabisch-palästinensischer Staat vorgesehen war
25. Mai: Die USA, England und Frankreich garantieren in einer »Dreier-Erklärung« den territorialen Status quo
12. Juli: Ägypten erklärt den Suezkanal als für israelische Schiffe gesperrt
1952 23. Juli: In Ägypten wird das feudale Regime König Faruks von jungen Offizieren gestürzt
1954 Dezember: Oberst Nasser übernimmt den Vorsitz im Nationalrat

1955 Ägypten schließt mit der Tschechoslowakei ein Waffenlieferungsabkommen, nachdem der Westen Nasser Waffen aufgrund seiner Neutralitätspolitik verweigert hatte
1956 26. Juli: Nasser verkündet die Verstaatlichung des Suezkanals
28. Oktober: 49 Bewohner des arabischen Dorfes Kafr Kassem werden durch israelische Sicherheitskräfte erschossen. Dies bestimmt das Verhältnis von Juden und Arabern in Israel nachhaltig
29. Oktober: Israel eröffnet durch seinen Angriff auf Ägypten den Suezkrieg. Auf amerikanischen Druck räumt Israel bis zum 7. März 1957 die Sinaihalbinsel
1964 Januar: Erste Gipfelkonferenz arabischer Staatschefs und Monarchen in Alexandria. Anlaß ist u.a. die Auseinandersetzung zwischen Israel und Syrien um die Ableitung des Jordanwassers
Mai: Der Palästinensische Nationalkongreß gründet die Palästinensische Befreiungsorganisation (PLO). Die ersten organisierten militärischen Aktionen gegen Israel werden von der Kampforganisation al-Fatah ein Jahr später durchgeführt. Als politische Geheimorganisation war die Fatah bereits 1956 in Gaza von Jassir Arafat gegründet worden
1965 Israel erlebt die bislang schwerste Wirtschaftskrise
1966 13. November: Israel führt eine umfassende »Vergeltungsaktion« gegen das in Jordanien liegende Dorf Samua durch und löst damit palästinensische Demonstrationen gegen das haschemitische Regime in der Westbank aus
1967 5. Juni: Israel greift die umliegenden arabischen Staaten militärisch an. Äußerer Anlaß für die israelischen Angriffe war u.a. vor allem die ägyptische Sperrung des Seewegs nach Elat am 23. Mai 1967. Israel besetzt die Golanhöhen, die Westbank und die Sinaihalbinsel
1970 Die inzwischen etablierte Doppelherrschaft von palästinensischen Fedayin und der haschemitischen Monarchie in Jordanien wird zugunsten der Monarchie im September blutig beseitigt. Nach dem Tod von Nasser setzt sich Sadat in Ägypten durch und wird Präsident
1973 6. Oktober: Ägypten und Syrien beginne mit einem Überraschungsangriff den vierten Nahostkrieg gegen Israel. Nach anfänglichen Verlusten kann Israel seine Stellung halten und geringfügig ausbauen
21. Dezember: Beginn der Genfer Friedenskonferenz
1974 18. Januar: Auf Veranlassung der USA nähern sich Ägypten und Israel durch ein Truppenentflechtungsabkommen an. Syrien schließt ebenfalls ein solches Abkommen mit Israel
Oktober: In Rabat findet eine arabische Gipfelkonferenz statt, bei der

die PLO als einzige legitime Vertretung des palästinensischen Volkes anerkannt wird

13. November: Jassir Arafat spricht vor der UNO-Vollversammlung

1975 13. April: Im Libanon bricht nach einem Massaker in Beirut an libanesischen und palästinensischen Fahrgästen eines Busses durch rechtskonservative libanesische Falangisten der Bürgerkrieg aus

1976 30. März: Generalstreik der arabischen Bevölkerung Israels gegen die Enteignungen arabischen Bodens in Galiläa durch die israelische Regierung. Die israelischen Behörden setzen Militär ein; der »Tag des Bodens« ist ein Markstein des neuen palästinensischen Selbstbewußtseins bei den israelischen Arabern

1. Juni: Die syrische Armee greift gegen Palästinenser und Progressisten in die Kämpfe im Libanon ein

1977 17. Mai: Durch vorgezogene Wahlen in Israel kommt der rechtszionistische Likud-Block an die Regierung mit Menachem Begin als Ministerpräsidenten. Zum ersten Mal in der Geschichte seit dem Beginn des zionistischen Kolonisationsprozesses befindet sich der Arbeiterzionismus in der Opposition

19. November: Sadat reist nach Jerusalem, um einen Durchbruch zu einem Frieden zwischen Israel und den Arabern zu erzielen. Der Besuch und die sich daran anschließenden Gespräche führen zur Konferenz von Camp-David, wo ein Separatabkommen zwischen Ägypten und Israel zustande kommt. Durch die Autonomievereinbarungen bezüglich der Palästinenser will Ägypten einen langsamen Übergang zur palästinensischen Selbstbestimmung erzielen, während Israel die Souveränitätsfrage offenhalten will, um die besetzten Gebiete mit Juden zu besiedeln

1982 April: Israel hat den Sinai vollständig geräumt.
Dafür garantiert Ägypten den Frieden mit Israel.
Schwere Unruhen auf der Westbank werden durch das offenkundige Vorhaben der israelischen Regierung ausgelöst, die Westbank mit weiteren jüdischen Siedlungen zu »judaisieren«. Statt 30000 Siedlern sollen in Zukunft 70000 Juden in den Gebieten »Judäa und Samaria« leben. Der am 6. Juni einsetzende fünfte Nahostkrieg gegen die Palästinenser im Libanon muß als Folge der Auseinandersetzungen um die Westbank gesehen werden. Israelische Truppen dringen bis nach Beirut vor und zwingen während des längsten Krieges der Geschichte Israels die in Beirut verschanzten PLO-Kämpfer zum Abzug.
Am 16. September richten die Falangisten unter den Augen der israelischen Armee ein verheerendes Blutbad an. Im Palästinenserlager Sa-

bra und Shatila werden fast tausend Menschen brutal erschlagen oder erschossen. Erst nach zwei Tagen machen die Israelis dem ein Ende. Zur gleichen Zeit verabschiedete der arabische Gipfel die »Charta von Fes«, die indirekt den Staat Israel anerkannte

1984 Regierungswechsel in Israel durch eine große Koalition. Shimon Peres wird Ministerpräsident

1985 11. Februar: Hussein und Arafat legen die Erklärung von Amman vor, die einen palästinensischen Staat auf der Westbank in Föderation mit dem haschemitischen Reich vorsieht

Am 1. Oktober bombardieren israelische Piloten das Hauptquartier der PLO in Tunis

Im selben Monat entführen palästinensische Terroristen den Passagierdampfer »Achille Lauro«. Dabei wird der jüdische Passagier Klinghoffer ermordet und ins Meer geworfen

In der »Kairoer Erklärung« leistet Arafat einige Monate später einen »Gewaltverzicht« auf Terror außerhalb Israels und der besetzten Gebiete

1986 Hussein zweifelt im Februar öffentlich, ob die PLO in ihrer Zerrissenheit noch als einzig legitime Vertreterin des palästinensischen Volkes angesehen werden kann

Im November übernimmt Shamir das Amt des Ministerpräsidenten im Rahmen der Großen Koalition in Israel

Schwere Unruhen entstehen auf der Westbank und in Jerusalem. Im Libanon gewinnen die Palästinenser an Einfluß zurück

1987 Am 8./9. Dezember finden die ersten Widerstandshandlungen der Palästinenser in den besetzten Gebieten statt, die in die »Intifada« münden.

1988 Hussein verzichtet im Juli auf jeglichen Hoheitsanspruch auf die besetzten Gebiete und Palästina

Am 1. November erringen die Rechtsparteien in Israel einen Wahlsieg. Neuerliche große Koalition zwischen Likud und Arbeitspartei. Am 15. November proklamiert die PLO den »Staat Palästina« in den besetzten Gebieten. Über 100 Staaten erkennen diesen Staat an

Im Dezember beginnt ein Dialog zwischen der US-amerikanischen Regierung und der PLO

1989 Der französische Präsident François Mitterrand empfängt Arafat in Paris. Der PLO-Führer bezeichnet bei der Gelegenheit die PLO-Charta von 1968, die die Eliminierung des »zionistischen Gebildes« vorsah, als hinfällig (»caduque«)

1990 Regierungskrise in Israel. Die Arbeitspartei kündigt die Koalition

mit der Likud-Regierung unter Schamir wegen der unterschiedlichen Einschätzungen der strategischen Bedeutung der besetzten Gebiete auf. In der Folge formiert sich am 11. Juni die »rechteste« Regierung seit Israels Staatsgründung
Bis Mitte 1990 wandern 50 000 sowjetische Juden nach Israel ein
Über 1 000 Palästinenser sind bis zu diesem Zeitpunkt bei den Zusammenstößen der Intifada ums Leben gekommen
Im August wird deutlich, daß die Palästinenser in ihrer Mehrheit die Annexion Kuweits durch den Irak gutheißen und Saddam Hussein, der die Zerstörung Israels proklamiert, in ihren Reihen breite Unterstützung findet.

## Literatur

Jassir Arafat, *Jassir Arafat vor der UNO*. Palästina-Dokumentation Nr. 1, Hrsg.: Liga der Arabischen Staaten in Bonn, Bonn 1974

Hannah Arendt, *Die verborgene Tradition*, Frankfurt/M. 1976
*Eichmann in Jerusalem*, München 1964

Edouard Atiyah, *Was ist eine Heimstätte?* in: *Palästina Monographien Nr. 3 »Palästina — Versprechungen und Enttäuschungen«*, Rastatt 1970

Arthur Balfour, zitiert nach: Hollstein, Walter, *Kein Frieden um Israel*, Frankfurt/M. 1972

David Ben Gurion, zitiert nach: Faris Yahya, *Die Zionisten und Nazideutschland*, Beirut 1978

Nathan Birnbaum, *Die jüdische Nationalitätsidee (1893)*, in: *Zionismus*, Hrsg.: Hans Julius Schoeps, München 1973

Wladimir Blumenfeld, zitiert nach: Kogon Eugen, *Der SS-Staat*, München 1974

Adolf Böhm, *Wandlungen im Zionismus (1913)*, in: *Zionismus*, Hrsg.: Hans Julius Schoeps, München 1973

Joseph Chaim Brenner, *Was liegt mir an Jerusalem?* zitiert nach: Amos Elon, *Die Israelis. Gründer und Söhne*, Wien, München, Zürich 1972

Isaac Breuer, *Der Zionismus und die Nation (1920)*, in: *Zionismus*, Hrsg.: Hans Julius Schoeps, München 1973

Mu'in Bseisso, *Leben im Flüchtlingslager*, in: *Palästinensische Hefte*, Hanau 1979

John Bunzl, *Zionismus und Antisemitismus*, in: *Libanon 1982*, Hrsg.: Israel-Palästina-Komitee, Wien 1982

Mahmoud Darwisch, *Tagebuch der alltäglichen Traurigkeit*, Prosa aus Palästina, Berlin 1979

Isaac Deutscher, *Die ungelöste Judenfrage: Zur Dialektik von Antisemitismus und Zionismus*, Berlin 1977

Dan Diner, *Nationalstaatsproblem und Nahostkonflikt*, in: *Fischer Weltgeschichte 36*, Frankfurt/M. 1981

Amos Elon, *Die Israelis. Gründer und Söhne*, Wien, München, Zürich 1972

Abdallah Frangi, *PLO und Palästina*, Frankfurt/M. 1982

Erich Fried, *Höre Israel*, Gedichte und Fußnoten, Hamburg 1974

Nahum Goldmann, *Israel muß umdenken. Die Lage der Juden 1976*, Reinbek 1976

Martin Hauser, *Shalom al Israel: Aus den Tagebüchern eines deutschen Juden 1929-1967*, Bonn 1980
Amram Ha'yisraeli, *Gespräche mit israelischen Soldaten*, Darmstadt 1973
Hans Henle, *Der neue Nahe Osten*, Frankfurt/M. 1972
Theodor Herzl, *Vision und Politik*, Frankfurt/M. 1976
Heinz-Joachim Heydorn, *Konsequenzen der Geschichte. Politische Beiträge 1945-1974*, Frankfurt/M. 1981
Walter Hollstein, *Kein Frieden um Israel*, Frankfurt/M. 1972
Max Horkheimer, *Notizen 1950-1965* und *Dämmerung*, Frankfurt/M. 1974
Abu Ijad, *Heimat oder Tod. Der Freiheitskampf der Palästinenser*, Düsseldorf 1979
Abraham B. Jehoschua, *Der Liebhaber*, Stuttgart 1980
Sharif Kanaana, *Überlebensstrategien der Araber in Israel*, in: *Israel/Palästina*, Hrsg.: John Bunzl, Hamburg 1980
Amos Kenan, *Bald werden sie Fedayin sein*, in: Metzger/ Orth/ Sterzing, *Das ist unser Land*, Bornheim-Merten 1980
Joel König, *David: Aufzeichnungen eines Überlebenden*, Göttingen 1967
Eugen Kogon, *Der SS-Staat. Das System der deutschen Konzentrationslager*, München 1974
Primo Levi, *Ist das ein Mensch? Erinnerungen an Auschwitz*, Frankfurt/M. 1961
Richard Lichtheim, *Revisionismus*, in: Hans Julius Schoeps, *Zionismus*, München 1973
Jakov Lind, *Selbstportrait*, Frankfurt/M. 1970
Juda Leon Magnes, *Wie alle Völker?*, in: Hans Julius Schoeps, *Zionismus*, München 1973
Jan Metzger, Martin Orth, Christian Sterzing, *Dies ist unser Land*, Bornheim-Merten 1980
Amos Oz, *Eine fremde Stadt*, in: Amram Ha'yisraeli, *Gespräche mit israelischen Soldaten*, Darmstadt 1973
Joseph Roth, *Juden auf Wanderschaft*, Köln 1976
Arthur Ruppin, *Gegenwartsarbeit (1905)*, in: Hans Julius Schoeps, *Zionismus*, München 1973
Aron Sandler, *Aus der Frühgeschichte des Zionismus*, in: *Jüdisches Leben in Deutschland. Selbstzeugnisse zur Sozialgeschichte im Kaiserreich*, Hrsg.: Monika Richarz, Stuttgart 1979
Raja Schehadeh, *Aufzeichnungen aus einem Ghetto. Leben unter is-

*raelischer Besatzung*, Bonn 1983
Isaac B. Singer, *Das Erbe*, München 1981
Bassem Sirhan, zitiert nach: Walter Hollstein, *Kein Frieden um Israel*, Frankfurt/M. 1972
Raymonda Tawil, *Mein Gefängnis hat viele Mauern*, Bonn 1979

Wir danken folgenden Verlagen für die freundliche Genehmigung des Abdrucks einiger Texte:
Deutsche Verlagsanstalt, Hanser Verlag, Wagenbach Verlag

# Jüdische Geschichte

*im Luchterhand Literaturverlag*

**Kim Chernin**
**In meiner Mutter Haus**
SL 881
Kim Chernin hat aufgeschrieben, was ihre Mutter erzählt hat: Rose Chernin, die 1903 in einem westrussischen Ghetto geboren wurde, 1914 in die USA auswanderte und dort Schule und College besuchen konnte, die in den USA zur aktiven Kommunistin wurde.

**Detlev Claussen**
**Vom Judenhaß zum Antisemitismus**
Materialien einer verleugneten Geschichte
SL 677

**Walter B. Godenschweger/
Fritz Vilmar**
**Die rettende Kraft der Utopie**
Deutsche Juden gründen den Kibbuz Hasorea
Mit Fotos u. Zeichnungen
232 Seiten. Broschur
Die Geschichte der Verwirklichung eines kühnen Traums vom Leben in einer Großkommune – erzählt von Berliner Juden, die aus dem bürgerlichen Elternhaus den Weg in die jüdische Jugendbewegung fanden, nach Palästina auswanderten und am Fuße des Berges Karmel einen Kibbuz gründeten.

**Friedrich Gorenstein**
**Die Sühne**
Roman
SL 877

**Peter Härtling**
**Felix Guttmann**
Roman
SL 795

**Gert Hofmann**
**Veilchenfeld**
Erzählung
SL 750

**Barbara Honigmann**
**Roman von einem Kinde**
Sechs Erzählungen
SL 837

**Hanna Krall**
**Die Untermieterin**
Roman
SL 873

**Beata Lipman**
**Alltag im Unfrieden**
Frauen in Israel,
Frauen in Palästina
SL 833

**Theodor Lessing**
**Ich warf eine Flaschenpost ins Eismeer der Geschichte**
Essays und Feuilletons
Hg. von Rainer Marwedel
SL 639

**Valentin Senger**
**Kaiserhofstraße 12**
SL 291

# Geschichten aus der Geschichte

*in der Sammlung Luchterhand*

Diese Anthologien unterscheiden sich von anderen Erzählsammlungen durch das Prinzip, Geschichte in Geschichten widerzuspiegeln. Nicht Schreibweisen sollen repräsentiert werden, sondern literarische Texte in ihren zeitlichen Bezügen zu einem historischen Prozeß.

**Geschichten aus der Geschichte der Bundesrepublik Deutschland**
Hg. von Klaus Roehler
SL 300. Originalausgabe

**Geschichten aus der Geschichte der DDR**
Hg. von Manfred Behn
SL 301. Originalausgabe

**Geschichten aus der Geschichte Frankreichs seit 1945**
Hg. und eingeleitet von Claude Prévost
SL 836. Originalausgabe

**Geschichten aus der Geschichte Österreichs 1945–1982**
Hg. von Michael Scharang
SL 526. Originalausgabe

**Geschichten aus der Geschichte Nordirlands**
Hg. von Rosaleen O'Neill und Peter Nonnenmacher
SL 704. Originalausgabe

**Geschichten aus der Geschichte der Türkei**
Hg. Güney Dal und Yüksel Pazarkaya
SL 804. Originalausgabe

**Geschichten aus der Geschichte Polens**
Hg. von Per Ketman und Ewa Malicka
SL 856. Originalausgabe

**Geschichten aus der Geschichte Kubas**
Hg. José Antonio Friedl Zapata
SL 878. Originalausgabe

**Geschichten aus der Geschichte der Sowjetunion**
Hg. von Thomas Rothschild
SL 901. Originalausgabe

**Geschichte aus der Geschichte der Deutschschweiz nach 1945**
Hg. von Rolf Niederhauser/Martin Zingg
SL 947. Originalausgabe